Guttentag'sche Sammlung
Nr. 23. Deutscher Reichsgesetze. Nr. 23.
Text-Ausgaben mit Anmerkungen.

# Unfallversicherungsgesetz

vom 6. Juli 1884

und

## Gesetz über die Ausdehnung der Unfall- und Krankenversicherung

vom 28. Mai 1885.

Text-Ausgabe mit Anmerkungen und Sachregister

von

**Dr. E. v. Woedtke,**
Direktor im Reichsamt d. Innern.

**Fünfte neu bearbeitete Auflage.**

Berlin SW48.
Wilhelmstraße 119/120.
J. Guttentag, Verlagsbuchhandlung.
1898.

# Vorwort
## zur ersten Auflage.

In dem Bestreben, die Kenntniß des wichtigen Unfallversicherungsgesetzes, auf dessen Zustandekommen Seine Majestät der Kaiser einen so besonderen Werth gelegt hat, in möglichst weite Kreise zu tragen, bietet der Verfasser den Betheiligten außer seinem größeren Kommentar, bei dessen Bearbeitung er sich der ausgiebigen Mitwirkung des Präsidenten des Reichs-Versicherungsamts Herrn Bödiker und des Geh. Ober-Reg.-Raths und vortragenden Raths Herrn Gamp zu erfreuen gehabt hat, in dem vorliegenden Bändchen noch ein wohlfeiles Handbuch. Dasselbe stellt sich als ein Auszug aus dem Kommentar dar; in ihm sollen nach der Absicht des Verfassers die Betheiligten dasjenige erläutert finden, was für sie das nächste Interesse bietet. Möchte das kleine Büchlein dazu beitragen, Sinn und Verständniß und damit auch lebhaften Dank für die von Seiner Majestät dem Kaiser mit den verbündeten Regierungen eingeschlagene Sozialpolitik zu wecken und zu mehren!

Berlin, im Juli 1884.

**Der Verfasser.**

# Vorwort

## zur fünften Auflage.

Bei der neuen Auflage sind mehrere Erweiterungen vorgenommen worden. Dieselben tragen nicht nur der bisherigen Rechtsprechung des Reichs-Versicherungsamts, sondern auch den Abänderungen Rechnung, welche einzelne Bestimmungen des Unfallversicherungsgesetzes, soweit sie sich auf Bauarbeiter erstrecken, durch das Bau-Unfallversicherungsgesetz erfahren haben. Ein Abdruck des letzteren ist beigegeben.

Berlin, im März 1898.

**Der Verfasser.**

# Inhaltsangabe.

**VII. Unfallverhütung. Ueberwachung der Betriebe durch die Genossenschaften.**



**VIII. Das Reichs-Versicherungsamt.**



**IX. Schluß- und Strafbestimmungen.**

## Abkürzungen:

A.G. = Ausdehnungsgesetz.
A.N. = Amtliche Nachrichten des Reichs-Versicherungsamts (nach Jahrgängen).
B.G. = Berufsgenossenschaft.
B.U.G. = Bau-Unfallversicherungsgesetz.
Centr.Bl. = Centralblatt für das deutsche Reich.
J.V.G. = Invaliditäts- und Altersversicherungsgesetz.
L.U.V.G. = Landwirthschaftliches Unfallversicherungsgesetz.
K.V.G. = Krankenversicherungsgesetz.
R.A. = Reichs- und Preuß. Staatsanzeiger.
R.G.Bl. = Reichs-Gesetzblatt.
S.U.G. = See-Unfallversicherungsgesetz.
U.V.G. = Unfallversicherungsgesetz.

# Einleitung.

(Nach der Einleitung zu dem Kommentar des Verfassers.)

Die großen Fortschritte, welche die Industrie insbesondere in dem sechsten und siebenten Jahrzehnt dieses Jahrhunderts gemacht hat, haben in gleichem Verhältniß mit der Entwickelung der Industrie auch die in gewerblichen Betrieben vorkommenden Unfälle vermehrt. Die wirthschaftliche Nothlage, in welche die immer zahlreicher werdenden, meist den besitzlosen Klassen der Bevölkerung angehörenden Verunglückten und deren Hinterbliebene geriethen, führte zu der Erkenntniß, daß die allgemeinen Grundsätze des Civilrechts über die Verbindlichkeit zum Schadenersatz für solche Unfälle nicht ausreichend seien. So wurde, nachdem für Unfälle bei dem Betriebe von Eisenbahnen schon durch § 25 des Preuß. Eisenbahngesetzes vom 3. November 1838 und art. 395, 400, 401, 421 des deutschen Handelsgesetzbuchs Vorsorge getroffen worden war, das Reichsgesetz vom 7. Juni 1871, betr. die Verbindlichkeit zum Schadenersatz für die bei dem Betriebe von Eisenbahnen,

Bergwerken rc. herbeigeführten Tödtungen und Körperverletzungen (R.G.Bl. S. 207), das sog. Haftpflichtgesetz, erlassen und durch Gesetz vom 21. Januar 1873 (G.Bl. S. 769) auf Elsaß-Lothringen ausgedehnt. Bei der durch die legislatorische Neuheit der Materie gebotenen Vorsicht mochte dies Gesetz über gewisse Grenzen nicht hinausgehen; es wurde von vornherein anerkannt, daß dasselbe den Gegenstand, zu dessen Regelung es bestimmt war, keineswegs erschöpfe, sondern nur einen Anfang in der Fürsorge für die durch Unfälle geschädigten gewerblichen Arbeiter bedeute. Die Grundsätze des Haftpflichtgesetzes sind folgende:

Für Unfälle bei dem Betriebe einer Eisenbahn haftet der Unternehmer, falls nicht dieser letztere den Beweis führt, daß der Unfall durch höhere Gewalt oder durch eigenes Verschulden des Getödteten oder Verletzten verursacht sei (entsprechend dem § 25 des Preuß. Gesetzes vom 3. November 1838).

Für Unfälle bei dem Betriebe eines Bergwerks, eines Steinbruchs, einer Gräberei (Grube) oder einer Fabrik haftet der Unternehmer, wenn der Verunglückte rc. ein Verschulden des Unternehmers oder seiner Betriebsbeamten rc. nachweist.

Wenn diese Voraussetzungen zutreffen, so hat der Richter unter freier Würdigung aller Umstände auf Ersatz des vollen Schadens zu erkennen.

Während die Bestimmungen über die Unfälle bei dem Betriebe von Eisenbahnen im Allgemeinen zunächst zu genügen schienen, stellte sich im Uebrigen sehr bald die völlige Unzulänglichkeit des Haftpflichtgesetzes heraus und kam in den Verhandlungen des Reichstages wiederholt zur Besprechung. Die dem Verunglückten (oder dessen Hinterbliebenen) auferlegte schwierige Beweislast machte die Wohlthaten des Gesetzes in den meisten Fällen illusorisch. Die Beschränkung der gesetzlichen Fürsorge auf die Fälle des civilrechtlichen Verschuldens der Betriebsbeamten 2c. ließ die zahlreichen und besonders großen, durch Zufall oder Schuld der Mitarbeiter 2c. hervorgerufenen Unfälle unberücksichtigt; Zahlungsunfähigkeit des Ersatzpflichtigen vereitelte häufig den praktischen Erfolg des Entschädigungsanspruchs, wenn dessen Durchführung wirklich gelungen war. Das Gesetz hat also die beabsichtigte segensreiche Wirkung im Allgemeinen nicht gehabt, ja es hat vielmehr umgekehrt schädlich gewirkt. Denn fast in jedem Fall sind Prozesse über die Haftpflicht des Unternehmers zu führen — zumal derselbe genöthigt ist, sein Risiko durch Versicherung seiner Arbeiter bei Unfallversicherungsgesellschaften abzuschwächen, die letzteren aber im Interesse des eigenen Geschäfts der Regel nach nicht in der Lage zu sein glauben, ohne richterliche Feststellung der Ersatzverpflichtung Ersatz zu leisten, falls nicht etwa der Verletzte mit einem zu dem Werth des Schadens in keinem Verhältniß stehenden Minimum sich zufrieden giebt —, und solche Prozesse mußten nothwendigerweise das Verhältniß zwischen Arbeitgeber und Arbeitnehmer in bedenklicher Weise verschlechtern. Diesen Uebelständen würde auch durch die von einigen Seiten vorgeschlagene anderweite Normirung beziehungsweise Umkehrung der Beweislast nicht wirksam abgeholfen werden können, während andererseits eine Ausdehnung der civilrechtlichen Haftpflicht des Unternehmers auf den vollen Ersatz aller in dem Betriebe vorkommenden Unfälle — wobei man davon ausgehen müßte, daß er dieselben in der Regel verschulde, was keineswegs der Fall ist — eine in sich nicht gerechtfertigte und ohne Schädigung der Industrie namentlich bei Massenunfällen nicht durchzuführende Ueberlastung des Unternehmers zur Folge haben müßte.

Inzwischen brachten die bedenklichen Erscheinungen, welche zum Erlaß des Reichsgesetzes vom 21. Oktober 1878 gegen die gemeingefährlichen Bestrebungen der Sozialdemokratie führten, die Erkenntniß zur Reife, daß es Pflicht des auf der Basis des Christenthums stehenden modernen Staats sei, durch positive Maßregeln für die wirthschaftlich Schwachen, für die im Kampf mit den eigenthümlichen Gefahren der gewerblichen Thätigkeit unterlegenen und dadurch ihrer Erwerbsquelle, der körperlichen Arbeitsfähigkeit, meist ohne eigene Schuld mehr oder weniger beraubten Staatsangehörigen eine ausreichende, vor der Armenpflege bewahrende Fürsorge eintreten zu lassen und sie dadurch vor der Versuchung, den Irrlehren der Sozialdemokratie Gehör zu geben, thunlichst zu bewahren. Diese positiven Maßregeln mußten sich naturgemäß zunächst darauf richten, in erster Linie die bessere Sicherstellung der Arbeiter gegen die wirthschaftlichen Folgen der mit ihrem Beruf verbundenen Gefahren anzustreben. Eine weitere Ausgestaltung der civilrechtlichen Haftpflicht erschien dabei aus den angedeuteten Gründen nicht angängig; man sah sich daher genöthigt, den civilrechtlichen Grundsatz des Schadenersatzes aufzugeben und an dessen Stelle eine auf dem Boden des öffentlichen Rechts beruhende Fürsorge für die durch Betriebsunfälle Verletzten und deren Hinterbliebene zu statuiren. Diese fundamentale Umgestaltung der bisherigen Gesetzgebung ist nach zwei vergeblich gebliebenen Versuchen — zwei Vorlagen (1881 und 1882) kamen nicht zur Verabschiedung — in dem Unfallversicherungsgesetz vom 6. Juli 1884 (R.G.Bl. S. 69) durchgeführt worden und bildet auch die Grundlage der zur Weiterführung der Unfallversicherung bisher erlassenen anderen Gesetze (Ausdehnungsgesetz vom 28. Mai 1885; landw. Unfallvers.-Gesetz vom 5. Mai 1886; Bau-Unfallvers.-Gesetz vom 11. Juli 1887; See-Unfallvers.-Gesetz vom 13. Juli 1887). Die Unfallversicherung beruht hiernach ebenso wie die Krankenversicherung auf dem Boden des öffentlichen Rechts, auf welchem auch die öffentliche Armenpflege erwächst. Während aber letztere nur bei dem bittersten Elend das Nothdürftigste zu gewähren hat und den Almosenempfänger durch Beschränkung seiner öffentlichen Rechte herunterdrückt, wollen die Kranken- und Unfallversicherung, welche beide ohne Rücksicht auf Dürftigkeit eintreten und ganz andere Voraussetzungen haben, und ebenso die seither gleichfalls durchgeführte Invaliditäts- und Altersversicherung höhere soziale Aufgaben lösen, den Empfänger vor dem Eintritt der Armenpflege und ihren entwürdigenden Folgen bewahren und ihn dadurch heben.

Wie erwähnt, ist es nicht bei dem ersten Schritt gelungen, diesen Gedanken gesetzgeberische Formen zu geben. Der erste Entwurf eines Gesetzes über die Unfallversicherung der Arbeiter vom 8. März 1881, verfaßt von dem damaligen Geh. Ob.-Reg.-Rath Lohmann,*) wollte für die bei dem Betriebe von Eisenbahnen entstehenden Unfälle die bisherigen Bestimmungen beibehalten, die Unternehmer von Bergwerken, Fabriken rc. aber nöthigen, ihre Arbeiter und Betriebsbeamten in gewissen Grenzen gegen Unfälle kollektiv zu versichern; die Versicherung sollte bei einer Reichsversicherungsanstalt auf Kosten der Unternehmer unter Mitheranziehung der Versicherten und mit einer Beihülfe aus Reichsmitteln erfolgen; fakultativ war eine genossenschaftliche Versicherung zugelassen; Privatversicherung war ausgeschlossen.

Von diesem Gesetzentwurf hat der Reichstag den

*) jetzt Unterstaatssekretär im kgl. Preuß. Ministerium für Handel und Gewerbe.

Versicherungszwang und andere wesentliche Grundlagen zwar angenommen, den Reichszuschuß aber verworfen und die Reichsversicherungsanstalt durch Landesversicherungsanstalten ersetzt; und dem so veränderten Entwurf glaubten die verbündeten Regierungen ihre Zustimmung versagen zu müssen.

Nunmehr suchte man zunächst das bei den früheren Berathungen vermißte statistische Material, welches namentlich für die Ausführung des Gesetzes unentbehrlich erschien, in möglichst ausgiebigem Maße zu beschaffen. Unter dem 11. Juli 1881 ersuchte der Reichskanzler die verbündeten Regierungen, durch die Betriebsunternehmer selbst eine die vier Monate August bis November 1881 umfassende Statistik der in ihren industriellen Betrieben vorkommenden Unfälle nach gewissen, näher angegebenen Gesichtspunkten aufzustellen. Dieser Arbeit haben sich die Betriebsunternehmer, wie demnächst von berufener Seite wiederholt bezeugt worden ist, mit dankenswerther Bereitwilligkeit und Gründlichkeit unterzogen, so daß gegen Ende des Jahres 1881 eine brauchbare Unfallstatistik für rund 2 Millionen industrieller Arbeiter sich in den Händen der obersten Reichsbehörde befand. Bei seinem Wiederzusammentritt erfuhr der Reichstag durch die ewig denkwürdige Kais. Botschaft, mit welcher der Reichstag am 17. November 1881 eröffnet wurde, daß auch der neuen Session als eine ihrer wichtigsten Aufgaben die abermalige Beschäftigung mit der Unfallversicherung der Arbeiter bevorstehe.

Unvergeßlich bleiben die inhaltschweren Sätze jener Botschaft, welche von der treuen Fürsorge des in Gott ruhenden Kaisers Wilhelm I. für das Wohl der Bevölkerung schönstes Zeugniß geben:

„Schon im Februar dieses Jahres haben Wir Unsere Ueberzeugung aussprechen lassen, daß die Heilung der sozialen Schäden nicht ausschließlich im Wege der Repression sozialdemokratischer Ausschreitungen, sondern gleichmäßig auf dem der positiven Förderung des Wohles der Arbeiter zu suchen sein werde. Wir halten es für Unsere Kaiserliche Pflicht, dem Reichstage diese Aufgabe von Neuem an's Herz zu legen, und würden Wir mit um so größerer Befriedigung auf alle Erfolge, mit denen Gott Unsere Regierung sichtlich gesegnet hat, zurückblicken, wenn es Uns gelänge, dereinst das Bewußtsein mitzunehmen, dem Vaterlande neue und dauernde Bürgschaften seines inneren Friedens und den Hülfsbedürftigen größere Sicherheit und Ergiebigkeit des Beistandes, auf den sie Anspruch haben, zu hinterlassen. In Unseren darauf gerichteten Bestrebungen sind Wir der Zustimmung aller verbündeten Regierungen gewiß und vertrauen auf die Unterstützung des Reichstags ohne Unterschied der Parteistellungen.

In diesem Sinne wird zunächst der von den verbündeten Regierungen in der vorigen Session vorgelegte Entwurf eines Gesetzes über die Versicherung der Arbeiter gegen Betriebsunfälle mit Rücksicht auf die im Reichstage stattgehabten Verhandlungen über denselben einer Umarbeitung unterzogen, um die erneute Berathung desselben vorzubereiten. Ergänzend wird ihm eine Vorlage zur Seite treten, welche sich eine gleichmäßige Organisation des gewerblichen Krankenkassenwesens zur Aufgabe stellt. Aber auch diejenigen, welche durch Alter und Invalidität erwerbsunfähig werden, haben der Gesammtheit gegenüber einen begründeten Anspruch auf ein höheres Maaß staatlicher Fürsorge, als ihnen bisher hat zu Theil werden können.

Für diese Fürsorge die rechten Mittel und Wege zu finden, ist eine schwierige, aber auch eine der höchsten Aufgaben eines jeden Gemeinwesens, welches auf den sittlichen Fundamenten des christlichen Volkslebens steht. Der engere Anschluß an die realen Kräfte dieses Volkslebens und das Zusammenfassen der letzteren in der Form korporativer Genossenschaften unter staatlichem Schutz und staatlicher Fürsorge werden, wie

Wir hoffen, die Lösung auch von Aufgaben möglich machen, denen die Staatsgewalt allein in gleichem Umfange nicht gewachsen sein würde. Immer aber wird auch auf diesem Wege das Ziel nicht ohne die Aufwendung erheblicher Mittel zu erreichen sein."

Durch diese Botschaft wurde für die Lösung der sozialpolitischen Aufgaben, deren öffentlich-rechtliche Natur mit besonderer Betonung hervorgehoben wird, ein neues Fundament geschaffen, nämlich die Errichtung öffentlicher korporativer Verbände. Initiativanträgen von Reichstagsmitgliedern, welche nicht auf diesen Grundlagen beruhten (vgl. die Anträge Buhl und Auer), konnte daher keine Folge gegeben werden. Dagegen wurde auf der Grundlage dieser Kais. Botschaft von den verbündeten Regierungen unter dem 8. Mai 1882 ein zweiter Entwurf eines Gesetzes über die Unfallversicherung der Arbeiter (Drucksachen des Reichstags 1882 Nr. 19), wiederum von dem Geh. Ob.-Reg.-Rath Lohmann verfaßt, nebst einer die Begründung desselben ergänzenden „Denkschrift" über die in dem Entwurf vorgeschlagene Organisation, sowie im Anschluß daran ein Gesetzentwurf zur Regelung der obligatorischen Krankenversicherung der Arbeiter (Drucksachen des Reichstags 1882 Nr. 14) vorgelegt, nachdem beide Entwürfe vorher im Preußischen Volkswirthschaftsrath berathen waren und dort freudige Zustimmung gefunden hatten. Hiernach sollten die bei dem Betriebe eines Bergwerks, einer Fabrik 2c. verunglückten Arbeiter während der ersten 13 Wochen auf die Krankenkassen angewiesen sein, welche nunmehr auf Grund des Versicherungszwanges geregelt wurden; der gleichfalls obligatorischen Unfallversicherung wurden die schwereren Fälle, d. h. diejenigen Unfälle, die den Tod oder eine länger als 13 Wochen dauernde Arbeitsunfähigkeit zur Folge hatten, und zwar im letzteren Fall nach Ablauf der ersten 13 Wochen, überwiesen. Die Krankenversicherung sollten die Arbeitnehmer unter starker Betheiligung der Arbeitgeber, die Unfallversicherung dagegen die Arbeitgeber ohne Beiträge der Arbeiter, aber unter Zuhülfenahme eines Reichszuschusses, und zwar auf genossenschaftlicher Grundlage, für welche die Gleichheit der Unfallgefahr in erster Linie maßgebend sein sollte, und auf Gegenseitigkeit bewirken.

Beide Entwürfe wurden vom Reichstag an eine und dieselbe (VIII.) Kommission verwiesen; in derselben wurde jedoch nur der Entwurf des Krankenversicherungsgesetzes (demnächst als Gesetz vom 15. Juni 1883 (R.G.Bl. S. 73) publizirt)*) fertiggestellt.

*) Vgl. den Kommentar des Verfassers zum Krankenversicherungsgesetz in der Fassung der Novelle vom 10. April 1892, 5. Aufl., Berlin, Verlag von J. Guttentag 1896, sowie die in demselben Verlage erschienene Textausgabe jenes Gesetzes mit Anm., von demselben Verfasser, 7. Aufl., 1898.

Die Kommission hatte auf diesen Entwurf sehr viel Zeit verwendet und kam erst spät dazu, in die Durchberathung der Vorlage über das Unfallversicherungsgesetz einzutreten, nachdem Seine Majestät der Kaiser Wilhelm I. in einer weiteren Allerhöchsten Botschaft vom 14. April 1883 dem Reichstag in eindringlichen Worten von Neuem die Nothwendigkeit an's Herz gelegt hatte, auch diesen Gegenstand bald endgültig zu regeln, und, wenn dies in jener Session nicht mehr möglich sei, wenigstens für die nächste Session durch Vorwegnahme der zeitraubenden Etatsberathung Zeit und Möglichkeit des Zustandekommens zu gewähren. Hierüber sagt die Allerhöchste Botschaft, nachdem sie der Befriedigung über den Verlauf der Berathungen des Krankenversicherungsgesetzes Ausdruck gegeben, Folgendes:

„Mit Sorge aber erfüllt es Uns, daß die prinzipiell wichtigere Vorlage über die Unfallversicherung bisher nicht weiter gefördert worden ist und daß daher auf deren baldige Durchberathung nicht mit gleicher Sicherheit gerechnet werden kann. Bliebe diese Vorlage jetzt unerledigt, so würde auch die Hoffnung, daß in der nächsten Session weitere Vorlagen wegen der Alters- und Invalidenversorgung zur gesetzlichen Verabschiedung gebracht werden könnten, völlig schwinden, wenn die Berathungen des Reichshaushaltsetats für 1884/85 die Zeit und Kraft des Reichstages noch während der Wintersession in Anspruch nehmen müßten.

Wir haben deshalb für geboten erachtet, die Zustimmung der verbündeten Regierungen dahin zu beantragen, daß der Entwurf des Reichshaushaltsetats für 1884/85 dem Reichstage jetzt von Neuem zur Beschlußnahme vorgelegt werde. Wenn dann die Vorlage über die Unfallversicherung, wie nach dem Stande ihrer Bearbeitung zu befürchten steht, in der laufenden Frühjahrssession vom Reichstage nicht mehr berathen und festgestellt wird, so würde durch vorgängige Berathung des nächstjährigen Etats wenigstens für die Wintersession diejenige Freiheit von anderen unaufschiebbaren Geschäften gewonnen werden, welche erforderlich ist, um wirksame Reformen auf sozialpolitischem Gebiete zur Reife zu bringen. Die dazu erforderliche Zeit ist eine lange für die Empfindungen, mit welchen Wir in Unserem Lebensalter auf die Größe der Aufgaben blicken, welche zu lösen sind, ehe Unsere in der Botschaft vom 17. November 1881 ausgesprochenen Intentionen eine praktische Bethätigung auch nur so weit erhalten, daß sie bei den Betheiligten volles Verständniß und in Folge dessen auch volles Vertrauen finden.

Unsere Kaiserlichen Pflichten gebieten Uns aber, kein in Unserer Macht stehendes Mittel zu versäumen, um die Besserung der Lage der Arbeiter und den Frieden der Berufsklassen unter einander zu fördern, so lange Gott Uns Frist giebt zu wirken.

Darum wollen Wir dem Reichstage durch diese Unsere Botschaft von Neuem und in vertrauensvoller Anrufung seines bewährten treuen Sinnes für Kaiser und Reich die baldige Erledigung der hierin bezeichneten wichtigen Vorlagen dringend an's Herz legen."

Während nun auf Grund dieser Kais. Botschaft der Reichstag das Krankenversicherungsgesetz und den nächstjährigen Etat fertigstellte und so für die nächste Session Zeit zur Berathung sozialpolitischer Vorlagen gewann, vermochte er doch den Entwurf des Unfallversicherungsgesetzes, in welchem namentlich der Reichszuschuß sowie die Organisation vielfach Anfechtung erfuhren, nicht mehr durchzuberathen. So war denn auf dem Gebiete der Unfallversicherung nichts weiter erreicht worden, als daß in Folge des Krankenversicherungsgesetzes von dem auf den 1. Dezember 1884 festgesetzten Zeitpunkt des Inkrafttretens dieser Versicherung ab fast jeder gewerbliche Arbeiter, dessen Unfallversicherung zur Zeit in Frage kommen konnte, während mindestens 13 Wochen gegen Krankheit und hierdurch für diese Zeit auch gegen die in Krankheit und Erwerbsunfähigkeit sich äußernden Folgen der Unfälle versichert war.

Indessen dies konnte nicht genügen; war doch noch für alle diejenigen Unfälle zu sorgen, deren Folgen gerade am schwersten auf den Arbeitern lasten und die verbitternden Prozesse zwischen Arbeitgebern und Arbeitnehmern gerade hauptsächlich hervorrufen, für alle die Unfälle nämlich, welche den Tod oder eine länger als 13 Wochen dauernde gänzliche oder theilweise Arbeitsunfähigkeit (Invalidität) zur Folge haben. Die verbündeten Regierungen entschlossen sich daher, nachdem inzwischen durch die nach dem Reichsgesetz vom 13. Februar 1882 (R.G.B. S. 9) am 5. Juni 1882 aufgenommene Berufsstatistik weitere ziffermäßige Unterlagen über die Bedeutung der einzelnen Berufszweige erzielt waren, auf den in der Kais. Botschaft vom 17. November 1881 ausgesprochenen Grundlagen einen dritten Gesetzentwurf vorzulegen und ihn derart aufzubauen, daß nach den bisher gemachten Erfahrungen auf Annahme gerechnet werden konnte. Dieser Entwurf lehnte sich an den letzten Entwurf im Allgemeinen an und beschränkte sich gleichfalls, um schrittweise vorzugehen, auf einen zunächst nur kleinen Theil der Arbeiter, nämlich im Wesentlichen auf die Arbeiter der Industrie. Der Entwurf ließ aber den Reichszuschuß fallen und sah eine andere Organisation der Genossenschaften vor.*)

*) Vgl. darüber im Einzelnen T. Bödiker, Geh. Reg.-Rath (demnächst Präsident des Reichs-Versicherungsamts): „Die Unfall-

Der Entwurf, zuvor von dem Preußischen Volkswirthschaftsrath gutgeheißen, wurde am 6. März 1884 dem Reichstage vorgelegt (Drucksachen 1884 Nr. 4) und von demselben nach kurzer Berathung an die VII. Kommission verwiesen. Im Beisein des Staatssekretairs des Innern, Staatsministers v. Boetticher, und mehrerer Regierungskommissare, insbesondere der Geh. Reg.-Räthe Bödiker und Gamp, welche den Entwurf als Referenten bearbeitet hatten, hat die Kommission unter dem Vorsitz des kürzlich verblichenen Abg. Frh. von und zu Franckenstein, dessen hervorragende Verdienste um die sozial-politischen Gesetze des Reichs allzeit unvergessen bleiben werden, ihre Aufgabe in sechsundzwanzig Sitzungen gelöst und dann den Entwurf mit nur geringen Modifikationen durch einen von dem Abg. Frh. v. Hertling als Referenten klar und übersichtlich abgefaßten eingehenden Bericht vom 11. Juni 1884 (Drucksachen 1884 Nr. 115) wieder an das Plenum gebracht. Mit einigen Abänderungen nahm das letztere in der 43. Plenarsitzung den Entwurf mit überwältigender Mehrheit an; die verbündeten Regierungen erklärten ihre Zustimmung zu der Fassung, in welcher der Entwurf aus den Berathungen des Reichstages hervorgegangen war, und so ist denn endlich das Gesetz zu Stande gekommen und am 6. Juli 1884 als „Un-

---

gesetzgebung der Europäischen Staaten", S. 39. Leipzig, Verlag von Duncker und Humblot, 1884.

fallversicherungsgesetz" vollzogen worden (R.G.B. S. 69). Bei dem großen Geschick und der Energie der zur Durchführung des Gesetzes unter dem Vorsitz des oben genannten Herrn Bödiker neu geschaffenen Reichsbehörde, des Reichs-Versicherungsamts, aber auch in Folge der Willigkeit und des dankenswerthen Entgegenkommens der Industrie gelang es, die schwierige und eigenartige Organisation derart zu fördern, daß die Unfallversicherung für die Industrie nach ihrem materiellen Inhalt schon am 1. Oktober 1885 in Kraft treten konnte (Kais. Verordnung v. 25. September 1885, R.G.B. S. 271).

Unverzüglich haben sodann die verbündeten Regierungen, wie in Aussicht gestellt war, die Ausdehnung des zunächst beschränkten Kreises der Versicherten in Angriff genommen, wozu es bei den Besonderheiten der in Betracht kommenden Berufszweige besonderer Gesetze bedurfte. Das erste dieser Gesetze, das Gesetz „über die Ausdehnung der Unfall- und Krankenversicherung" (sog. Ausdehnungsgesetz),*) durch welches insbesondere die großen Transportbetriebe des Festlandes sowie einige Handelsbetriebe erfaßt sind, ist am 28. Mai 1885 vollzogen (R.G.B. S. 159) und rücksichtlich seines materiellen Inhalts z. Th. schon gleichzeitig mit dem Unfallversicherungsgesetz, also am 1. Oktober 1885, im Uebrigen mit dem 1. Juli 1886 in

*) Das „Ausdehnungsgesetz" ist in dem vorliegenden Bändchen mit bearbeitet.

Kraft gesetzt worden (Kais. Verordnungen vom 5. September (s. oben) und vom 24. Juni 1886, R.G.B. S. 205). Das zweite dieser Gesetze betrifft die Unfallversicherung der in der Land- und Forstwirthschaft beschäftigten Personen, vom 5. Mai 1886 (R.G.B. S. 132),*) welches für die einzelnen deutschen Bundesstaaten zu verschiedenen Zeiten in Kraft gesetzt worden ist, seit einer Reihe von Jahren aber gleichfalls im ganzen Reich in Kraft steht. Dann folgte das Gesetz, betr. die Unfallversicherung der Bauarbeiter, vom 11. Juli 1887 (R.G.B. S. 287), welches diejenigen bei Bauten beschäftigten Personen, die den bisherigen Bestimmungen über die Unfallversicherung noch nicht unterlagen, erfaßt hat, sowie das Gesetz, betreffend die Unfallversicherung der Seeleute und anderer bei der Seeschifffahrt betheiligten Personen, vom 13. Juli 1887 (R.G.B. S. 329). Durch ein anderweites Gesetz vom 15. März 1886 (R.G.B. S. 53), das sog. Unfallfürsorgegesetz, war inzwischen auf dienstpragmatischem Wege auch für die Beamten der Reichsbetriebe und die in denselben beschäftigten Personen des Soldatenstandes eine der Unfallversicherung analoge Fürsorge bei Unfällen in Gestalt erhöhter Pensionen und Reliktengelder geschaffen worden; ähnliche Gesetze sind für einzelne Bundesstaaten rücksichtlich ihrer

*) Vgl. den Kommentar des Verfassers zu diesem landw. Unfallvers.-Ges., Berlin, Verlag von G. Reimer, 2. Aufl. 1888, sowie seine für Preußen bearbeitete Textausgabe desselben Gesetzes mit Anm., in demselben Verlag, 1887.

Betriebsbeamten erlassen worden (so in Preußen). Für den Rest der arbeitenden Klassen, soweit sie einer nennenswerthen Unfallgefahr überhaupt ausgesetzt sind, stehen weitere Unfallversicherungsgesetze in Aussicht. Zu der mehrfach gewünschten allgemeinen Revision der Unfallversicherungsgesetze ist es bisher nicht gekommen.

Nach dem „Unfallversicherungsgesetz" vom 6. Juli 1884 (R.G.B. S. 69) sind, vorbehaltlich der Erstreckung der Unfallversicherung durch Spezialgesetze, die Unternehmer der bisher haftpflichtigen Betriebe (mit Ausnahme der Eisenbahnbetriebe) und der mit Motoren arbeitenden Kleinbetriebe, die Unternehmer von Anlagen zur gewerbsmäßigen Herstellung von Explosivstoffen, sowie solche Unternehmer, deren Gewerbebetrieb sich auf die Ausführung gewisser, mit besonderer Unfallgefahr verbundener Bauarbeiten (Hochbauten, wie Maurerarbeiten ꝛc.) erstreckt, gezwungen (§ 1), auf alleinige Kosten ihre Arbeiter und niederen Betriebsbeamten gegen solche Betriebsunfälle zu versichern, welche den Tod herbeigeführt haben oder deren Folgen für die Gesundheit nach Ablauf von 13 Wochen noch nicht beseitigt sind (§§ 5, 6). Für die ersten 13 Wochen nach dem Unfall haben, wenn nicht der Tod des Verletzten die Folge des Unfalls gewesen ist, die Krankenkassen oder die Gemeinde-Krankenversicherung (§ 5 Abs. 2) und, soweit in vereinzelt vorkommenden Fällen Versicherte einer solchen Anstalt nicht angehören, die Unternehmer (§ 5 Abs. 10) einzutreten; dabei ist vom Beginn der fünften Woche ab, eventuell auf Kosten des Betriebsunternehmers, statt des Minimal-Krankengeldes von 50 Prozent ein auf 66²/₃ Prozent des Lohns erhöhtes Krankengeld zu zahlen (§ 5 Absatz 9). Die Versicherungspflicht kann durch statutarische Bestimmung auf höher besoldete Beamte erstreckt, auch kann durch das Statut den Betriebsunternehmern für ihre Person und für Andere die Betheiligung an der Versicherung gestattet werden (§ 2). Die Versicherung erfolgt unter Ausschluß der Privatversicherungsgesellschaften ausschließlich durch Berufsgenossenschaften, zu welchen sich die Betriebsunternehmer eines Industriezweiges oder mehrerer verwandter Industriezweige nach Maßgabe gleicher wirthschaftlicher Interessen, im Uebrigen nach freier Wahl, für begrenzte Wirthschaftsgebiete oder für den ganzen Umfang des Reichs zusammenschließen können, auf Gegenseitigkeit (§ 8). Die Knappschaftsverbände sind kraft besonderer Vergünstigung des Gesetzes (§ 94) auf Antrag ihrer Vorstände zu einer Knappschafts-Berufsgenossenschaft vereinigt worden, für welche einige Besonderheiten gelten. Die Berufsgenossenschaften bedürfen der Genehmigung des Bundesraths, welche aber nur in bestimmten Fällen, insbesondere behufs Wahrung der Interessen der Minoritäten und behufs Sicherung einer unbedingten Leistungsfähigkeit, versagt werden darf (§ 12); soweit auf diese Weise Berufsgenossenschaften nicht rechtzeitig gebildet werden, hat der Bundesrath dieselben seinerseits zu errichten (§ 15). Spätere Veränderungen in dem Bestande der Berufsgenossenschaften, wodurch etwaige bei der Bildung vorgekommene Fehler ausgeglichen und weitere Wünsche der Industrie berücksichtigt werden können, sind auf Antrag zulässig (§ 31). Auflösungen wegen Leistungsunfähigkeit sind vorgesehen; in solchem Falle leistet das Reich oder, soweit Berufsgenossenschaften über den Bezirk eines Bundesstaats nicht hinausgehen und der letztere ein Landes-Versicherungsamt errichtet hat (§ 92), der betr. Bundesstaat in der Weise Garantie, daß Reich bezw. Staat die bisher in der Genossenschaft entstandenen Verpflichtungen zu übernehmen hat (§ 33), während die Mitglieder der aufgelösten Genossenschaft zur Versicherung gegen spätere Unfälle anderen Genossenschaften zugewiesen werden.

Die Berufsgenossenschaften können die Verwaltung durch Einrichtung von Sektionen und Bestellung von Vertrauensmännern mit statutarisch zu begrenzenden Befugnissen dezentralisiren (§ 19); sie können unter gewissen Voraussetzungen zur gemeinsamen Tragung des Risikos Verbindungen mit anderen Genossenschaften eingehen (§ 30) oder einen Theil des Risikos unbeschadet ihrer Verantwortlichkeit nach außen auf die Sektionen übertragen (§ 29). Bei Erledigung ihrer Angelegenheiten haben sie volle Selbstverwaltung (§ 16); Behörden haben nur insoweit mitzuwirken, als dies zur Wahrung der öffentlichen Interessen unbedingt erforderlich ist. Die Aufsicht führt eine neugebildete Reichsbehörde, welche gleichzeitig den Abschluß des Gebäudes in organisatorischer, administrativer und verwaltungsgerichtlicher Beziehung bildet, das Reichs-Versicherungsamt (§ 87). Dasselbe besteht aus einem Vorsitzenden und zahlreichen Berufsbeamten, die vom Kaiser auf Lebenszeit ernannt werden, außerdem aber aus 4 Mitgliedern des Bundesraths sowie aus gewählten Vertretern der Unternehmer und Arbeiter, und wird bei Entscheidung der wichtigeren, seiner Kognition anheimfallenden Streitigkeiten durch 2 richterliche Beamte verstärkt. Neben dem Reichs-Versicherungsamt können für diejenigen Berufsgenossenschaften, deren Bezirk über die Grenzen eines Bundesstaates nicht hinausgeht, auf Kosten und unter der Aufsicht dieses Bundesstaates Landes-Versicherungsämter (§ 92) errichtet werden, welche ähnlich wie das Reichs-Versicherungsamt organisirt sind und für die ihnen unterstellten Genossenschaften im Wesentlichen die Funktionen des Reichs-Versicherungsamts wahrzunehmen haben.

Bei Betriebsunfällen, durch welche versicherte Personen körperlich verletzt oder getödtet werden, leistet die Berufsgenossenschaft, welcher der betreffende Betrieb angehört, dem Verletzten bezw. seinen Hinterbliebenen, dem ersteren jedoch erst nach Ablauf der ersten 13 Wochen (für welche er auf seine Krankenkasse angewiesen bleibt), Schadenersatz (§§ 5, 6), ohne Rücksicht darauf, ob der Unfall durch Zufall oder irgend ein selbst grobes Verschulden des Verletzten oder eines Anderen herbeigeführt ist. Nur wenn der Verletzte selbst den Unfall vorsätzlich veranlaßt hat, entfallen seine und seiner Hinterbliebenen Ansprüche. Der Schadenersatz besteht in einem Pauschquantum für die Kosten der Beerdigung, in den Kosten des Heilverfahrens (nach Ablauf der ersten 13 Wochen) und in einer Rente. Die letztere ist ein Bruchtheil des Jahresarbeitsverdienstes, den der Verletzte in dem Betriebe, in dem der Unfall sich ereignet hat, während des letzten Jahres seiner Beschäftigung bezogen hat; als Jahresarbeitsverdienst gilt ein Vielfaches, in der Regel das Dreihundertfache, des Tagesverdienstes. Für letzteren kommt als Mindestbetrag der ortsübliche Tagelohn gewöhnlicher Tagearbeiter, im Uebrigen aber der wirklich bezogene Lohn, und zwar bis zu 4 Mark für den Arbeitstag ganz, darüber hinaus aber nur mit einem Drittel zur Berechnung. Die Rente beträgt bei völliger Erwerbsunfähigkeit des Verletzten zwei Drittel des Jahresarbeitsverdienstes, bei nur theilweiser Invalidität und für die Hinterbliebenen (Wittwe, Descendenten, bedürftige Ascendenten) einen Bruchtheil dieses Betrages. Der Schadenersatz wird von den Organen der Berufsgenossenschaften (§ 57) auf Grund polizeilicher Unfalluntersuchungen (§ 53) von Amtswegen festgestellt; gegen die Feststellung findet die Berufung an ein Schiedsgericht statt (§ 62), welches zu gleichen Theilen aus

Mitgliedern der Genossenschaft und Vertretern der versicherten Arbeiter unter dem Vorsitz eines unbetheiligten öffentlichen Beamten, und zwar mindestens eins für jede Genossenschaftssektion, ein für alle Mal gebildet ist und den Charakter eines Spezialgerichtshofes trägt (§ 46). In den schwereren Fällen ist gegen die Entscheidung des Schiedsgerichts noch der Rekurs an das Reichs- (bezw. Landes-) Versicherungsamt gegeben (§ 63), welches endgültig entscheidet. Die Rechtsmittel haben keine aufschiebende Wirkung. Der Rechtsweg ist ausgeschlossen; nur dann, wenn die Ansprüche Hinterbliebener um deswillen zweifelhaft sind, weil das Familienverhältniß der letzteren zu dem Getödteten noch der Aufklärung bedarf, können die Hinterbliebenen zunächst behufs rechtskräftiger Feststellung dieses ihren Anspruch begründenden Familienverhältnisses, aber auch nur hierzu, auf den Rechtsweg verwiesen werden (§ 63). Die Auszahlung der Entschädigungen erfolgt auf Anweisung der Genossenschaftsvorstände durch die Postanstalten (§ 69); nur in der Knappschafts-Berufsgenossenschaft kann die Auszahlung, soweit das Statut dies vorsieht, durch die Knappschaftskassen bewirkt werden (§ 94).

Die Postverwaltungen schießen die angewiesenen Beträge vor und liquidiren sie nach Ablauf des mit dem Kalenderjahr zusammenfallenden Rechnungsjahres ohne Berechnung von Zinsen bei den Genossenschaftsvorständen zur Erstattung (§ 70). Letztere vertheilen den zu erstattenden Jahresbetrag (einschließlich ihrer Verwaltungskosten) sowie die Zuschläge für die Ansammlung des Reservefonds (siehe weiter unten) auf die Mitglieder der Genossenschaft mittelst **Umlage** (§§ 10, 71). Hiernach wird nicht der Kapitalwerth der in dem verflossenen Rechnungsjahre festgestellten, für mehrere Jahre zahlbaren Jahresrenten erhoben, sondern es wird nach Ablauf eines jeden Rechnungsjahres immer nur derjenige Betrag baar aufgebracht, welcher für die in diesem Rechnungsjahr thatsächlich erwachsenen und von den Postverwaltungen vorgeschossenen einzelnen Zahlungen erforderlich gewesen ist. Während der ersten Jahre muß bei diesem Umlageverfahren die Last eine geringe sein, um dann bis zum Eintritt des Beharrungszustandes, da in jedem Jahre neue Renten zugehen und von den alten Rentnern nur ein kleiner Bruchtheil durch Tod u. s. w. ausscheidet, beständig zu wachsen. Um dieses Anwachsen einigermaßen auszugleichen (eine volle Ausgleichung kann dabei naturgemäß nicht erzielt werden), soll während der ersten, eine niedrige Belastung aufweisenden Jahre durch Zuschläge zu den Entschädigungsbeträgen ein bedeutender **Reservefonds** verzinslich aufgesammelt werden (§ 18); erst nach Ablauf von 11 Jahren dürfen dessen Zinsen zur Erleichterung der Jahreslasten mit verwendet werden, sobald der aufgesammelte Betrag das Doppelte des Jahresbedarfs erreicht hat. Jeder Unternehmer hat nach Verhältniß desjenigen Risikos, mit welchem er seine Genossenschaft belastet, zu den Jahreslasten beizutragen; die Umlage erfolgt daher nach Maßgabe der in dem abgelaufenen Rechnungsjahr von jedem einzelnen Unternehmer an seine versicherten Arbeiter thatsächlich gezahlten Löhne und Gehälter, soweit sie für die Entschädigung maßgebend sein würden, einerseits, und nach dem Maße der Unfallgefahr andererseits, welches die Natur und die Einrichtungen seines Betriebes mit sich bringen. Dieses Maß der Unfallgefahr findet in Gefahrenklassen, in denen die Beiträge nach der Größe der Unfallgefahr und nach objektiven Merkmalen abgestuft sind (Gefahrentarif), seinen Ausdruck (§ 28); sie werden von den Berufsgenossenschaften autonomisch aufgestellt und bedürfen der Genehmigung des Reichs-(Landes-)Versicherungsamts.

Sind bei diesem Aufbringungsmodus die einzelnen Betriebsunternehmer durch ihr pekuniäres Interesse genöthigt, thunlichst auf die Verbesserung ihrer Betriebsanlagen und dadurch auf die Verhütung von Unfällen, Verminderung der Unfallgefahr und Ermäßigung ihrer Jahresbeiträge Bedacht zu nehmen, so haben nicht weniger auch die Berufsgenossenschaften als solche ein pekuniäres Interesse daran, durch Verhütung von Unfällen ihre Leistungen zu vermindern, und das um so mehr, als eine allmählige Verminderung der Unfallgefahr und damit der Zahl und Schwere der Unfälle ein wirksames Gegengewicht gegen die bei dem Umlageverfahren eintretende starke Belastung späterer Jahre darstellen muß. Das Gesetz überweist demgemäß den Berufsgenossenschaften die Befugniß, Unfallverhütungsvorschriften zu erlassen (§ 78), und zwar nicht nur für Betriebsunternehmer, welchen zur Verhütung höherer Einschätzung bezw. Beiträge die Herstellung zweckdienlicher Betriebseinrichtungen vorgeschrieben werden kann, sondern auch für die Arbeiter, welche durch Geldstrafen zur Befolgung der zur Verhütung von Unfällen erlassenen Vorschriften angehalten werden dürfen. Diese Geldstrafen fließen in diejenige Krankenkasse, welcher der Kontravenient dermalen angehört. Auch die von den Landesbehörden beabsichtigten Unfallverhütungsvorschriften sollen den Genossenschaftsorganen zur vorherigen Begutachtung vorgelegt werden (§ 81).

Die versicherten Arbeiter sind nicht Mitglieder der Berufsgenossenschaften und tragen zu deren Lasten nichts bei. An der Gesammtbelastung durch Unfälle tragen sie jedoch insofern mit, als sie zu den Krankenkassen, denen die Fürsorge für Verletzte während der ersten 13 Wochen überwiesen bleibt, neben den Unternehmern Beiträge leisten. Diese Betheiligung der gewerblichen Arbeiter an der Gesammtbelastung durch Unfälle beträgt aber nur 8 % der gesammten Unfallast,*) und dabei kommt ausgleichend noch in Betracht, daß ihnen auch die Lasten der nicht durch Unfälle hervorgerufenen Krankenpflege nur antheilig, nämlich mit 66⅔ %, zufallen (denn die fehlenden 33⅓ % dieser letzteren Belastung werden durch die Unternehmer getragen, soweit die Arbeiter nicht etwa

*) Vgl. Anm. 4 zu § 5 U.V.G.

auf deren Betheiligung durch Beitritt zu Hülfskassen ohne Beitrittszwang ausdrücklich verzichten). Erwägt man, daß die aus Unfällen erwachsende Krankenfürsorge nur etwa $6\frac{2}{3}$ % der gesammten durch Krankenfürsorge entstehenden Last darstellt,*) so erhellt, daß die Arbeitnehmer durch diese Vertheilung — wonach nicht ihnen allein die Krankenfürsorge und den Betriebsunternehmern allein die Unfallfürsorge übertragen ist, sondern an der ersteren die Unternehmer in erheblichem, an der letzteren die Arbeiter in geringem Maße mitbetheiligt sind — keineswegs benachtheiligt werden. Andererseits ergiebt sich aus dem Umstande, daß die Arbeiter durch ihre Beiträge zu den Krankenkassen auch einen Theil der Gesammtlast aus Unfällen tragen, die Nothwendigkeit, sie auch an der Verwaltung der Unfallversicherung überall da zu betheiligen, wo ihre Interessen auf dem Spiele stehen. Das Gesetz sieht eine solche Betheiligung denn auch vor und läßt Vertreter der Arbeiter (§§ 41, 45), welche durch die Vorstände von Krankenkassen gewählt werden, an den polizeilichen Unfalluntersuchungen sowie an der Berathung und Begutachtung von Unfallverhütungsvorschriften, an den Schiedsgerichten und an dem Reichs-(Landes-)Versicherungsamt Theil nehmen. Hierbei wirken die Vertreter der Arbeiter in gleichem Umfang mit wie die Vertreter der Berufsgenossenschaften: beide Theile wählen je zwei Beisitzer der Schiedsgerichte und je

*) Vgl. Anm. 4 zu § 5 U.V.G.

zwei Mitglieder des Reichs- sowie der Landes-Versicherungsämter, und bei der Berathung beziehungsweise Begutachtung von Unfallverhütungsvorschriften treten den Genossenschafts- und Sektionsvorständen, welchen diese Thätigkeit obliegt, Vertreter der Arbeiter in derjenigen Zahl hinzu, in welcher Mitglieder der Genossenschaft zu den Vorständen gehören. Wer ohne Vorurtheil diese Befugnisse erwägt, wird offenbar anerkennen müssen, daß sie allen Anforderungen entsprechen, welche die versicherten Arbeiter billigerweise erheben können.

Für diejenigen Personen, welche auf Grund der öffentlich-rechtlichen Unfallversicherung Schadenersatz erhalten können, fällt die civilrechtliche Haftpflicht des Unternehmers für das Versehen seiner Betriebsbeamten fort (§ 95). Derjenige Unternehmer oder Betriebsbeamte dagegen, welcher strafrechtlich wegen Verschuldung des Unfalls hat haftbar gemacht werden können, ist dem Verletzten und seinen Hinterbliebenen sowie den Krankenkassen und Berufsgenossenschaften regreßpflichtig, und zwar dem Verletzten und seinen Hinterbliebenen auf das Mehr, jedoch nur bei Vorsatz, den schadenersatzpflichtigen Korporationen dagegen in vollem Umfang und auch bei (kriminell strafbarer) Fahrlässigkeit. Dritte haften ohne jede Beschränkung, leisten aber dasjenige, was die Genossenschaften bereits gewährt haben, an diese, nicht an den schon befriedigten Verletzten. Armenverbände und sonstige zur Fürsorge Verpflichtete, Krankenkassen u. s. w. bleiben zu den ihnen obliegenden Leistungen nach wie vor verbunden; die Genossenschaften aber haben ihnen davon so viel zu erstatten, als sie ihrerseits auf Grund dieses Gesetzes zu leisten verpflichtet sind (§ 8). Versicherungsverträge mit Privat-Unfallversicherungsanstalten bleiben bestehen, ohne daß dadurch das Rechtsverhältniß zwischen dem Versicherten und den Berufsgenossenschaften berührt wird; letztere aber haben auf Antrag der Versicherungsnehmer an Stelle dieser in die Verträge einzutreten (§ 100).

---

Durch das Ausdehnungsgesetz (vgl. S. XXVII) werden in anderen Betrieben beschäftigte Personen, insbesondere die Arbeiter und kleineren Beamten der Transportbetriebe, der Unfallversicherung unterstellt. Das Maß der Fürsorge, ihre Voraussetzungen, die Vertretung der Arbeiter, Schiedsgerichte und sonstige grundlegende Bestimmungen des Unfallversicherungsgesetzes gelten auch für das Ausdehnungsgesetz; nur für die Organisation der Unfallversicherung in den großen Reichs- und Staatsbetrieben enthält das Gesetz besondere Vorschriften. In den Post-, Telegraphen-, Marine- und Heeresverwaltungen, sowie in der fiskalischen Eisenbahnverwaltung, nach Umständen auch in anderen fiskalischen Betrieben erfolgt nämlich die Unfallfürsorge fortan durch das Reich oder den Bundesstaat, nicht durch Berufsgenossenschaften. Zur Organisation von Berufsgenossenschaften für diese Betriebe lag schon wegen der unbedingten Leistungsfähigkeit des Reichs und der Staaten ein ausreichender Anlaß nicht vor; Reich und Staat würde aber umgekehrt bei der Größe der in Betracht kommenden Verwaltungen und des sich daraus ergebenden Uebergewichts das berufsgenossenschaftliche Leben nothwendig beeinträchtigen.

---

Mit diesen Gesetzen, deren Geschichte und wesentlicher Inhalt so eben in kurzen Zügen dargestellt wurde, ist ein wichtiger Schritt auf dem Gebiet der sozialen Gesetzgebung gemacht und dadurch das Ziel, welches Seine Majestät der Kaiser und die verbündeten Regierungen auf Anrathen des Reichskanzlers Fürsten von Bismarck mit der großen Mehrheit des Deutschen Volks und seiner Vertreter auf diesem Gebiet sich gesteckt haben, das Ziel, durch positive Reformen die wirthschaftliche Lage der arbeitenden Klassen zu verbessern, näher gerückt. Die Größe dieses nach mehreren vergeblichen Anläufen erreichten Erfolges wird Niemand unterschätzen, — das junge Deutsche Reich ist hierdurch auf einem bisher unbebauten Gebiet bahnbrechend den übrigen Nationen vorangegangen und hat auch durch diese Friedensthat seine führende Stellung unter den Völkern dargethan. Das durch die Unfallversicherung gegebene Beispiel hat nicht verfehlen können, in Nachbarländern Nacheiferung hervorzurufen,*) und so zeigt es sich schon jetzt, daß auch in anderen Ländern die arbeitenden Klassen der Bevölkerung der von Deutschland, seinem unvergleichlichen ersten Kaiser und seinem großen Kanzler ausgegangenen Anregung eine wesentliche Verbesserung ihres wirthschaftlichen Looses zu verdanken haben werden. Welchen Segen muß diese Wohlfahrtseinrichtung denen bringen, die sie herbeigeführt haben! Nachdem inzwischen durch fernere Gesetze die Unfallversicherung auf weitere Kreise der arbeitenden Bevölkerung (Land- und Forstwirthschaft, Tiefbau- und Regiebauarbeiter, Seeleute) ausgedehnt worden war, ist neuerdings durch das Gesetz, betreffend die Invaliditäts- und Altersversicherung, v. 22./6. 89 (Reichs-Gesetzbl. S. 97) ein neuer kühner Schritt auf dem Gebiet der sozialpolitischen Fürsorge gemacht worden. Dem greisen Kaiser Wilhelm I. war es nicht vergönnt, den weiteren Ausbau und die demnächstige Vollendung des Gebäudes, zu welchem er den Grund gelegt hat, zu erleben. Möchte seinem Enkel, dem jetzt regierenden Kaiser Wilhelm II., welcher nach wiederholten Allerhöchsten Kundgebungen Sich den Inhalt dieser Botschaft in vollem Maße aneignet und die Politik Seines in Gott ruhenden Herrn Großvaters fortsetzt, reicher Segen hieraus erwachsen!

---

*) Vgl. darüber: T. Bödiker, die Arbeiterversicherung in den europäischen Staaten, Leipzig, Duncker und Humblot, 1895.

# Unfallversicherungsgesetz.*)

## Vom 6. Juli 1884.

(R.G.Bl. 1884, Nr. 19, S. 69 ff.)

**Wir Wilhelm**, von Gottes Gnaden Deutscher Kaiser, König von Preußen ꝛc.

verordnen im Namen des Reichs, nach erfolgter Zustimmung des Bundesraths und des Reichstags, was folgt:

## I. Allgemeine Bestimmungen.

### Umfang der Versicherung.

§. 1.

Alle in Bergwerken, Salinen, Aufbereitungsan- 1.
stalten, Steinbrüchen, Gräbereien (Gruben), auf Werften und Bauhöfen, sowie in Fabriken und Hüttenwerken beschäftigten Arbeiter und Betriebsbeamten, letztere sofern ihr Jahresarbeitsverdienst an Lohn oder Gehalt zweitausend Mark nicht übersteigt, werden gegen die Folgen der bei dem Betriebe sich ereignenden Unfälle nach Maßgabe der Bestimmungen dieses Gesetzes versichert.

*) Einen ausführlichen, aber auf die Praxis des Reichs-Versicherungsamts sich beschränkenden Kommentar gewährt das von Mitgliedern des Reichs-Versicherungsamts bearbeitete „Handbuch der Unfallversicherung.“ 2. Aufl. Leipzig, Breitkopf & Härtel, 1897.

2. Dasselbe gilt von Arbeitern und Betriebsbeamten, welche von einem Gewerbetreibenden, dessen Gewerbebetrieb sich auf die Ausführung von Maurer-, Zimmer-, Dachdecker-, Steinhauer- und Brunnenarbeiten erstreckt, in diesem Betriebe beschäftigt werden, sowie von den im Schornsteinfegergewerbe beschäftigten Arbeitern.

3. Den im Absatz 1 aufgeführten gelten im Sinne dieses Gesetzes diejenigen Betriebe gleich, in welchen Dampfkessel oder durch elementare Kraft (Wind, Wasser, Dampf, Gas, heiße Luft u. s. w.) bewegte Triebwerke zur Verwendung kommen, mit Ausnahme der land- und forstwirthschaftlichen nicht unter den Absatz 1 fallenden Nebenbetriebe, sowie derjenigen Betriebe, für welche nur vorübergehend eine nicht zur Betriebsanlage gehörende Kraftmaschine benutzt wird.

4. Im übrigen gelten als Fabriken im Sinne dieses Gesetzes insbesondere diejenigen Betriebe, in welchen die Bearbeitung oder Verarbeitung von Gegenständen gewerbsmäßig ausgeführt wird, und in welchen zu diesem Zweck mindestens zehn Arbeiter regelmäßig beschäftigt werden, sowie Betriebe, in welchen Explosivstoffe oder explodirende Gegenstände gewerbsmäßig erzeugt werden.

5. Welche Betriebe außerdem als Fabriken im Sinne dieses Gesetzes anzusehen sind, entscheidet das Reichs-Versicherungsamt (§§. 87 ff.).

6. Auf gewerbliche Anlagen, Eisenbahn- und Schifffahrtsbetriebe, welche wesentliche Bestandtheile eines der

vorbezeichneten Betriebe sind, finden die Bestimmungen dieses Gesetzes ebenfalls Anwendung.

Für solche unter die Vorschrift des §. 1 fallende 7.
Betriebe, welche mit Unfallgefahr für die darin beschäftigten Personen nicht verknüpft sind, kann durch Beschluß des Bundesraths die Versicherungspflicht ausgeschlossen werden.

Arbeiter und Betriebsbeamte in anderen, nicht 8.
unter Absatz 2 fallenden, auf die Ausführung von Bauarbeiten sich erstreckenden Betrieben können durch Beschluß des Bundesraths für versicherungspflichtig erklärt werden†)††).

---

†) Auf Grund dieser Vorschrift sind vom Bundesrath die in den folgenden drei Bekanntmachungen des Reichskanzlers erwähnten Baubetriebe für versicherungspflichtig erklärt worden:

1. Bek. vom 22. Januar 1885 (R.G.Bl. S. 13).

Auf Grund des § 1 Absatz 8 des Unfallversicherungsgesetzes vom 6. Juli 1884 (Reichs-Gesetzbl. S. 69) hat der Bundesrath beschlossen:

Arbeiter und Betriebsbeamte, welche von einem Gewerbetreibenden, dessen Gewerbebetrieb sich auf die Ausführung von Tüncher-, Verputzer- (Weissbinder-), Gypser-, Stuckateur-, Maler-, (Anstreicher-), Glaser-, Klempner- und Lackirerarbeiten bei Bauten, sowie auf die Anbringung, Abnahme, Verlegung und Reparatur von Blitzableitern erstreckt, in diesem Betriebe beschäftigt werden, für versicherungspflichtig zu erklären.

Berlin, den 22. Januar 1885.

Der Reichskanzler.
In Vertretung: von Boetticher.

2. Bek. vom 27. Mai 1886 (R.G.Bl. S. 190).

Auf Grund des § 1 Absatz 8 des Unfallversicherungsgesetzes

## Zu § 1.

1. Vorbehaltlich künftiger Ausdehnung durch Spezialgesetz (vgl. Anm. †† auf S. 6) ist die Unfallversicherung in dem vorliegenden Gesetze, um nur erst einen Anfang zu machen, im Allgemeinen auf die im § 2 des Haftpflichtgesetzes vom 7. Juni 1871 (R.G.Bl. S. 207 bezeichneten sog. haftpflichtigen industriellen Betriebe (Bergwerke Steinbrüche, Fabriken 2c.) beschränkt geblieben, weil in ihnen sich das Bedürfniß am ersten und am dringlichsten gezeigt hat. Eine Erweiterung ist dabei nur insofern eingetreten, als gleich von vorn herein

a) die gefährlichen Hochbau-Betriebe und das Schornsteinfegergewerbe in die Unfallversicherung einbezogen worden sind andere Baubetriebe aber durch Beschluß des Bundesraths für versicherungspflichtig erklärt werden können (vgl. Anm. † auf S. 3 bis 5),

---

**vom 6. Juli 1884 (Reichs-Gesetzbl. S. 69) hat der Bundesrath beschlossen,**

**Arbeiter und Betriebsbeamte, welche von einem Gewerbetreibenden, dessen Gewerbebetrieb sich auf die Ausführung von Schreiner- (Tischler-), Einsetzer-, Schlosser- oder Anschlägerarbeiten bei Bauten erstreckt, in diesem Betriebe beschäftigt werden, mit der Wirkung vom 1. Januar 1887 an für versicherungspflichtig zu erklären.**

Berlin, den 27. Mai 1886.

Der Reichskanzler.

In Vertretung: von Boetticher.

Die in § 1 Abs. 8 eingeräumte Befugniss, Bauarbeiter unter das Unfallversicherungsgesetz zu stellen, ist dem Bundesrath durch § 4 Ziffer 1, § 12 Abs. 1 B.U.G. ausdrücklich belassen. Demgemäss hat der Bundesrath noch die in der nachfolgenden Bekanntmachung des Reichskanzlers veröffentlichte weitere Bestimmung getroffen:

3. Bek. v. 14. Januar 1888 (R.G.Bl. S. 1).

Auf Grund des § 1 Absatz 8 des Unfallversicherungsgesetzes vom 6. Juli 1884 (Reichs-Gesetzbl. S. 69) in Verbindung

b) den „Fabriken" diejenigen Betriebe „gleichgestellt" sind, in welchen Dampfkessel oder durch elementare Kraft bewegte Triebwerke zur dauernden Verwendung kommen, soweit es sich nicht um land- oder forstwirthschaftliche Nebenbetriebe handelt,

---

mit § 12 Absatz 1 des Gesetzes, betreffend die Unfallversicherung der bei Bauten beschäftigten Personen, vom 11. Juli 1887 (Reichs-Gesetzbl. S. 287) hat der Bundesrath beschlossen,

1. dass Arbeiter und Betriebsbeamte, welche von einem Gewerbetreibenden, dessen Gewerbebetrieb sich erstreckt:
   a) auf das Bohnen der Fussböden, auf die Anbringung, Abnahme oder Reparatur von Oefen und anderen Feuerungsanlagen oder von Tapeten bei Bauten,
   b) auf die Anbringung, Abnahme oder Reparatur von Wettervorhängen und -Läden (Rouleaux, Marquisen, Jalousien) oder von Ventilatoren bei Bauten,
   c) auf die Ausführung anderer, noch nicht gegen Unfall versicherter Arbeiten bei Bauten, die ihrer Natur nach der Ausführung von Hochbauten näher stehen als der Ausführung von Eisenbahn-, Kanal-, Wege-, Strom-, Deich- und ähnlichen Bauarbeiten,

   in diesem Gewerbebetriebe beschäftigt werden, vom 1. Januar 1888 ab versicherungspflichtig sind;
2. dass diese Betriebe aus der auf Grund des Gesetzes vom 11. Juli 1887 (Reichs-Gesetzbl. S. 287) gebildeten Tiefbau-Berufsgenossenschaft ausgeschieden werden;
3. dass die unter Ziffer 1 a aufgeführten Betriebe den örtlich zuständigen Hochbaugewerks-Berufsgenossenschaften zugetheilt werden;
4. dass die unter Ziffer 1 b und 1 c aufgeführten Betriebe, soweit sich dieselben lediglich auf das Anbringen oder Abnehmen der Wettervorhänge und -Läden etc. bei Bauten erstrecken, den Baugewerks-Berufsgenossenschaften. soweit sie sich dagegen auch mit der Herstellung der betreffenden

c) Anlagen zur gewerbsmäßigen Erzeugung von Explosivstoffen oder explodirenden Gegenständen, sowie

d) Anlagen mit mehr als zehn regelmäßig beschäftigten

---

Gegenstände befassen, denjenigen Berufsgenossenschaften zugewiesen werden, welchen sie angehören würden, sofern sie mindestens zehn Arbeiter regelmässig beschäftigen und demgemäss schon nach § 1 Absatz 4 des Unfallversicherungsgesetzes vom 6. Juli 1884 versicherungspflichtig sein würden.

Berlin, den 14. Januar 1888.

Der Reichskanzler.
In Vertretung: von Boetticher.

††) Ausserdem sind bisher folgende Spezialgesetze über weitere Ausdehnung der Unfallversicherung erlassen worden, welche theils grössere, theils geringere Abweichungen von dem Stammgesetz aufweisen:

1. das in diesem Buch hinter dem Unfallversicherungsgesetz abgedruckte und mit kurzen Anmerkungen versehene (Ausdehnungs-) Gesetz, betr. die Ausdehnung der Unfall- und Krankenversicherung v. 28. Mai 1885 (R.G.Bl. S. 159), welches sich auf die Transportbetriebe im Binnenlande (Eisenbahnen, Post, Binnenschifffahrt etc), auf die Marine- und Heeres- sowie auf einige Handelsbetriebe erstreckt;
2. Gesetz, betr. die Unfall- und Krankenversicherung der in der Land- und Forstwirthschaft beschäftigten Personen, v. 5. Mai 1886 (R.G.Bl. S. 132);
3. Gesetz, betr. die Unfallversicherung der bei Bauten beschäftigten Personen, v. 11. Juli 1887 (R.G.Bl. S. 287);
4. Gesetz, betr. die Unfallversicherung der Seeleute und anderer bei der Seeschifffahrt betheiligter Personen, v. 13. Juli 1887 (R.G.Bl. S. 329).

Ferner sind an dieser Stelle diejenigen Gesetze zu nennen, durch welche den in unfallversicherungspflichtigen Betrieben beschäftigten Reichs- bezw. Staatsbeamten und Personen des

Arbeitern immer als „Fabriken" im Sinne des Unfallversicherungsgesetzes gelten sollen,

e) Aufbereitungsanstalten, Hüttenwerke, Werften und Bauhöfe auch dann, wenn in diesen gewerblichen Anlagen ein fabrikmäßiger Betrieb nicht stattfindet, der Unfallversicherung unterliegen.

Alphabetische Verzeichnisse der hiernach versicherten Gewerbszweige sind unter Angabe derjenigen Berufsgenossenschaft, welcher sie zugehören, in den Amtl. Nachrichten des Reichs-Vers.-Amts veröffentlicht worden (A. N. 1885 S. 254 fg.; 1886 S. 204; 1887 S. 132; für den Bereich des Ausdehnungsgesetzes 1886 S. 134).

2. Für den Begriff „Fabrik" giebt das Gesetz keine Definition („die zahlreichen Versuche, welche in den Gesetzgebungen verschiedener Länder bisher in dieser Richtung gemacht worden sind, haben an der Vielgestaltigkeit des praktischen Lebens ihre Schranken gefunden", Motive S. 43), — aber einen gesetzlichen Anhalt nach dem Gegenstand und der Art (Umfang und Unfallgefahr aus Verwendung von Dampfkesseln oder Motoren) des Betriebes. Unter gewissen Voraussetzungen sind gewerbliche Anlagen schon auf Grund des Gesetzes als „Fabriken oder denselben gleichstehende Betriebe" anzusehen, und im Uebrigen entscheidet darüber, ob es sich um eine Fabrik handelt, der Sprachgebrauch, über den letzteren in Zweifelsfällen das Reichs-Versicherungsamt.

Hiernach gelten als „Fabriken oder denselben gleichstehende Betriebe" im Sinne dieses Gesetzes alle diejenigen gewerblichen Betriebe, welche sich sprachlich oder begrifflich als „Fabriken" darstellen. Daß dies der Fall sei, soll kraft Gesetzes immer angenommen werden

a) bei allen gewerblichen Betrieben, in denen zehn oder mehr Personen mit der Bearbeitung oder Verarbeitung

Soldatenstandes auf dienstpragmatischem Wege eine der Unfallversicherung analoge Unfallfürsorge zugewendet ist, nämlich das Reichsgesetz, betr. die Fürsorge für Beamte und Personen des Soldatenstandes in Folge von Betriebsunfällen, v. 12. März 1886 (R.G.Bl. S. 53), sowie die diesem nachgebildeten gleichartigen Landesgesetze für Landesbeamte, z. B. in Preussen v. 18. 6. 87 (G.S. S. 282).

von Gegenständen regelmäßig (d. h. bei regelmäßigem Geschäftsverkehr zur Zeit des vollen Betriebes dauernd, A. N. 86 S. 1, 77) beschäftigt werden (Abs. 4),

b) bei den Anlagen zur gewerbsmäßigen Erzeugung von Explosivstoffen oder explodirenden Gegenständen (Abs. 5),

c) bei denjenigen wenn auch nicht gewerbsmäßigen Betrieben, in welchen Dampfkessel oder elementare, zur Anlage gehörige Motoren 2c. verwendet werden.

Die bloße Verwendung eines Motors (ad c) macht aber nur dann versicherungspflichtig, „wenn sich der Motor nicht als bloße „Einrichtung“ darstellt, sondern auch unabhängig von dem Motor noch ein „Betrieb“ als solcher bestehen bleibt“. Hauswasserleitungen, Warmwasserheizanlagen, Luftheizungsanlagen sind in der Regel nur Einrichtungen, keine Betriebe; bei Verwendung von Motoren 2c. sind sie nur dann versicherungspflichtig, wenn sie in gewerblichen Anlagen, Krankenhäusern oder dgl. bestehen, ohne daß dadurch allein schon der Gesammtbetrieb der Anlage versicherungspflichtig würde, A. N. 85 S. 366.

Außerdem gelten von den Motorenbetrieben nicht als versicherungspflichtig die kleinen, mit elementaren Motoren oder Dampfkesseln meist für den eigenen Bedarf des Guts arbeitenden Nebenbetriebe der Land- und Forstwirthschaft. Auf Gütern in Verbindung mit der Landwirthschaft betriebene industrielle Anlagen fallen vielmehr nur dann unter das (industrielle) Unfallversicherungsgesetz, wenn sie nach Art und Umfang sich als selbständige gewerbliche Einnahmequelle, als „Fabrik“, Steinbruch u. s. w., darstellen; die bloße Verwendung von Motoren ist dazu nicht hinreichend. Im Uebrigen fallen sie als Nebenbetriebe der Landwirthschaft unter das landw. Unfallversicherungsgesetz, vgl. § 1 Abs. 2 Ges. v. 5. Mai 1886 (R.G.Bl. S. 132).

Die Landwirthschaft oder Forstwirthschaft selbst, der Garten-, Obst- und Weinbau, sowie die Fischerei fallen z. B. niemals, auch nicht als Nebenbetrieb, unter das vorliegende Gesetz, sondern immer unter das landw. Unfallversicherungsgesetz.

Vgl. im Uebrigen den Kommentar des Verfassers Anm. 1, 9,

18, 22, 25, 26, 28 zu § 1, sowie die Ausführungsanleitung des Reichs=Versicherungsamts (s. Anh.), ferner Handbuch der Unfallversicherung 2. Aufl. S. 89, 521.

3. Diejenigen unter das Unfallversicherungsgesetz fallenden Betriebszweige (nicht einzelne Betriebe), mit denen eine Unfallgefahr nach Lage des speziellen Falls nicht verbunden ist, kann der Bundesrath von der Versicherung ausnehmen (Abs. 7). Bisher hat der Bundesrath alle derartigen Anträge abgelehnt.

4. Versichert sind:

a) Arbeiter (einschl. der Arbeiterinnen, jugendlichen Arbeiter, Ausländer und gewerblichen Dienstboten), ohne Rücksicht darauf, ob und wie hohen Lohn sie beziehen, aber nur freie Arbeiter, keine Strafgefangenen, Korrigenden oder dgl. Versichert sind auch Kinder, sofern es sich bei ihrer Thätigkeit um eine ernste Beschäftigung, nicht um eine Spielerei handelt, und anzunehmen ist, daß der Betriebsunternehmer mit Ausführung der Arbeit durch ein Kind einverstanden ist, A. N. 89 S. 215. Versichert sind auch Heimarbeiter, aber nicht Hausgewerbetreibende, welche wegen ihrer persönlichen Unabhängigkeit von der Beaufsichtigung und Leitung durch den Arbeitgeber eine gewisse Selbständigkeit genießen;

b) Betriebsbeamte, diese aber nur dann, wenn ihr Jahresarbeitsverdienst (vgl. Anm. 1 zu § 2) zweitausend Mark ($6^2/_3$ Mark für jeden Arbeitstag, das Jahr zu 300 Arbeitstagen berechnet) nicht übersteigt. Auf höher gelohnte Betriebsbeamte kann die Versicherungspflicht durch die Berufsgenossenschaften (nicht wie im Krankenversicherungsgesetz durch Gemeinden oder weitere Kommunalverbände) statutarisch erstreckt werden. Ausgenommen sind die sämmtlichen Betriebsbeamten des Reichs, für welche inzwischen das Unfallfürsorgegesetz vom 15. März 1886 (R.G.Bl. S. 53) erlassen ist (vgl. §§ 1, 11 a. a. O.); ferner die sämmtlichen Betriebsbeamten solcher Bundesstaaten und Kommunalverbände, welche durch dienstpragmatische Spezialgesetze eine gleichartige Unfallfürsorge für ihre Beamten eingeführt haben (§ 4 U.V.G.; § 12 Ges.

v. 15. März 1886), endlich solche Betriebsbeamten auch anderer Bundesstaaten und Kommunalverbände, welche mit festem Gehalt und Pensionsberechtigung angestellt sind (§ 4 U.B.G.). Vgl. Anm. 2 zu § 4.

Den Unternehmern kann durch das Genossenschaftsstatut für die eigene Person und Andere ein Betheiligungsrecht eingeräumt werden (§ 2, vgl. Anm. 2 daselbst, auch wegen der Abweichungen für Baugewerbetreibende).

Vgl. im Uebrigen den Kommentar des Verfassers Anm. 2, 12, 13 zu § 1.

5. Das Versicherungsverhältniß tritt auf Grund des Gesetzes (bezw. des Statuts, § 2) ein. Der Entschädigungsanspruch hat folgende Voraussetzungen:

a) es muß ein „Unfall" vorliegen;
b) der Unfall muß „bei dem Betriebe" sich ereignet haben;
c) der Verletzte muß „in" einem versicherungspflichtigen Betriebe beschäftigt sein (vgl. jedoch § 2 Abs. 2);
d) der Unfall darf von dem Verletzten selbst nicht vorsätzlich herbeigeführt sein (§ 5 Abs. 7).

„Unfall" ist eine Schädigung der körperlichen oder geistigen Gesundheit durch ein plötzlich eingetretenes, zeitlich bestimmbares Ereigniß. Nachtheile für die Gesundheit, welche lediglich die Folge davon sind, daß ein Betrieb auch unter normalen Verhältnissen an sich ungesund ist, sind keine Betriebsunfälle, sondern fallen unter die Kategorie der Berufskrankheiten (Gewerbekrankheiten). Ebensowenig ist die allmälige Verschlimmerung krankhafter Anlagen oder die allmälige Abnutzung der Körperkräfte ein Unfall. Für derartige Schädigungen sorgt die Krankenversicherung sowie die Invaliditäts- und Altersversicherung (Ges. v. 22. Juni 1889, R.G.Bl. S. 97), welch' letztere auch diejenigen „Unfälle" erfaßt, die nicht „bei dem Betriebe" erlitten sind (z. B. Beinbruch während eines Spazierganges), oder die in Betrieben erlitten sind, auf welche die Unfallversicherung sich noch nicht erstreckt (z. B. von Gesellen in Handwerksbetrieben). Vgl. im Uebrigen den Kommentar des Verfassers 4. Aufl. Anm. 16, 17 zu § 1, sowie A. N. 87 S. 356. Bei

Bruchschäden ist nicht die bestehende Anlage, sondern das sog. Austreten des Bruchs, d. h. bei Leistenbrüchen eines Theils der Eingeweide aus der Bruchpforte des Leistenkanals, oder aber eines Eingeweidetheils in einen Bruchsack als Unfall zu betrachten, wenn es sich um ein plötzliches Vordrängen handelt. Die Vermuthung spricht aber für ein allmäliges Entstehen, also nicht für einen Unfall. A. N. 92 S. 282.

Ein „Unfall bei dem Betriebe" setzt einen ursächlichen (unmittelbaren oder mittelbaren) Zusammenhang zwischen dem Unfall und dem Betriebe voraus; das R.V.A. spricht von einem „Banne" des Betriebes. Der Betrieb braucht nicht die alleinige Ursache des Unfalls zu sein, es genügt, wenn er sich als mitwirkende Ursache darstellt. Verletzungen bei Schlägereien, Neckereien u. s. w. der Arbeiter gelten nur dann als Betriebsunfälle, wenn die Verletzung mit Betriebsgefahren zusammenhängt, z. B. wenn ein bei einer Schlägerei hingeworfener Arbeiter in eine zur Betriebsanlage gehörende Kalkgrube fällt und sich dadurch verletzt, A. N. 88 S. 176. Die Zweckbestimmung der Thätigkeit, welche den Unfall herbeigeführt hat, muß wesentlich, wenn auch nicht ausschließlich, und wenigstens mittelbar den Betriebszwecken zu dienen bestimmt gewesen sein, A. N. 95 S. 214.

„In" einem Betriebe (Bergwerk, Fabrik) ist derjenige beschäftigt, welcher innerhalb oder außerhalb der zu dem Betriebe gehörenden Anlagen „Verrichtungen im Betriebsdienst wahrnimmt", Verrichtungen, die zu dem Betriebe der Fabrik rc. gehören. Reine Bureaubeamte, die kraft ihrer dienstlichen Stellung lediglich als Handlungsgehülfen fungiren, mit dem gewerbstechnischen Betriebe aber, der allein eine Unfallgefahr als solche herbeiführen kann, nichts zu thun haben, Schreiber rc. können nicht als „in" der Fabrik rc. beschäftigt gelten, fallen also nicht unter die Unfallversicherung. Vgl. Ausf. Anl. d. Reichs-Vers.-Amts Nr. 12 (s. Anh.) und A. N. 85 S. 3, sowie den Kommentar des Verfassers, 4. Aufl. Anm. 3 zu § 1.

Uebrigens ist bei der praktischen Handhabung aller dieser Grundsätze eine dem Arbeiter thunlichst wohlwollende Auslegung geboten.

6. Rücksichtlich der Bauarbeiter ist Folgendes zu beachten. Gewerbliche Hochbaubetriebe (vgl. Abs. 2) sowie die Betriebe solcher Bauhandwerker, welche auf Grund des Abs. 8 vom Bundes-

rath für versicherungspflichtig erklärt sind (vgl. Anm. †), fallen unter das Unfallversicherungsgesetz; doch ist letzteres für diese Betriebe durch das Bauunfallgesetz v. 11. Juli 1887 (R.G.Bl. S. 287 ff.) mehrfach modifiziert worden. Gewerbliche Tiefbaubetriebe (Eisenbahn-, Kanal- rc.) sind erst durch das (letzterwähnte) Bauunfallgesetz versicherungspflichtig geworden; die Versicherung erfolgt im Wesentlichen nach den Grundsätzen des Unfallversicherungsgesetzes (jedoch mit Kapitaldeckung statt des Umlageverfahrens, vgl. i 10 B.U.G.). Für Bauunternehmer gemischter Baubetriebe erfolgt die Unfallversicherung einheitlich nach Maßgabe der für den Hauptbetrieb geltenden Vorschriften (§ 9 B.U.G.). Regiebauten, welche ohne Vermittelung eines Baugewerbetreibenden direkt für Rechnung des Bauherrn ausgeführt werden, fallen, soweit es sich um Regiebauten bei Eisenbahnen, fiskalischen Post- und militärischen Betrieben handelt, unter § 1 des Ausdehnungsgesetzes v. 28. Mai 1885; soweit es sich um landwirthschaftliche Regiebauten handelt, unter das landw. Unfallgesetz v. 5. Mai 1886 (vgl. § 1 Abs. 4 Ges. v. 11. Juli 1887), und soweit es sich um laufende, in Regie ausgeführte Reparaturen an Fabrikgebäuden rc. oder um sonstige „zum laufenden Betriebe einer Fabrik rc. gehörende Bauarbeiten" handelt, als Nebenbetrieb oder Betriebstheil unter das Unfallversicherungsgesetz (A. N. 87 S. 176 ad 5 e, 88 S. 17 ad 4 d. Im Uebrigen fallen derartige Regiebauten (also insbesondere diejenigen der Privatpersonen) unter das Bauunfallgesetz; für diese Kategorie haben die Baugewerks-Berufsgenossenschaften Versicherungsanstalten zu errichten. Vgl. auch den Kommentar des Vrf., 4. Aufl., Anm. 18 zu § 1 U.V.G.

7. Für diejenigen Personen bezw. Betriebe, welche nicht unter die Unfallversicherung fallen, bleiben das Haftpflichtgesetz*) (Reichsgesetz v. 7. Juni 1871, betr. die Verbindlichkeit zum Schadenersatz für die bei dem Betriebe von Eisenbahnen, Bergwerken u. s. w. herbeigeführten Tödtungen und Körperverletzungen, R.G.Bl. S. 207), sowie andere civilrechtliche Entschädigungsbestimmungen (§§ 823, 842 ff. des Bürg. Gesetzbuchs; bis zu dessen Inkrafttreten die einschlagenden Be-

*) vom 1. Januar 1900 ab mit den durch Art. 42 des Einführungsgesetzes zum Bürgerlichen Gesetzbuch vorgesehenen Aenderungen.

stimmungen der verschiedenen Landesgesetze, z. B. code civil art. 1384) in Kraft. Für diejenigen aber, welche versichert sind, treten bei „Betriebsunfällen" (vgl. Anm. 5 Abs. 3) diese civilrechtlichen Vorschriften in ihrem ganzen Umfang, also auch für solche Fälle außer Kraft, in denen die Arbeitsunfähigkeit 13 Wochen nicht überdauert hat. Vgl. § 95. Hieran wird durch das Bürgerliche Gesetzbuch nichts geändert, vgl. Art. 32 des Einführungsgesetzes.

8. Die auf Grund der Unfallversicherung gewährte Entschädigung gilt, ebenso wie bei der Krankenversicherung, nicht als öffentliche Armenunterstützung. Den verunglückten Personen bleiben also insbesondere ihre Wahlrechte erhalten. Vgl. den Kommentar des Verfassers zum Krankenversicherungsgesetz, Anm. 1 zu § 77.

9. Die bei handwerksmäßigen Schlossereien und Schmiedearbeiten zeitweise vorkommenden Bauschlosser- und -Anschlägerarbeiten (Reparaturarbeiten an Thürschlössern in Gebäuden) sind als versicherungspflichtige Schlosser- oder Anschlägerarbeiten „bei Bauten" anzusehen, wenn sie von Arbeitern, nicht von den Unternehmern selbst ausgeführt werden. Wird Bauschlosserei mit anderen Schlossereiarbeiten zusammen betrieben, so fragt es sich, welche Art als Hauptbetrieb anzusehen ist. Ist es die Bauschlosserei, so werden die anderen Schlosserarbeiten als Nebenbetrieb mit erfaßt. Bildet dagegen die Bauschlosserei den Nebenbetrieb, so sind die anderen Schlosserarbeiten nicht in der Unfallversicherung; bei Aufstellung der Lohnnachweisungen (§ 71) muß dann nöthigenfalls auf dem Wege der Schätzung ermittelt werden, welche Arbeitszeit bei der einen und welche bei der anderen Art des Betriebes verwendet worden ist. Dasselbe gilt für Bautischlereien u. s. w. Dieser unbefriedigende Zustand wird durch die beabsichtigte Novelle zum Unfallversicherungsgesetz sicherlich geändert werden.

## §. 2.*)

Durch statutarische Bestimmung (§§. 16 ff.) kann 1.
die Versicherungspflicht auf Betriebsbeamte mit einem zweitausend Mark übersteigenden Jahresarbeitsverdienst erstreckt werden. In diesem Falle ist bei der Feststellung

der Entschädigung der volle Jahresarbeitsverdienst zu Grunde zu legen.

2. Durch Statut kann ferner bestimmt werden, daß und unter welchen Bedingungen Unternehmer der nach §. 1 versicherungspflichtigen Betriebe berechtigt sind, sich selbst oder andere nach §. 1 nicht versicherungspflichtige Personen gegen die Folgen von Betriebsunfällen zu versichern.

*) Bei den unter das Ausdehnungsgesetz fallenden, einer Berufsgenossenschaft nicht zugewiesenen fiskalischen Betrieben und fiskalischen Regiebauten treten an die Stelle des Statuts (Abs. 1) die Ausführungsvorschriften. Abs. 2 hat für solche Betriebe etc. kaum Bedeutung. §§ 1, 4 A. G.; § 4 Ziffer 2, § 5 B.U.G. Vgl. auch § 4 Ziffer 3 des letzteren Gesetzes.

Für Baubetriebe sind die Bestimmungen des § 2 theilweise modificirt. Vgl. darüber Anm 2.

## Zu § 2.

1. „Bis zu welchem Betrage des Jahreseinkommens die Unfallversicherung der Beamten Platz greifen soll, ist Sache der statutarischen Beschlußfassung" (Mot. S. 44). Von der hier eingeräumten Befugniß haben bisher nicht weniger als 61 Berufsgenossenschaften Gebrauch gemacht.

Wird die Versicherungspflicht auf Beamte etwa bis zu dreitausend Mark Jahresverdienst erstreckt, so ist für deren Entschädigung im Falle eines Unfalls auch dieser ihr Jahresverdienst (vorbehaltlich der Bestimmungen des § 5, insbesondere der Reduktion des über vier Mark täglich hinausgehenden Betrages) zu Grunde zu legen; eine Versicherung zu einem Minderbetrage ist unzulässig. Im Uebrigen erfolgt die Versicherung der höher gelohnten Betriebsbeamten sowie der Unternehmer durchaus nach den grundlegenden Bestimmungen dieses Gesetzes, z. B. nach dem Umlageverfahren. Bei Ermittelung des Jahresarbeitsverdienstes soll, sofern derselbe nicht etwa fixirt ist, sondern von der Höhe der erst nach Schluß des Wirthschaftsjahres sich ergebenden Tantismen oder ähnlichen quotisirten Bezügen abhängt, der im Durchschnitt mehrerer Jahre voraussichtlich zu erwartende Betrag der Tantisme in Anrechnung gebracht werden. Die in § 3 gegebene Berechnungsweise des Jahresarbeitsverdienstes soll also für § 2 nicht gelten (A. N. 89 S. 155).

2. Für Unternehmer gewerblicher Baubetriebe (vgl. § 1 Abs. 2, 8) sind die Bestimmungen des § 2 Abs. 2 durch §§ 2, 16, 48 des Bauunfallgesetzes v. 11. Juli 1887 ersetzt worden. Hiernach haben derartige Baugewerbetreibende mit höchstens 2000 M. Jahresarbeitsverdienst schon kraft Gesetzes ein Recht zur Selbstversicherung, und für solche kleine Baugewerbetreibende, welche nicht regelmäßig wenigstens einen Lohnarbeiter beschäftigen, kann durch das Genossenschaftsstatut auch eine Versicherungspflicht begründet werden. Ferner kann das Statut bestimmen, daß die Versicherung der Unternehmer (für ihre Person und für die „andern" freiwillig von ihnen versicherten Personen) nicht in der Genossenschaft nach dem Umlageverfahren, sondern in der Versicherungsanstalt nach dem Versicherungsprincip gegen Prämie erfolgen soll, vgl. Anm. 1 zu § 9, Anm. 1 zu § 10.

3. Wegen der Reichs-, Staats- und Kommunalbeamten vgl. § 4.

## Ermittelung des Jahresarbeitsverdienstes.

## §. 3.

Als Gehalt oder Lohn im Sinne dieses Gesetzes 1. gelten auch Tantiemen und Naturalbezüge. Der Werth der letzteren ist nach Ortsdurchschnittspreisen in Ansatz zu bringen.

Als Jahresarbeitsverdienst gilt, soweit sich derselbe 2. nicht aus mindestens wochenweise fixirten Beträgen zusammensetzt, das Dreihundertfache des durchschnittlichen täglichen Arbeitsverdienstes. Für Arbeiter in Betrieben, in welchen die übliche Betriebsweise für den das ganze

Jahr regelmäßig beschäftigten Arbeiter eine höhere oder niedrigere Zahl von Arbeitstagen ergiebt, wird diese Zahl statt der Zahl dreihundert der Berechnung des Jahresarbeitsverdienstes zu Grunde gelegt.

3. Bei jugendlichen Arbeitern und solchen Personen, welche wegen noch nicht beendigter Ausbildung keinen oder einen geringen Lohn beziehen, gilt als Jahresarbeitsverdienst das Dreihundertfache des von der höheren Verwaltungsbehörde nach Anhörung der Gemeindebehörde für Erwachsene festgesetzten ortsüblichen Tagelohnes gewöhnlicher Tagearbeiter (§. 8 des Gesetzes, betreffend die Krankenversicherung der Arbeiter, vom 15. Juni 1883).

## Zu § 3.

1. Als Jahresarbeitsverdienst gilt im Allgemeinen, sofern die Bezüge nach Wochen, Monaten ꝛc. fixirt sind, die hieraus sich ergebende feste Summe, im Uebrigen ein Vielfaches (in der Regel das Dreihundertfache) des im Jahre durchschnittlich bezogenen individuellen Tagesverdienstes. Letzterer wird also zunächst ermittelt und dann mit 300 multiplicirt; sofern aber die übliche Betriebsweise des betr. Betriebes für die das ganze Jahr regelmäßig beschäftigten Arbeiter eine höhere oder niedrigere Anzahl von Arbeitstagen ergiebt, wird der Individualverdienst statt mit 300 mit dieser anderweiten, der üblichen Betriebsweise des Betriebes entsprechenden Zahl multiplicirt. Vgl. Anm. 5 zu § 5. Diese Berechnung ist zwar nach einer Entscheidung des R.V.A. (A. N. 89 S. 155) nicht maßgebend für die Beurtheilung der Versicherungspflicht der Beamten (§ 1 Abs. 1, vgl. Anm. zu § 2), wohl aber für die Ermittelung der Unfallrente (§ 5 Abs. 3) und für die Lohnnachweisung (§ 71 Abs. 2), wobei jedoch die Reduktion nach § 5 Abs. 3 bezw. § 10 Abs. 2 zu beachten ist. Bei jugendlichen und bei noch nicht ausgebildeten

Arbeitern gilt für die Umlage als Jahresarbeitsverdienst das Dreihundertfache des ortsüblichen Tagelohns, sofern sie nicht bereits mehr verdienen (cf. Abs. 2), und zwar ebenfalls sowohl für die Rentenberechnung, wie für die Lohnnachweisung, aber ohne die Ausnahmen des Abs. 2 Satz 2. Waren solche jugendlichen Arbeiter nicht das ganze Jahr beschäftigt, so ist in den Lohnnachweisungen nur das der Zahl der geleisteten Arbeitstage entsprechende Vielfache des ortsüblichen Tagelohns nachzuweisen.

2. Betriebe, deren übliche Betriebszeit nicht ein volles Jahr währt (Kampagnebetriebe, wie Brennereien, Zuckerfabriken, Torfgräbereien), beschäftigen Arbeiter nicht das ganze Jahr hindurch regelmäßig; bei denselben verbleibt es also bei dem als Regel vorgeschriebenen Dreihundertfachen des Tagesdurchschnittsverdienstes.

3. Der § 8 des Krankenversicherungsgesetzes in der jetzt geltenden Fassung der Novelle vom 10. April 1892 (Reichs-Gesetzbl. S. 417) lautet:

„Der Betrag des ortsüblichen Tagelohnes gewöhnlicher Tagearbeiter wird von der höheren Verwaltungsbehörde nach Anhörung der Gemeindebehörde festgesetzt und durch das für ihre amtlichen Bekanntmachungen bestimmte Blatt veröffentlicht. Aenderungen der Festsetzung treten erst sechs Monate nach der Veröffentlichung in Kraft.

Die Festsetzung findet für männliche und weibliche, für Personen über und unter sechzehn Jahren besonders statt ...."

Zusammenstellungen der ortsüblichen Tagelöhne finden sich u. a. in Götze-Schindler, Taschenkalender beim Gebrauch der Arbeiterversicherungsgesetze (Berlin, Siebel'sche Buchhandlung).

**Reichs-, Staats- und Kommunalbeamte.**

§ 4.*)

Auf Beamte, welche in Betriebsverwaltungen des Reichs, eines Bundesstaates oder eines Kommunalverbandes mit festem Gehalt und Pensionsberechtigung angestellt sind, findet dieses Gesetz keine Anwendung.

*) Vgl. Anm. 2.

## Zu § 4.

1. Die in diesem Paragraphen für die Staatsbeamten ꝛc. getroffene Ausnahmebestimmung beruht auf der Erwägung, daß, wo diese Kategorien durch ihre z. Th. höheren Pensionsansprüche nicht ausreichend gedeckt seien, auf eine Erhöhung dieser Pensionen werde Bedacht zu nehmen sein. Eine solche Erhöhung müsse aber den die Dienstverhältnisse der Beamten regelnden (dienstpragmatischen) Gesetzen ꝛc. vorbehalten bleiben; es sei nicht gerathen, durch ein der Dienstpragmatik der Beamten an sich fernstehendes Reichsgesetz in diese Verhältnisse einzugreifen. Voraussichtlich würden die Staatsbehörden und Gemeinden ihre Beamten da, wo dies zur Zeit noch nicht zutreffe, für den Fall eines im Dienst erlittenen Unfalls den Privatbeamten gleichstellen; sollte sich diese Annahme nicht bewahrheiten oder sollten sich sonst Unzuträglichkeiten ergeben, so werde man später durch Spezialgesetze, event. auch von Reichs wegen, Abhülfe schaffen können.

2. Dieser § ist z. Th. antiquirt. Betriebsbeamte des Reichs sind nämlich durch das dienstpragmatische Fürsorgegesetz vom 15. März 1886 (R.G.Bl. S. 53), welches ihnen eine gleichartige Unfallfürsorge (durch erhöhte Pensionen und Reliktengelder) gewährt, allgemein, ohne Rücksicht auf Pensionsberechtigung, aus der Unfallversicherung ausgeschieden (cf. §§ 1, 11, a. a. O.). Dasselbe gilt für die Betriebsbeamten mancher Bundesstaaten, soweit die letzteren gleichartige Landesgesetze erlassen haben; denn nach § 12 des citirten Reichsgesetzes scheiden deren Betriebsbeamten ebenfalls aus der Unfallversicherung aus. Solche Fürsorgegesetze für Landesbeamte sind insbesondere erlassen in Preußen (Ges. vom 18. Juni 1887), Sachsen, Württemberg, Baden, Hessen, Oldenburg, Elsaß-Lothringen; in Bayern und Großh. Sachsen waren den Beamten schon bisher mindestens gleichwerthige Bezüge zugesichert. Vgl. auch Anm. 4 zu § 1.

3. Für diejenigen Beamten, für welche derartige besondere Fürsorgegesetze oder Kommunalstatuten bestehen (cf. Anm. 2), sind die reichsgesetzlichen Bestimmungen, welche Arbeitgeber und deren Angestellte bei Unfällen regreßpflichtig machen, in gleichem Umfange wie für die unfallversicherten Arbeiter nach den §§ 95 bis 98 des

Unfallversicherungsgesetzes beseitigt, §§ 8 bis 10, bezw. § 12 G. v. 15. März 1886 (R.G.Bl. S. 53). Inwieweit auch gleichartige landesgesetzliche Schadensansprüche beseitigt sind, hängt von den Bestimmungen der betreffenden Landesgesetze ab.

Diejenigen Landes- und Kommunalbeamten, für welche eine der Unfallversicherung analoge Unfallfürsorge noch nicht getroffen ist, bleiben bis auf Weiteres unter der Bestimmung des § 4 des Unfallversicherungsgesetzes. Sie unterliegen also der Unfallversicherung (§ 1) überhaupt nur dann, wenn sie ohne festes Gehalt und Pensionsberechtigung angestellt sind und weniger als 2000 Mark Gehalt beziehen (§ 1, cf. jedoch § 2, Abs. 1). Soweit sie hiernach der Unfallversicherung nicht unterliegen, bleiben für sie einstweilen die Bestimmungen des Haftpflichtgesetzes ꝛc. in Kraft, vgl. Anm. 7 zu § 1.

### Gegenstand der Versicherung und Umfang der Entschädigung.

### §. 5.*)

Gegenstand der Versicherung ist der nach Maßgabe der nachfolgenden Bestimmungen zu bemessende Ersatz des Schadens, welcher durch Körperverletzung oder Tödtung entsteht. 1.

Der Schadensersatz soll im Falle der Verletzung bestehen: 2.

1. in den Kosten des Heilverfahrens, welche vom Beginn der vierzehnten Woche nach Eintritt des Unfalls an entstehen;
2. in einer dem Verletzten vom Beginn der vierzehnten Woche nach Eintritt des Unfalls an für die Dauer der Erwerbsunfähigkeit zu gewährenden Rente.

Die Rente ist nach Maßgabe desjenigen Arbeits- 3.

verdienstes zu berechnen, den der Verletzte während des letzten Jahres seiner Beschäftigung in dem Betriebe, in welchem der Unfall sich ereignete, an Gehalt oder Lohn durchschnittlich für den Arbeitstag bezogen hat (§. 3), wobei der vier Mark übersteigende Betrag nur mit einem Drittel zur Anrechnung kommt.

4. War der Verletzte in dem Betriebe nicht ein volles Jahr, von dem Unfalle zurückgerechnet, beschäftigt, so ist der Betrag zu Grunde zu legen, welchen während dieses Zeitraums Arbeiter derselben Art in demselben Betriebe oder in benachbarten gleichartigen Betrieben durchschnittlich bezogen haben.

5. Erreicht dieser Arbeitsverdienst (Abs. 3 und 4) den von der höheren Verwaltungsbehörde nach Anhörung der Gemeindebehörde für Erwachsene festgesetzten ortsüblichen Tagelohn gewöhnlicher Tagearbeiter (§. 8 des Gesetzes, betreffend die Krankenversicherung der Arbeiter, vom 15. Juni 1883) nicht, so ist der letztere der Berechnung zu Grunde zu legen.

6. Die Rente beträgt:

a) im Falle völliger Erwerbsunfähigkeit für die Dauer derselben sechsundsechzigzweidrittel Prozent des Arbeitsverdienstes;

b) im Falle theilweiser Erwerbsunfähigkeit für die Dauer derselben einen Bruchtheil der Rente unter a, welcher nach dem Maße der verbliebenen Erwerbsfähigkeit zu bemessen ist.

7. Dem Verletzten und seinen Hinterbliebenen steht

ein Anspruch nicht zu, wenn er den Betriebsunfall vorsätzlich herbeigeführt hat.

Die Berufsgenossenschaften (§. 9) sind befugt, der Krankenkasse, welcher der Verletzte angehört, gegen Erstattung der ihr dadurch erwachsenden Kosten die Fürsorge für den Verletzten über den Beginn der vierzehnten Woche hinaus†) bis zur Beendigung des Heilverfahrens zu übertragen. In diesem Falle gilt als Ersatz der im §. 6 Absatz 1 Ziffer 1 des Krankenversicherungsgesetzes bezeichneten Leistungen die Hälfte des in jenem Gesetze bestimmten Mindestbetrages des Krankengeldes, sofern nicht höhere Aufwendungen nachgewiesen werden. Streitigkeiten, welche aus Anlaß dieser Bestimmung zwischen den Berufsgenossenschaften und den Krankenkassen ent- 8.

†) Die Befugnisse der Berufsgenossenschaften sind erweitert worden durch § 76 c des Krankenversicherungsgesetzes in der Fassung der Novelle vom 10. April 1892 (R.G.Bl. S. 417). Derselbe lautet:

In Erkrankungsfällen, welche durch Unfälle herbeigeführt werden, ist die Berufsgenossenschaft berechtigt, das Heilverfahren auf ihre Kosten zu übernehmen. Vom Tage der Uebernahme an bis zur Beendigung des Heilverfahrens oder bis zum Ablauf der dreizehnten Woche nach Beginn des Krankengeldbezuges geht der Anspruch des Erkrankten auf Krankengeld auf die Berufsgenossenschaft über. Auf diese gehen dagegen für denselben Zeitraum alle Verpflichtungen über, welche der Krankenkasse dem Erkrankten gegenüber obliegen.

Streitigkeiten aus diesem Verhältniss werden, soweit sie zwischen dem Erkrankten und der Berufsgenossenschaft entstehen, nach Vorschrift des § 58 Absatz 1, soweit sie zwischen der Berufsgenossenschaft und der Gemeinde-Krankenversicherung oder Krankenkasse entstehen, nach Vorschrift des § 58 Absatz 2 entschieden.

stehen, werden nach Maßgabe des §. 58 Absatz 2 des Krankenversicherungsgesetzes entschieden.

9. Von Beginn der fünften Woche nach Eintritt des Unfalls bis zum Ablauf der dreizehnten Woche ist das Krankengeld, welches den durch einen Betriebsunfall verletzten Personen auf Grund des Krankenversicherungsgesetzes gewährt wird, auf mindestens zwei Drittel des bei der Berechnung desselben zu Grunde gelegten Arbeitslohnes zu bemessen. Die Differenz zwischen diesen zwei Dritteln und dem gesetzlich oder statutengemäß zu gewährenden niedrigeren Krankengelde ist der betheiligten Krankenkasse (Gemeinde-Krankenversicherung) von dem Unternehmer desjenigen Betriebes zu erstatten, in welchem der Unfall sich ereignet hat. Die zur Ausführung dieser Bestimmung erforderlichen Vorschriften erläßt das Reichs-Versicherungsamt.†)

10. Den nach §. 1 versicherten Personen, welche nicht nach den Bestimmungen des Krankenversicherungsgesetzes versichert sind, hat der Betriebsunternehmer die in den §§. 6 und 7 des Krankenversicherungsgesetzes vorgesehenen Unterstützungen einschließlich des aus dem vorhergehenden Absatze sich ergebenden Mehrbetrages für die ersten dreizehn Wochen aus eigenen Mitteln zu leisten.

11. Streitigkeiten, welche aus Anlaß der in den beiden vorhergehenden Absätzen enthaltenen Bestimmungen unter den Betheiligten entstehen, werden nach Maßgabe

---

†) Bek. d. R.V.A. vom 30. September 1885 (A. N. I S. 283). Dieselbe ist im Anhang abgedruckt.

des §. 58 Absatz 1 des Krankenversicherungsgesetzes entschieden, und zwar in den Fällen des letztvorhergehenden Absatzes von der für Ortskrankenkassen des Beschäftigungsortes zuständigen Aufsichtsbehörde.

*) Abs. 9 bis 11 gelten nicht für Bauarbeiter, die bei Regiebauten von Privatpersonen beschäftigt werden, soweit diese Bauten nicht Theile eines versicherungspflichtigen Hauptbetriebes sind. Für solche Bauarbeiter sind besondere Bestimmungen erlassen § 4 Ziffer 4, §§ 7, 8 B.U.G.

## Zu § 5.

1. Die Verletzten (und deren Hinterbliebene) erhalten ihre Entschädigungen nicht auf Grund eines civilrechtlichen Schadensanspruchs, sondern auf Grund einer öffentlich-rechtlichen Versicherung ohne Rücksicht darauf, ob und wessen Verschulden den Unfall herbeigeführt hat. Nur eigener Vorsatz des Verletzten schließt den Anspruch aus. Ein Mehr, d. h. eine etwaige Differenz des richterlich festzustellenden vollen Schadens gegenüber den Bezügen aus der Unfallversicherung, erhalten die Verletzten (oder ihre Hinterbliebenen) von dem Betriebsunternehmer oder dessen Beamten nur noch dann, wenn diese selbst den Unfall vorsätzlich herbeigeführt haben und dafür strafrechtlich verurtheilt sind; von dritten Schuldigen immer (§§ 95, 98). Ueber die Erstattungspflicht der Betriebsunternehmer und Dritter gegenüber der Berufsgenossenschaft vgl. §§ 96 bis 98.

2. Körperverletzung ist hier wie im Reichsstrafrecht (§ 223 Str.G.B.) jede Einwirkung auf den Körper eines Menschen, durch welche derselbe eine Störung des körperlichen Wohlbefindens erleidet. Vgl. Oppenhoff, Anm. 2 zu § 223 Str.G.G. Sie ist nicht auf äußere Verletzung (laesio) des Körpers (Verwundungen und Verstümmelungen) beschränkt, sondern umfaßt auch Störungen der inneren Körpertheile, überhaupt aller Funktionen der äußeren und inneren Organe. So gehören auch Störungen der geistigen Funktionen (eigentliche Geisteskrankheiten, Gedächtnißschwäche 2c.) hierher. Die Ein-

wirkung kann auch eine psychische (Gemüthserschütterung, Schreck ꝛc.) sein. Wenn auch die Körperverletzung in der Regel und nach der Natur der Sache als gewaltsam und plötzlich sich darstellen wird, so ist begrifflich doch auch eine allmälig körperschädigende Wirkung nicht ausgeschlossen, sobald dieselbe durch einen „Unfall", nicht durch den regelmäßigen normalen Betrieb (Anm. 5 zu § 1), hervorgerufen wird, dessen schädliche Folgen erst nach und nach hervortreten. Der Unfall braucht auch nicht die unmittelbare oder alleinige Ursache der Erwerbsunfähigkeit zu bilden; es genügt, wenn er nur eine von mehreren mitwirkenden Ursachen ist und als solche in's Gewicht fällt.

Der Tod kann sofort oder erst später eintreten. Es ist nur erforderlich, daß er Folge eines bei dem Betriebe sich ereignenden Unfalls (Anm. 5 zu § 1) ist.

3. Bis zum Ablauf der dreizehnten Woche sind „die Kosten des Heilverfahrens der durch Unfall Verletzten, sowie die Entschädigung derselben im Falle einer durch den Unfall herbeigeführten Erwerbsunfähigkeit von den Krankenkassen" (einschl. der Gemeinde-Krankenversicherung, die im Sinne dieses Gesetzes als Krankenkasse gilt), „zu tragen; erst von diesem Zeitpunkt ab werden die Kosten des Heilverfahrens und die Entschädigung des Verletzten von der Unfallversicherung übernommen". (Mot.) Vom Beginn der 5. Woche ab soll aber das aus Krankenkassen zu gewährende Krankengeld mindestens 66²/₃ Prozent des Lohnes (vgl. §§ 6, 20, 64, 72, 73, 74, 75 K.V.G.) betragen; wo die Krankenkassen nur den gesetzlich geforderten Minimalbetrag von 50 Prozent oder doch weniger als 66²/₃ Prozent des Lohnes gewähren, soll der Unternehmer desjenigen Betriebes, in dem sich der Unfall ereignet hat, aus eigenen Mitteln die Differenz zuschießen. Für Verletzte, welche gegen Krankheit nicht versichert sind (weder auf Grund einer Versicherungspflicht, noch nach Maßgabe des gesetzlich ihnen beigelegten Versicherungsrechts, §§ 4, 19, 63, 72, 73 a. a. O.), hat während der ersten 13 Wochen der Betriebsunternehmer einzutreten. Nur für diejenigen Personen, deren Unfallversicherung auf statutarischer Bestimmung (§ 2) beruht, insbesondere die höher besoldeten Betriebsbeamten, sowie für die nicht gegen Krankheit versicherten Arbeiter

bei Regiebauten von Privatpersonen besteht diese subsidiäre Verpflichtung des Betriebsunternehmers nicht; vielmehr sind während der ersten 13 Wochen die ersteren auf sich, bez. auf Privatversicherung angewiesen, während den letzterwähnten Bauarbeitern die Gemeinde des Beschäftigungsorts freie ärztliche Behandlung und Arznei gewähren muß, §§ 7, 8 B.U.G. Vgl. Anm. 1, 4 zu § 95.

Die Bestimmung, daß für die leichteren Fälle, bezw. für die ersten 13 Wochen die Krankenkassen einzutreten haben, wird irrthümlich als Einführung der Karenzzeit bezeichnet. Darüber, daß die Krankenkassen schon bisher die gleiche Verpflichtung bei Unfällen hatten und daß zur Erleichterung der Kontrole sowie der Verwaltung der Berufsgenossenschaften diese Fürsorge seitens der örtlich nahestehenden Krankenkassen beibehalten werden mußte, vgl. den Kommentar des Verfassers, 4. Aufl., Anm. 4a zu § 5.

„Im Falle der Tödtung dagegen ist die den Hinterbliebenen des Getödteten zustehende Rente sogleich vom Tage des Todes ab von der Unfallversicherung zu übernehmen, welcher auch die zu gewährenden Beerdigungskosten unbeschadet der Bestimmung in § 8 zur Last fallen." (Mot. S. 54.)

Hiernach können bei Betriebsunfällen kumulativ drei Verpflichtete konkurriren. Hat der Unfall den Tod zur Folge, so trägt vom Eintritt des Todes ab die Berufsgenossenschaft die ganze Last (vgl. § 8). Hat der Unfall nicht (sofort) den Tod, sondern eine Körperverletzung zur Folge, so liegt die Fürsorge für den Verletzten im Allg. (vgl. oben) ob:

a) während der ersten 4 Wochen den Krankenkassen allein, und zwar in derjenigen Höhe, in welcher dieselben nach Gesetz oder Statut für den Fall der Krankheit einzutreten haben;
b) vom Beginn der 5. bis zum Beginn der 14. Woche den Krankenkassen und dem einzelnen Betriebsunternehmer zusammen insofern, als erstere ihre gesetzlichen oder statutarischen Leistungen weiter zu erfüllen, für den Fall aber, daß das hiernach zu gewährende Krankengeld den gesetzlichen Betrag von 50 Prozent des bei der Krankenversicherung in Betracht kommenden Lohnes nicht übersteigt, das Krankengeld auf

Kosten des Betriebsunternehmers bis zu 66⅔ Prozent dieses Lohnes zu erhöhen haben, vgl. Abs. 9 (wegen der nicht gegen Krankheit versicherten Personen siehe oben);

c) vom Beginn der 14. Woche ab den Berufsgenossenschaften, welche dabei befugt sind, die Fürsorge bis zur Beendigung des Heilverfahrens gegen Kostenerstattung den Krankenkassen zu übertragen, vgl. Abs. 8.

Die Berufsgenossenschaften dürfen aber auch schon während der ersten 13 Wochen das Heilverfahren selbst übernehmen und dasselbe demgemäß den Krankenkassen abnehmen (§ 76 c K.V.G.). Um sie zur Entschließung hierüber in den Stand zu setzen, sollen ihnen die Krankenkassen bei allen durch Betriebsunfall herbeigeführten Erkrankungen, sofern nach Ablauf von 4 Wochen nach dem Unfall die Erwerbsfähigkeit noch nicht wieder hergestellt ist, binnen 1 Woche Anzeige machen (§ 76 b K.V.G.). Durch die eigene Uebernahme des Heilverfahrens schon während der Karenzzeit kann die Berufsgenossenschaft dasselbe intensiver gestalten, als die meist mit beschränkten Mitteln arbeitende Krankenkasse dies zu thun vermag, und kann dadurch die Folgen des Unfalles zu ihrem eigenen Vortheil und zum Vortheil des Verletzten schneller beseitigen oder doch vermindern. Bisher hat man vortreffliche Erfahrungen mit dieser Maßregel gemacht, und das R.V.A. empfiehlt mehrfach den recht häufigen Gebrauch von dieser Befugniß.

4. Vor Erlaß des Unfallversicherungsgesetzes sind auf Grund der damals sich bietenden Unterlagen, insbesondere der eigens dazu aufgestellten Unfallstatistik (cf. Einleitung S. XVII), eingehende Berechnungen über die aus der Unfallversicherung voraussichtlich zu erwartende Belastung angestellt worden. Die Ergebnisse dieser vorgängigen Unfallstatistik sind durch die statistischen Aufnahmen während der bisherigen Durchführung der Unfallversicherung, also auf Grund der dabei gemachten Erfahrungen, mehrfach korrigirt worden. Dabei hat sich ergeben, daß die aus der Karenzzeit den Krankenkassen erwachsende Belastung bei der ersten Statistik sogar überschätzt worden war. An Zahl der Unfälle stehen zwar die Krankenkassen, an Belastung durch die Unfälle aber stehen weitaus die Berufsgenossenschaften voran. Die Zahl der kleinen Un-

fälle, welche nur geringe Folgen haben, innerhalb der ersten 13 Wochen bereits erledigt sind und deshalb gar nicht zu einer Mitwirkung der Berufsgenossenschaften Anlaß geben, ist sehr groß, die Belastung daraus aber naturgemäß sehr klein; umgekehrt ist die Zahl der schweren Unfälle, welche kostspielige und lange dauernde ärztliche Behandlung sowie langjährige Renten an Verletzte, Wittwen und Waisen bedingen, relativ klein, die finanzielle Belastung daraus aber sehr groß. Nach den im Kommissionsbericht über die Revision des Unfallversicherungsgesetzes (Reichstagsdrucksache 1895/97 Nr. 909a) von einem Regierungskommissar gegebenen Erklärungen stellt sich nach den von 1886 bis 1895, also in 10 Jahren, gemachten Erfahrungen Folgendes heraus:

| | Zahl der Unfälle | Belastung aus den Unfällen |
|---|---|---|
| Krankenkassen | 84 % | 12 % |
| gew. Berufsgenossenschaften | 16 % | 88 %. |

Hiernach tragen die gewerblichen Berufsgenossenschaften (abgesehen von den event. Verpflichtungen der einzelnen Unternehmer aus Abs. 9, 10) zwar nur 1/6 der Zahl aller Unfälle, aber 7/8 (88 %) der gesammten Unfallast, die Krankenkassen in Folge der Karenzzeit zwar 5/6 der Zahl aller Unfälle, aber nur 1/8 (12 %) der gesammten Unfallast. Außerdem werden die Beiträge zur Krankenversicherung, also auch soweit sie Unfälle betrifft, von den Arbeitgebern auch noch zu 1/3 aufgebracht. Es tragen demgemäß in Folge der Karenzzeit die Arbeiter selbst zu den gesammten Unfallasten nur 2/3 von 12 % = 8 % bei, während der Rest von 92 % den Unternehmern zufällt.

Dieser geringen Betheiligung der Arbeitnehmer an der Gesammtunfalllast steht die sehr erhebliche Betheiligung der Arbeitgeber (33 1/3 %) an der Gesammtkrankenlast gegenüber, von welcher nach der im Kais. Statistischen Amt im Jahre 1887 aufgemachten Statistik der Krankenkassen, wenn man die Zahl der Krankentage in Betracht zieht, nur rund 6 2/3 Prozent durch Unfälle hervorgerufen werden (Stat. d. deutschen Reichs, N. F. Bd. 24 S. 121). Die Gesammtunfallast beläuft sich für 1895 auf rund 68 Millionen Mark und steigt in Folge des Umlageverfahrens noch für lange Zeit erheblich; die Gesammtkrankenbelastung beläuft sich auf rund 150 Millionen Mark.

Hieraus ergiebt sich,

a) daß die Arbeitnehmer in Folge der jetzigen Vertheilung der Belastung aus Unfall- und Krankenfürsorge sich sehr viel besser stehen (z. B. 150—8—100 = 42 Millionen Mark jährlich), als wenn nach dem Verlangen der Sozialdemokratie ihnen allein die Krankenfürsorge, den Unternehmern allein die Unfallfürsorge übertragen worden wäre;

b) daß die Arbeitnehmer in Folge der Karenzzeit einen, wenn auch nur kleinen Theil der gesammten Unfallbelastung tragen und um deswillen in gewisser Weise an der Verwaltung der Berufsgenossenschaften zu betheiligen sind. Diese Betheiligung ist ihnen durch „Vertreter der Arbeiter" (in den §§ 41 ff.) eingeräumt.

Vgl. hierüber mehr in dem Kommentar des Verfassers, 4. Aufl. Anm. 1 und 4a zu § 5.

5. Die Rente ist ein Prozentsatz des Arbeitsverdienstes, d. h. des gesammten Verdienstes, also des Jahresverdienstes, letzterer, soweit es sich nicht um fixirte Bezüge handelt (§ 3), ein Vielfaches des durchschnittlichen individuellen Tagesverdienstes. Dieser wird in der Regel gefunden, indem man den wirklichen Gesammtverdienst, den der Verunglückte in dem betr. Betriebe während des letzten Jahres (einschl. Tantièmen und Naturalbezügen, § 3 Abs. 1) gehabt hat, durch die Zahl der wirklich absolvirten Arbeitstage dividirt (hierdurch wird die Berücksichtigung von Ueberstunden und besonderen Arbeitstagen ermöglicht), und den hieraus sich ergebenden Durchschnittsbetrag entweder ermäßigt (wenn er über 4 Mark täglich beträgt, § 5 Abs. 3), oder erhöht (wenn er den ortsüblichen Tagelohn nicht erreicht, § 5 Abs. 5). Hat der Verletzte in dem Betriebe, in welchem er verunglückt ist, nicht ein volles Jahr gearbeitet, so kommt der durchschnittliche Tagesverdienst, in gleicher Weise erhöht oder ermäßigt, von gleichartigen Arbeitern desselben Betriebes, eventuell von Nachbarbetrieben, in Rechnung, § 5 Abs. 4. Der so ermittelte durchschnittliche Tagesverdienst des Verunglückten wird mit der durchschnittlichen (üblichen) Zahl der Arbeitstage, nämlich 300 — oder, falls die übliche Betriebsweise des betr. Betriebes eine

andere Zahl als Regel ergiebt, mit dieser anderen Ziffer (vgl. Anm. 2 zu § 3) — multiplizirt, § 3 Abs. 3 (vgl. in § 5 Abs. 3 das Zitat des § 3) und so der Jahresarbeitsverdienst gefunden; ein Bruchtheil des so erhaltenen Betrages ist die Unfallrente, § 5 Abs. 6, § 6. Vgl. hierüber Näheres, insbesondere auch die Modifikationen dieser Regel, im Handbuch der Unfallversicherung sowie in dem Kommentar des Verf. Anm. 9 ff., 18 zu § 5. Bei fixirtem Jahresarbeitsverdienst ist der effektive Jahreslohn nach Reduktion des den Betrag von 4 Mk. täglich übersteigenden Betrages der Rentenberechnung zu Grunde zu legen. Vgl. auch in dieser Textausgabe Anm. 1 und 2 zu § 3, Anm. 2 zu § 10.

Wegen der Auszahlung der Rente vgl. §§ 66, 69; darüber, daß die Zahlung der Renten für Bauarbeiter und deren Hinterbliebene eingestellt werden kann, solange der Berechtigte nicht im Inlande wohnt, vgl. Anm. 4 zu § 6.

6. Völlige Erwerbsunfähigkeit ist nicht gleichbedeutend mit Erwerbslosigkeit; nicht auf die konkrete Erwerbs gelegenheit, sondern auf die abstrakte Erwerbs fähigkeit und deren Maß kommt es an. Es handelt sich auch nicht um eine Berufs invalidität, um die Fähigkeit, in dem bisherigen Beruf weiter zu arbeiten, sondern um die Möglichkeit, durch irgend welche für den Betreffenden geeignete Thätigkeit auf dem ganzen Gebiet des Wirthschaftslebens Erwerb zu finden, A. N. 88 S. 70. Theilweise Erwerbsunfähigkeit liegt nach der Annahme des R.V.A. immer dann vor, wenn der Verletzte in Folge des Unfalls in seiner Wahlfähigkeit, d. h. in der Möglichkeit, die Art seiner Beschäftigung nach Belieben zu wählen, beschränkt ist, z. B. wenn schwere Arbeit fortan vermieden werden muß. Gleichgültig ist nach Ansicht des R.V.A., ob der Verletzte nach dem Unfall denselben Lohn weiter bezieht wie früher, wenn nur eine Beschränkung in der Erwerbs fähigkeit objektiv besteht, A. N. 86 S. 251; 88 S. 290.

Bei theilweiser Erwerbsunfähigkeit beträgt die Rente einen Bruchtheil der vollen Rente. Dieser Bruchtheil soll sich zu der vollen Rente verhalten wie der verlorene Theil der Erwerbsfähigkeit zu der vollen Erwerbsfähigkeit. Dabei muß erörtert werden, welches Maß der bisherigen Erwerbsfähigkeit noch verblieben ist: die Differenz gegen die volle Erwerbsfähigkeit ist die verlorene Erwerbsfähigkeit. Wer also an sich noch 1/4 seines bisherigen Verdienstes erwerben kann, hat 3/4 desselben verloren und erhält in Folge dessen 3/4 der vollen Rente, also 1/2 des für ihn berechneten bisherigen Jahresarbeitsverdienstes.

7. Die Verletzten müssen sich das Heilverfahren, auch wenn es gewisse Schmerzen mit sich bringt, gefallen lassen; widersetzen sie sich, so braucht ihnen für denjenigen Theil der Erwerbsunfähigkeit, der bei ordnungsmäßigem Verhalten nach gewissenhafter ärztlicher Schätzung und nach verständiger Voraussicht beseitigt worden wäre, keine Entschädigung gewährt zu werden. Ebenso müssen sich die Verletzten zu ärztlichen Untersuchungen gestellen und sich auf Aufforderung in ein Krankenhaus zur Beobachtung und ärztlichen Untersuchung begeben. Im Weigerungsfall ist die Berufsgenossenschaft berechtigt, den nach Lage der Verhältnisse zulässigen, für den Verletzten ungünstigsten Schluß bezüglich seines in Folge der Verletzung zurückgebliebenen Körperzustandes zu ziehen. A. N. 89 S. 138, 140, 359; 90 S. 499; 93 S. 166. Operationen, die in den Bestand oder die Unversehrtheit des Körpers eingreifen, oder die, wie jede mit Chloroformirung verbundene Operation, mit einiger Lebensgefahr verbunden ist, brauchen sich die Verletzten nicht zu unterwerfen. A. N. 88 S. 284; 93 S. 159. Vgl. Anm. 2 zu § 7.

8. Die §§ 6, 7, 58 des Krankenversicherungsgesetzes in der Fassung der Novelle v. 10. April 1892 (R.G.Bl. S. 417), soweit sie hier in Betracht kommen, lauten:

§ 6 (Absatz 1). Als Krankenunterstützung ist zu gewähren:

1. vom Beginn der Krankheit ab freie ärztliche Behandlung, Arznei, sowie Brillen, Bruchbänder und ähnliche Heilmittel;
2. im Falle der Erwerbsunfähigkeit vom dritten Tage nach dem Tage der Erkrankung ab für jeden Arbeitstag ein Krankengeld in Höhe der Hälfte des ortsüblichen Tagelohnes gewöhnlicher Tagearbeiter.

(Abs. 3.) Das Krankengeld ist nach Ablauf jeder Woche zu zahlen.

§ 7. (Abs. 1). An Stelle der in § 6 vorgeschriebenen Leistungen kann freie Kur und Verpflegung in einem Krankenhause gewährt werden, und zwar:

1. für diejenigen, welche verheirathet sind oder eine eigene Haushaltung haben oder Mitglieder der Haushaltung ihrer Familie sind, mit ihrer Zustimmung, oder unabhängig von derselben, wenn die Art der Krankheit Anforderungen an die Behandlung oder Verpflegung stellt, welchen in der Familie des Erkrankten nicht genügt werden kann, oder wenn die Krankheit eine ansteckende ist, oder wenn der Erkrankte wiederholt den auf Grund des § 6a Abs. 2 erlassenen Vorschriften zuwidergehandelt hat, oder wenn dessen Zustand oder Verhalten eine fortgesetzte Beobachtung erfordert;
2. für sonstige Erkrankte unbedingt.

(Abs. 2.) Hat der in einem Krankenhause Untergebrachte Angehörige, deren Unterhalt er bisher aus seinem Arbeitsverdienste bestritten hat, so ist neben der freien Kur und Verpflegung die Hälfte des im § 6 als Krankengeld festgesetzten Betrages für diese Angehörigen zu zahlen. Die Zahlung kann unmittelbar an die Angehörigen erfolgen.

§ 58 (Abs. 1). Streitigkeiten ..... werden von der Aufsichtsbehörde entschieden. Erstreckt sich der Bezirk der Gemeinde-Krankenversicherung oder der Orts-Krankenkasse über mehrere Gemeindebezirke, so kann durch die Zentralbehörde die Entscheidung andern Behörden übertragen werden. Die Entscheidung kann binnen vier Wochen nach der Zustellung derselben mittelst Klage im ordentlichen Rechtswege, soweit aber landesgesetzlich solche Streitigkeiten dem Verwaltungsstreitverfahren überwiesen sind, im Wege des letzteren angefochten werden.

(Abs. 2.) Streitigkeiten über ..... werden im Verwaltungsstreitverfahren, wo ein solches nicht besteht, von der Aufsichtsbehörde entschieden. Die Entscheidung der Aufsichtsbehörde kann binnen vier Wochen nach Zustellung derselben im Wege des Rekurses nach Maßgabe der §§ 20 und 21 der Gewerbeordnung angefochten werden.

Den § 8 a. a. O. siehe in Anm. 3 zu § 3.

8. Die in diesem Paragraph erwähnten Streitigkeiten aus den Beziehungen zur Krankenversicherung sind also zu entscheiden:

a) Streitigkeiten zwischen Berufsgenossenschaften und Krankenkassen aus der den letzteren übertragenen Fürsorge für Verletzte über die ersten 13 Wochen hinaus (Abs. 8) oder aus der Uebernahme des Heilverfahrens während der ersten 13 Wochen durch erstere (§ 76 c K.V.G.) — im Verwaltungsstreitverfahren, event. von der Aufsichtsbehörde (über die betr. Krankenkassen) vorbehaltlich des Verfahrens nach §§ 20, 21 der Gewerbeordnung, und zwar mit Aufschub der Vollstreckung (§ 58 Abs. 2 K.V.G.);

b) Streitigkeiten wegen des von Unternehmern event. zu erstattenden Zuschusses zum Krankengeld von der 5. Woche ab (Abs. 9), wegen der Fürsorgepflicht der Unternehmer für solche Verletzte, welche einer Krankenkasse nicht angehören, während der ersten 13 Wochen (Abs. 10), sowie Streitigkeiten zwischen Verletzten und Berufsgenossenschaften über die Fürsorge während der ersten 13 Wochen, falls letztere in das Heilverfahren der Krankenkassen eingetreten sind (§ 76 c K.V.G.) — von der Aufsichtsbehörde (über die betr. Krankenkassen bezw. über Orts-Krankenkassen) vorbehaltlich des Rechtswegs oder (nach Landesgesetz) des Verwaltungsstreitverfahrens, und zwar mit sofortiger Vollstreckbarkeit (§ 58 Abs. 1 K.V.G.).

## §. 6.*)

Im Falle der Tödtung ist als Schadensersatz außerdem zu leisten:

1. als Ersatz der Beerdigungskosten das Zwanzigfache des nach §. 5 Absatz 3 bis 5 für den Arbeitstag ermittelten Verdienstes, jedoch mindestens dreißig Mark;
2. eine den Hinterbliebenen des Getödteten vom Todestage an zu gewährende Rente, welche nach den Vorschriften des §. 5 Absatz 3 bis 5 zu berechnen ist.

Dieselbe beträgt:

a) für die Wittwe des Getödteten bis zu deren Tode oder Wiederverheirathung zwanzig Prozent, für jedes hinterbliebene vaterlose Kind bis zu dessen zurückgelegtem fünfzehnten Lebensjahre fünfzehn Prozent und, wenn das Kind auch mutterlos ist oder wird, zwanzig Prozent des Arbeitsverdienstes.

. Die Renten der Wittwen und der Kinder dürfen zusammen sechzig Prozent des Arbeitsverdienstes nicht übersteigen; ergiebt sich ein höherer Betrag, so werden die einzelnen Renten in gleichem Verhältnisse gekürzt.

Im Falle der Wiederverheirathung erhält die Wittwe den dreifachen Betrag ihrer Jahresrente als Abfindung.

Der Anspruch der Wittwe ist ausgeschlossen, wenn die Ehe erst nach dem Unfalle geschlossen worden ist;

b) für Aszendenten des Verstorbenen, wenn dieser ihr einziger Ernährer war, für die Zeit bis zu ihrem Tode oder bis zum Wegfall der Bedürftigkeit zwanzig Prozent des Arbeitsverdienstes.

Wenn mehrere der unter b benannten Berechtigten vorhanden sind, so wird die Rente den Eltern vor den Großeltern gewährt.

Wenn die unter b bezeichneten mit den unter a bezeichneten Berechtigten konkurriren, so haben die ersteren einen Anspruch nur, soweit für die letzteren der Höchstbetrag der Rente nicht in Anspruch genommen wird.

Die Hinterbliebenen eines Ausländers, welche zur Zeit des Unfalls nicht im Inlande wohnten, haben keinen Anspruch auf die Rente.

*) Für Bauarbeiter ist die Bestimmung des letzten Absatzes modificirt. Vgl. Anm. 4.

## Zu § 6.

1. Vgl. die Anm. zu § 5.

2. Uneheliche, mit einer andern Frauensperson erzeugte Kinder eines verunglückten Arbeiters sind, auch wenn die Vaterschaft durch Urtheil oder Anerkenntniß festgestellt ist, nicht renteberechtigt. Uneheliche Kinder einer verunglückten Arbeiterin dagegen sind renteberechtigt.

3. Als „einziger Ernährer" eines hinterbliebenen Aszendenten gilt der Verunglückte schon dann, wenn dieser denselben thatsächlich im Wesentlichen allein unterhalten, ihn vor Armuth und Elend geschützt hat. Geringfügige andere Einnahmen des Aszendenten kommen nicht in Betracht. A. N. 86 S. 229.

4. Nach § 6 i. f. in Verbindung mit § 67 gilt für Ausländer das Folgende:

ein Ausländer, welcher verunglückt, erhält selbst auch dann Rente (§ 5), wenn er nicht im Reichsgebiete wohnt, darf aber nach § 67, wenn die Genossenschaft dies vorzieht, abgefunden werden. Ueber die Höhe der Abfindungssumme findet event. schiedsgerichtliches Verfahren statt (A. N. 87 S. 18);

die Hinterbliebenen eines Ausländers erhalten Rente nur, wenn sie zur Zeit des Unfalls im Inlande wohnten (§ 6 i. f.); verlassen sie später dasselbe, so bleibt ihr Anspruch unberührt. Nach R.V.A. (A. N. 90 S. 588) wird nicht ein „Wohnsitz" im Sinne des Civilrechts, sondern nur ein „Verweilen" im Inlande, bei dem die Verhältnisse auf eine längere Dauer hinweisen, verlangt.

Für die im Baugewerbe (der Maurer, Zimmerer, Erdarbeiter ꝛc.) und bei Regiebauten beschäftigten versicherten Personen sind jedoch diese Grundsätze durch §§ 39, 48, 51 des Bauunfallgesetzes vom 11. Juli 1887 (R.G.Bl. S. 287) in mehrfacher Beziehung geändert:

die Höhe der event. Abfindungssumme von Ausländern ist auf den dreifachen Betrag der Jahresrente fixirt;

solange der Berechtigte nicht im Inlande wohnt (ohne Rücksicht darauf, ob es sich um Inländer, Ausländer oder Hinterbliebene von Ausländern handelt), ist die Genossenschaft befugt, die Zahlung der Entschädigungsrenten einzustellen.

Die Nachsendung der Renten erfolgt selbstverständlich auf Kosten und Gefahr des Empfängers, wobei dieser sein Fortleben und eventuell die Fortdauer der Invalidität nachzuweisen hat.

## §. 7.

An Stelle der im §. 5 vorgeschriebenen Leistungen 1. kann bis zum beendigten Heilverfahren freie Kur und Verpflegung in einem Krankenhause gewährt werden, und zwar:

1. für Verunglückte, welche verheirathet sind oder bei einem Mitgliede ihrer Familie wohnen, mit ihrer Zustimmung oder unabhängig von derselben, wenn die Art der Verletzung Anforderungen an die Behandlung oder Verpflegung stellt, denen in der Familie nicht genügt werden kann;
2. für sonstige Verunglückte in allen Fällen.

Für die Zeit der Verpflegung des Verunglückten 2. in dem Krankenhause steht den im §. 6 Ziffer 2 bezeichneten Angehörigen desselben die daselbst an-

**gegebene Rente insoweit zu, als sie auf dieselbe im Falle des Todes des Verletzten einen Anspruch haben würden.**

## Zu § 7.

1. Das Recht, zu wählen, ob zur Durchführung des Heilverfahrens an Stelle freier ärztlicher Behandlung und Rente (§ 5) freie Kur und Verpflegung im Krankenhause (oder einer ähnlichen Heilanstalt, z. B. Irrenhaus, aber nicht Siechenhaus) gewährt werden soll, steht allein der Berufsgenossenschaft zu. Wählt letztere die Krankenhauspflege, so muß sie dem Verletzten hierüber einen formellen, der Berufung auf schiedsgerichtliche Entscheidung unterliegenden Bescheid (gemäß § 62) ertheilen, oder diesen formellen Bescheid, wenn zunächst im Interesse der Beschleunigung eine formlose Aufforderung, sich in das (näher zu bezeichnende) Krankenhaus zu begeben, gewählt worden ist, jedenfalls nachholen. Wird demnächst die Krankenhauspflege wieder eingestellt, so treten an deren Stelle wieder die Leistungen gemäß § 5; auch hierüber bedarf es eines ebensolchen formellen Bescheides (R.V.A.). Wegen Unterbringung in einem Krankenhause zur Beobachtung vgl. Anm. 7 zu § 5.

2. Wer sich unbefugt weigert, in ein Krankenhaus zu gehen, oder dasselbe unbefugt verläßt, oder sonst den ärztlichen Anordnungen nicht nachkommt, verliert nicht nur das Heilverfahren, sondern unter Umständen auch die Rente, nämlich dann und insoweit, als nach ärztlichem Gutachten die Erwerbsunfähigkeit durch den Fortfall der Krankenhauspflege hervorgerufen oder vermehrt worden ist. A. N. 86 S. 17; 89 S. 359; 96 S. 241.

3. Die während der Krankenhauspflege den Angehörigen zu gewährende Rente („Familienrente") hat nicht die rechtliche Natur der Renten für Hinterbliebene (§ 6), sondern die einer Zuschußentschädigung für den Verletzten selbst. A. N. 88 S. 281.

**Verhältniß zu Krankenkassen, Armenverbänden ꝛc.**

## §. 8.

Die Verpflichtung der eingeschriebenen Hülfskassen, 1. sowie der sonstigen Kranken-, Sterbe-, Invaliden- und anderen Unterstützungskassen, den von Betriebsunfällen betroffenen Arbeitern und Betriebsbeamten sowie deren Angehörigen und Hinterbliebenen Unterstützungen zu gewähren, sowie die Verpflichtung von Gemeinden oder Armenverbänden zur Unterstützung hülfsbedürftiger Personen wird durch dieses Gesetz nicht berührt. Soweit auf Grund solcher Verpflichtung Unterstützungen in Fällen gewährt sind, in welchen dem Unterstützten nach Maßgabe dieses Gesetzes ein Entschädigungsanspruch zusteht, geht der letztere bis zum Betrage der geleisteten Unterstützung auf die Kassen, die Gemeinden oder die Armenverbände über, von welchen die Unterstützung gewährt worden ist.

Das Gleiche gilt von den Betriebsunternehmern 2. und Kassen, welche die den bezeichneten Gemeinden und Armenverbänden obliegende Verpflichtung zur Unterstützung auf Grund gesetzlicher Vorschrift erfüllt haben.

## Zu § 8.

1. Der § 8 hat eine doppelte Bedeutung: er enthält die Ergänzung des § 5 Abs. 2 rücksichtlich der 13 wöchigen Karenzzeit bei Verletzungen (während dieser Zeit verbleibt es lediglich bei den Leistungen der Krankenkassen ꝛc., vgl. § 5 Abs. 9, 10), und er disponirt über das Verhältniß der gleichzeitig aus der Unfallversicherung und von Krankenkassen ꝛc. sowie von Armenverbänden geschuldeten Leistungen.

Was diese letzteren Verhältnisse anbelangt, so steht den durch Unfall Verletzten häufig ein gleichartiger Anspruch, wie gegen die Organe der Unfallversicherung, auch gegen bestehende Kranken- rc. Kassen zu (z. B. auf Sterbegeld, auf Krankengeld nach Ablauf der ersten 13 Wochen rc.). Diese Ansprüche sollen erhalten bleiben; doch wird den Kassen, welche auf Grund derselben eine Leistung gewährt haben, zu deren Gewährung auf Grund dieses Gesetzes auch die Berufsgenossenschaften verpflichtet sind, von den letzteren diese Leistung ersetzt. Hiernach haben die Berechtigten — schon um die Möglichkeit doppelter Zahlung seitens der beiden Verpflichteten zu verhüten — sich zunächst an die ihnen lokal nähere Krankenkasse rc. zu wenden; die Berufsgenossenschaft erstattet letzterer die Auslagen (bis zu der Höhe, zu der ihre eigene Verpflichtung besteht) und gewährt den Berechtigten den denselben von ihr geschuldeten Mehrbetrag. Der praktische Erfolg ist also, daß die Verletzten unter allen Umständen dasjenige, worauf sie auf Grund dieses Gesetzes Anspruch haben, erhalten, aber nur einmal; ferner, daß die Verpflichtungen aus der Unfallversicherung prinzipaler Natur sind, so daß den Berufsgenossenschaften eine Erleichterung aus korrespondirenden Verpflichtungen anderer Anstalten nicht erwächst; endlich, daß die Armenverbände und Kassen zu der Höhe, in welcher ihre Leistungen durch die Unfallversicherung gedeckt sind, erleichtert werden.

2. Wegen des Verhältnisses der Unfallrente zur Invalidenrente nach Maßgabe des Gesetzes, betr. die Invaliditäts- und Altersversicherung, vom 22. Juni 1889 (R.G.Bl. S. 97) vgl. v. Woedtke, Kommentar z. U.V.G. 4. Aufl. Anm. 5 zu § 8, sowie v. Woedtke, Textausgabe des Invaliditätsversicherungsgesetzes Anm. 6 zu § 9.

### Träger der Versicherung (Berufsgenossenschaften).

## §. 9.*)

1\. Die Versicherung erfolgt auf Gegenseitigkeit durch die Unternehmer der unter §. 1 fallenden Betriebe, welche zu diesem Zweck in Berufsgenossenschaften vereinigt werden. Die Berufsgenossenschaften sind für bestimmte Bezirke zu bilden und umfassen innerhalb derselben alle Betriebe derjenigen Industriezweige, für welche sie errichtet sind.

Als Unternehmer gilt derjenige, für dessen Rech- 2. nung der Betrieb erfolgt.

Betriebe, welche wesentliche Bestandtheile verschie- 3. denartiger Industriezweige umfassen, sind derjenigen Berufsgenossenschaft zuzutheilen, welcher der Hauptbetrieb angehört.

Die Berufsgenossenschaften können unter ihrem 4. Namen Rechte erwerben und Verbindlichkeiten eingehen, vor Gericht klagen und verklagt werden.

Für die Verbindlichkeiten der Berufsgenossenschaft 5. haftet den Gläubigern derselben nur das Genossenschaftsvermögen.

*) Absatz 1 gilt nicht für die Post-, Telegraphen-, Marine-, Heeresbetriebe, die fiskalischen Eisenbahnbetriebe und die den Berufsgenossenschaften nicht unterstellten fiskalischen Binnenschifffahrts-, Baggerei-, Flösserei-, Prahm- und Fahrbetriebe, § 2 A.G. ebensowenig für die den Berufsgenossenschaften nicht unterstellten fiskalischen (communalen etc.) Regiebauten. § 4 Ziffer 2, 3, § 5 B.U.G.

Der Satz 2 des Abs. 1 gilt nicht für die nicht fiskalischen Eisenbahnbetriebe und für die sonstigen Transportbetriebe. § 11 A.G.

## Zu § 9.

1. Die Versicherung erfolgt durch die Betriebsunternehmer, und zwar im Allg. in korporativen, auf der Grundlage gemeinsamer wirthschaftlicher Interessen für größere oder kleinere Wirthschaftsgebiete errichteten Verbänden mit Selbstverwaltung auf Gegenseitigkeit (Berufsgenossenschaften). Für die großen fiskalischen Ver-

waltungen (§ 2 A.G.) und bei fiskalischen Regiebauten (§ 4 Ziffer 2 B.U.G.) tritt an die Stelle des letzteren das Reich bezw. der Bundesstaat, für dessen Rechnung die Verwaltung geführt wird, sofern nicht ein Anschluß an Berufsgenossenschaften erfolgt. Soweit hiernach Reich bezw. Staat direkt die Versicherung durchführen, haben sie zu diesem Zweck Ausführungsbehörden zu bestellen, welchen die Funktionen der Genossenschaftsorgane obliegen. In analoger Weise tritt bei den Regiebauten solcher Kommunal- und anderer öffentlicher Verbände, welche auf ihren Antrag von der Landes-Centralbehörde für leistungsfähig erklärt worden sind, an die Stelle der Berufsgenossenschaft der betr. Verband, § 4 Ziffer 3 B.U.G.; auch dieser muß dann für die Durchführung der Unfallversicherung seiner Regiebauten eine Ausführungsbehörde errichten. Die Versicherung bei Regiebauten von sonstigen Verbänden und von Privatpersonen (soweit es sich nicht um zum „laufenden Betriebe" gehörende, ohne Vermittelung eines Baugewerbetreibenden ausgeführte Bauten in einem anderen versicherungspflichtigen Betriebe handelt, welche dann als Theile dieses letzteren betrachtet werden, § 1 Abs. 4, § 4 Ziffer 4 B.U.G., vgl. v. Woedtke Kommentar z. U.V.G. 4. Aufl. Anm. 18 zu § 1; vgl. auch in dieser Textausgabe Anm. 4 zu § 9 U.V.G.) erfolgt zwar durch die Berufsgenossenschaften dieser Baugewerbetreibenden, aber in besonderen, eine Pertinenz der Berufsgenossenschaften bildenden Versicherungsanstalten, auf Kosten theils der Unternehmer solcher Regiebauten (Bauherren), theils der Gemeinde, in deren Bezirk der Bau ausgeführt wird (bei Bauten mit höchstens 6 Arbeitstagen). Vgl. § 4 Ziffer 4, §§ 16, 21 B.U.G.

„Der Paragraph ist nach zwei Richtungen hin von prinzipieller Bedeutung. Er schließt die sämmtlichen Privatgesellschaften von der Versicherung aus, indem er dieselbe auf gesetzlich normirte Körperschaften von öffentlich-rechtlichem Charakter überträgt, und er bestimmt über die Bildung dieser letzteren." (Komm.-Ber. S. 17.)

Ueber die Gründe, welche zu dem Ausschluß der Privatversicherungsgesellschaften geführt haben (sie können insbesondere unmöglich die absolute Garantie beständiger und unbedingter Leistungsfähigkeit bieten), vgl. den Kommentar des Verfassers Anm. 1 zu § 9.

2. Die Zugehörigkeit der einzelnen Unternehmer zu der betr. B.G. tritt ex lege ein. Diejenige B.G., zu welcher der Unternehmer, in dessen Betrieb der Verletzte zur Zeit des Unfalls beschäftigt war, nach der Art jenes Betriebes gehörte, hat für den Unfall aufzukommen. Dies gilt auch bei Hülfskräften, welche ein zu der B.G. gehöriger Betriebsunternehmer in seinen Betrieb vorübergehend aufgenommen hat und welche hierbei verunglücken.

3. Die Organisation der Berufsgenossenschaften für die Industrie ist vorbehaltlich der regulirenden Thätigkeit des Bundesraths lediglich in das Belieben der Industrie gestellt. Die Industrie selbst sollte sich gruppiren, wie sie es für zweckmäßig hielt, ohne an ein bestimmtes Tableau gebunden zu sein. Wo sie dies ihren Interessen förderlich erachtete, stand ihr eine Ausdehnung über das Reich zu; es blieb ihr aber auch überlassen, für größere Industriezweige mehrere Genossenschaften nach Bezirken (Wirthschaftsgebieten) zu bilden. In größeren Genossenschaften kann die Verwaltung (durch Bildung von Sektionen sowie durch Einsetzung von Vertrauensmännern als örtlicher Organe, § 19) dezentralisirt werden; umgekehrt können Genossenschaften auch Vereinbarungen zu gemeinsamer Tragung des Risikos treffen (§ 30). Ergiebt sich später die Unzweckmäßigkeit der zuerst beliebten Abgrenzung, so sind nach § 31 Aenderungen in dem Bestande der Genossenschaft zulässig. Wesentliches Erforderniß ist nur, daß die Genossenschaft unbedingt leistungsfähig sein muß (denn der Fall, daß eine Genossenschaft leistungsunfähig wird und daß dann die Bestimmungen des § 33 Anwendung finden, darf niemals vorkommen) und daß die Genossenschaft nur gleichartige Industriezweige, welche im Wesentlichen gleiche Bedingungen für ihr wirthschaftliches Gedeihen haben, umfassen darf. Wegen besonderer Knappschafts-Berufsgenossenschaften vgl. § 94.

Gegenwärtig bestehen für die Industrie, das Transport- und das Bauwesen auf Grund des U.V.G. und auf Grund des A.G. 63 Berufsgenossenschaften, zu welchen auf Grund des Bauunfallgesetzes und des Seeunfallgesetzes noch je eine weitere Genossenschaft hinzutritt. Vgl. Anm. zu § 15. Von diesen 65 (industr.) B.G. umfassen (27 und die beiden letztgenannten, also zusammen) 29 B.G.

das ganze Reich, 24 B.G. Gebiete mehrerer Bundesstaaten, 12 B.G. Gebiete eines einzelnen Bundesstaates (davon 6 in Preußen). In Sektionen eingetheilt sind 47, nicht in Sektionen eingetheilt sind 18 Berufsgenossenschaften. Die Zahl der außerdem bestehenden land- und forstw. B.G. (Ges. v. 5. Mai 1886) beträgt 48.

4. In der Bestimmung des § 9 Abs. 3 in Verbindung mit § 1 Abs. 6 kommt der Grundsatz zum Ausdruck, daß die Nebensache der Hauptsache folgt. Derartige von einander abhängige Betriebe (bezw. Theile eines Gesammtbetriebes) gehören demnach in der Industrie immer nur zu einer Berufsgenossenschaft. Sind aber die mehreren (verschiedenen oder gleichartigen) Betriebe desselben Unternehmers von einander unabhängig, so besteht kein Gesammtbetrieb, sondern eine Summe von Einzelbetrieben mit Personalunion, welche zu den verschiedenen für die resp. Berufszweige gebildeten Genossenschaften gehören.

5. „Unternehmer" ist Derjenige, dem das ökonomische Ergebniß des Betriebes Vortheil oder Nachtheil bringt, welcher die gewerbliche Anlage ihrem Zwecke gemäß, um den Unternehmergewinn zu erzielen, ausnutzt. Auf das Eigenthum an der Anlage kommt nichts an; Unternehmer ist also, wenn der Betrieb verpachtet ist, der Pächter, nicht der Verpächter, bei im Nießbrauch befindlichen Anlagen der Nutznießer 2c. Ebensowenig kommt es auf die Modalitäten der Löhnung, also darauf an, von wem und in welcher Weise die Arbeiter gelohnt werden, ob direkt durch die Unternehmer oder durch Mittelspersonen (Werkmeister 2c.), ob in Tagelohn, Stücklohn (Akkord) oder in einer Quote der Einnahme. Vgl. v. Woedtke Kommentar 4. Aufl. Anm. 5 zu § 9.

### Aufbringung der Mittel.

### §. 10.*)

1. Die Mittel zur Deckung der von den Berufsgenossenschaften zu leistenden Entschädigungsbeträge und der Verwaltungskosten werden durch Beiträge aufgebracht, welche von den Mitgliedern nach Maßgabe der

in ihren Betrieben von den Versicherten verdienten Löhne und Gehälter beziehungsweise des Jahresarbeitsverdienstes jugendlicher und nicht ausgebildeter Arbeiter (§. 3 Abs. 3), sowie der statutenmäßigen Gefahrentarife (§. 28) jährlich umgelegt werden.

Löhne und Gehälter, welche während der Beitrags- 2.
periode durchschnittlich den Satz von vier Mark täglich übersteigen, kommen mit dem vier Mark übersteigenden Betrage nur zu einem Drittel in Anrechnung.

Zu anderen Zwecken als zur Deckung der von der 3.
Genossenschaft zu leistenden Entschädigungsbeträge und der Verwaltungskosten, zur Gewährung von Prämien für Rettung Verunglückter und für Abwendung von Unglücksfällen, sowie zur Ansammlung des Reservefonds (§. 18) dürfen weder Beiträge von den Mitgliedern der Genossenschaft erhoben werden, noch Verwendungen aus dem Vermögen der Genossenschaft erfolgen.

Behufs Beschaffung der zur Bestreitung der Ver- 4.
waltungskosten erforderlichen Mittel können die Berufsgenossenschaften von den Mitgliedern für das erste Jahr einen Beitrag im voraus erheben. Falls das Statut hierüber nichts Anderes bestimmt, erfolgt die Aufbringung dieser Mittel nach Maßgabe der Zahl der von den Mitgliedern in ihren Betrieben beschäftigten versicherungspflichtigen Personen (§. 11).

*) § 10 gilt nicht für die in Anm. *) zu § 9 erwähnten fiskalischen etc. Betriebe (§ 3 A. G.) und (mit Ausnahme des Abs. 3, welcher Anwendung findet) für Tiefbaubetriebe, §§ 10, 12 B.U.G.

## Zu § 10.

1. In diesem Paragraph wird für die Unfallversicherung das Umlageverfahren als Aufbringungsmodus vorgeschrieben. Dasselbe steht im Gegensatz zum Versicherungsprinzip (Deckungskapital- oder Prämienverfahren). Nach dem Umlageverfahren wird für jedes Rechnungsjahr nur derjenige Betrag aufgebracht, welcher in demselben Jahre aus Anlaß der in diesem Jahre oder früher entstandenen Unfälle baar auszuzahlen gewesen ist. Nach dem Deckungskapital- oder Prämienverfahren wäre dagegen der Kapitalwerth der aus den einzelnen Unfällen erwachsenden Last, d. h. derjenige Betrag aufzubringen, welcher nach technischen Grundsätzen mit Zinsen und Zinseszinsen voraussichtlich genügt, um alle aus diesen Unfällen gegenwärtig und zukünftig sich ergebenden Leistungen zu bestreiten. Das geschieht entweder dadurch, daß für jeden einzelnen, thatsächlich entstandenen Unfall der Kapitalwerth der Last berechnet und sogleich als Kapital aufgebracht wird, oder dadurch, daß die voraussichtliche Gesammtzahl aller Unfälle und der Kapitalwerth der aus denselben entstehenden Belastung veranschlagt und dieser durch gleichbleibende Prämien allmälig angesammelt wird. Nach dem Umlageprinzip ist die Last in den ersten Jahren gering und muß sich demnächst bis zum Eintritt des Beharrungszustandes erheblich steigern; nach dem Deckungskapital- und dem Prämienprinzip würde die Last im Anfang höher sein, aber im Verlauf der Jahre nicht oder doch nicht wesentlich wachsen und auch zuletzt diejenige Höhe nicht erreichen, welche bei dem Umlageverfahren im Beharrungszustande zu erwarten ist. Das Prämienverfahren gilt bei den Privatversicherungsgesellschaften; für die öffentlich-rechtliche Unfallversicherung aber durfte auch das Umlageverfahren gewählt werden, weil es sich hier um eine Einrichtung des öffentlichen Rechts mit stabilen Verhältnissen handelt und sowohl die Berufsgenossenschaften als öffentliche, zu Trägern der Versicherungslast geschaffene Verbände, wie die in den Berufsgenossenschaften vereinigte Industrie mit ihren Unternehmungen und Anlagen die Gewähr der Dauer in sich tragen. Für derartige öffentliche, sich fortwährend verjüngende, dauernde Verbände, welche vermöge eines gesetzlichen Beitrittszwanges die

Garantie fortwährenden Bestandes in sich tragen und bei denen die Last auf ständigen Unternehmungen bezw. Anlagen, also auf bleibenden, dem Wechsel mehr oder weniger entzogenen Unterlagen ruht, ist es nicht erforderlich, nach den Grundsätzen der Versicherungstechnik bemessene Deckungskapitalien oder nach dem Kapitalwerth der Last berechnete Prämien zu erheben. Man glaubte deshalb, bei der Unfallversicherung dem Umlageprinzip um so mehr den Vorzug geben zu sollen, als dieses die Last nur allmälig steigert, der Industrie insbesondere auch mit Rücksicht auf deren Exportfähigkeit Zeit läßt, auf diese neue, in anderen Ländern noch nicht bestehende Last sich einzurichten; außerdem aber auch deshalb, weil das Umlageverfahren im Gesammtergebniß aller Jahre durch bedeutende Zinsersparnisse eine pekuniäre Minderbelastung der Industrie darstellt. Denn die Industrie nutzt die ihr verbleibenden Kapitalien mindestens zu 6 Prozent, zu reservirende Deckungskapitalien aber könnten höchstens zu 4 Prozent angelegt werden. Immerhin bleibt jedoch zu beachten, daß bei dem Umlageverfahren ein großer Theil der Lasten, welche die Gegenwart auferlegt (diese Last besteht ja in Renten, welche Jahre lang zu zahlen sind), erst in der Zukunft aufgebracht wird. Die finanziellen Nachtheile dieser Steigerung werden bei der Unfallversicherung allein einen bedrohlichen Umfang nicht annehmen; dagegen wäre es überaus bedenklich gewesen, eine gleichartige Belastung der Zukunft gleichzeitig auch bei der noch umfangreicheren Invaliditäts- und Altersversicherung vorzunehmen. Für die letztere war daher das Versicherungsprinzip (es ist ein modifizirtes Prämiensystem gewählt) unabweisbar.

Zur Ausgleichung der bei dem Umlageverfahren erheblichen Jahresdifferenzen soll in den ersten Jahren, in denen die Last noch gering ist, ein bedeutender Reservefonds angesammelt werden, § 18. Für die großen fiskalischen Verwaltungen, die nicht in Berufsgenossenschaften stehen, ist der Reservefonds natürlich unanwendbar.

Vgl. im Uebrigen die ausführlichen Darlegungen in dem Kommentar des Verfassers, Anm. 1 zu § 10.

Bei gewerblichen Tiefbaubetrieben treten die Gründe, welche

bei anderen Unternehmungen das Umlageverfahren rathsam erscheinen ließen, insbesondere um deswillen zurück, weil derartige Baubetriebe die Ständigkeit anderer Unternehmungen vermissen lassen. Für diese gewerblichen Tiefbaubetriebe ist deshalb das Umlageverfahren durch das Deckungskapitalverfahren ersetzt, § 10 B.U.G. In den bei den Baugewerks=B.G. errichteten Versicherungsanstalten für Regiebauten (vgl. Anm. 1 zu § 9) werden die Mittel, soweit es sich um kleine Regiebauten (mit höchstens 6 Arbeitstagen) handelt, durch Umlage auf die Gemeinden, bei größeren Regiebauten durch im voraus bestimmte Prämien der Bauherren, also nach dem Versicherungsprinzip, aufgebracht.

2. Die Bestimmungen über die Berechnung der Löhne und Gehälter, insbesondere auch die nur theilweise Berücksichtigung des den Betrag von 4 Mark übersteigenden Tagesverdienstes, sind eine Konsequenz der entsprechenden Vorschriften des § 5 über die Unfallentschädigung. Die Leistungen der einzelnen Berufsgenossen sollen zu dem Risiko und zu der Belastung, welche die letzteren der Genossenschaft verursachen, in angemessenem Verhältniß stehen.

Der der Berechnung zu Grunde zu legende Jahresarbeitsverdienst wird zum Theil auf ähnliche Weise ermittelt, wie bei § 5, nämlich:

a) bei jugendlichen und den wegen noch nicht beendeter Ausbildung niedrig gelohnten versicherten Personen (§ 3 Abs. 3) durch Multiplikation des ortsüblichen Tagelohnes gewöhnlicher erwachsener Tagearbeiter mit der Zahl 300 bezw. einem der Beschäftigungsdauer entsprechenden Theilbetrage von 300;

b) bei erwachsenen ausgebildeten Arbeitern, welche nach Maßgabe der wirklichen Arbeitsleistung gelöhnt werden, dadurch, daß der wirkliche Jahresverdienst derselben durch die Zahl der wirklich absolvirten Arbeitstage dividirt und, soweit er 4 Mark pro Arbeitstag übersteigt, nach § 10 Abs. 3 reduzirt, demnächst aber mit der Zahl der wirklichen Arbeitstage wieder multiplizirt wird;

c) bei Personen, welche (wie meist die Beamten), im Pauschsatz Löhnung nach gewissen Perioden (Wochen, Monaten, Jahren) erhalten, ist behufs der Reduktion (§ 10 Abs. 3) ebenfalls die Zahl der wirklichen Arbeitstage, sofern diese aber nicht zu ermitteln sein sollte, die im § 3 als Regel allgemein angenommene Zahl von 300 Arbeitstagen zu Grunde zu legen; der so ermittelte durchschnittliche Tagesverdienst ist dann mit dem der Beschäftigungsdauer entsprechenden Theil von 300 zu multipliziren.

Die Berechnung bei der Umlegung unterscheidet sich also insbesondere dadurch von der Berechnung, wie sie bei Festsetzung der Rente angelegt wird (cf. Anm. 5 zu § 5), daß die bei der letzteren vorgeschriebene eventuelle Erhöhung des thatsächlichen Lohnes auf den ortsüblichen Tagelohn gewöhnlicher Tagearbeiter (§ 5 Abs. 5), sowie die Substituirung gleichartiger Arbeiterkategorien bei einer noch nicht ein Jahr hindurch fortgesetzten Beschäftigung (§ 5 Abs. 4) fortfällt und als Multiplikator in der Regel nicht eine Durchschnittszahl, sondern die Zahl der wirklichen Arbeitstage dient.

3. Nach Abs. 3 sind anderweite Ausgaben, insbesondere auch außerordentliche Unterstützungen, unzulässig; vgl. jedoch die Uebergangsbestimmung des § 100.

Nur für die Berufsgenossenschaften der Baugewerbetreibenden können anderweite Ausgaben, und zwar aus den Versicherungsanstalten, entstehen. Sofern nämlich die Prämien der Bauherren und die Beiträge der Gemeinden nicht ausreichen, muß die Berufsgenossenschaft, welche als Träger der Versicherung deren Risiko zu übernehmen hat, eintreten. Umgekehrt hat die Berufsgenossenschaft aber auch Anspruch auf Ueberschüsse der Versicherungsanstalten. §§ 16, 17, 21, 24, 48 G. v. 11. Juli 1887.

4. Berufsgenossenschaften für Baugewerbetreibende können durch das Statut bestimmen, daß ihre Mitglieder vierteljährlich Vorschüsse auf ihre Beiträge zu entrichten haben. Für die erst durch das Bauunfallgesetz erfaßten Tiefbau-Gewerbebetriebe mit ihren Nebenbetrieben sind diese Vorschüsse kraft Gesetzes obligatorisch, §§ 10, 48 Ges. v. 11. Juli 1887. Ueber Berechnung und Höhe der Vorschüsse vgl. § 10 a. a. O.

5. Zu Verwaltungskosten kann für jedes Jahr ein neuer Vor-

schuß ausgeschrieben und bei der nächstfolgenden Umlage nach dem für den Jahresbedarf festgestellten Maßstabe eingezogen werden. Es kann jedoch auch ein bleibender, sog. „eiserner", Betriebsfonds beschafft und von dessen jährlicher Verrechnung Abstand genommen werden. (R.V.A.)

## II. Bildung und Veränderung der Berufsgenossenschaften.

### Ermittelung der versicherungspflichtigen Betriebe.

### §. 11.*)

1. Jeder Unternehmer eines unter den §. 1 fallenden Betriebes hat den letzteren binnen einer von dem Reichs-Versicherungsamt zu bestimmenden und öffentlich bekannt zu machenden Frist unter Angabe des Gegenstandes und der Art desselben, sowie der Zahl der durchschnittlich darin beschäftigten versicherungspflichtigen Personen bei der unteren Verwaltungsbehörde anzumelden.

2. Für die nicht angemeldeten Betriebe hat die untere Verwaltungsbehörde die Angaben nach ihrer Kenntniß der Verhältnisse zu ergänzen.

3. Dieselbe ist befugt, die Unternehmer nicht angemeldeter Betriebe zu einer Auskunft darüber innerhalb einer zu bestimmenden Frist durch Geldstrafen im Betrage bis zu einhundert Mark anzuhalten.

4. Die untere Verwaltungsbehörde hat ein nach den Gruppen, Klassen und Ordnungen der Reichs-Berufsstatistik geordnetes Verzeichniß sämmtlicher Betriebe

ihres Bezirks unter Angabe des Gegenstandes und der Art des Betriebes, sowie der Zahl der darin beschäftigten versicherungspflichtigen Personen aufzustellen. Das Verzeichniß ist der höheren Verwaltungsbehörde einzureichen und von dieser erforderlichenfalls hinsichtlich der Einreihung der Betriebe in die Gruppen, Klassen und Ordnungen der Reichs-Berufsstatistik zu berichtigen.

Die höhere Verwaltungsbehörde hat ein gleiches 5.
Verzeichniß sämmtlicher versicherungspflichtigen Betriebe ihres Bezirks dem Reichs-Versicherungsamt einzureichen.

*) Gilt nicht für die in Anm.*) zu §. 9 erwähnten fiskalischen etc. Betriebe. §. 3 A. G. Für gewerbliche Tiefbaubetriebe vgl. die analoge Vorschrift des §. 11 B.U.G.

## Zu § 11.

Die Bestimmungen des § 11 waren vorbereitender Art und sollten dazu dienen, das Material für die Beschlußfassung über die Bildung der Berufsgenossenschaften herbeizuschaffen. Für die Zeit nach Errichtung der Berufsgenossenschaften enthalten §§ 35 fg. die erforderlichen Vorschriften über Anmeldung neuer Betriebe ꝛc., vgl. Anm. 1 zu § 35.

### Freiwillige Bildung der Berufsgenossenschaften.

## §. 12.*)

Die Bildung der Berufsgenossenschaften erfolgt auf dem Wege der Vereinbarung der Betriebsunternehmer unter Zustimmung des Bundesraths. Die Zustimmung des Bundesraths kann versagt werden:

1. wenn die Anzahl der Betriebe, für welche die Berufsgenossenschaft gebildet werden soll, oder die Anzahl der in denselben beschäftigten Arbeiter zu gering ist, um

die dauernde Leistungsfähigkeit der Berufsgenossenschaft in Bezug auf die bei der Unfallversicherung ihr obliegenden Pflichten zu gewährleisten;

2. wenn Betriebe von der Aufnahme in die Berufsgenossenschaft ausgeschlossen werden sollen, welche wegen ihrer geringen Zahl oder wegen der geringen Zahl der in ihnen beschäftigten Arbeiter eine eigene leistungsfähige Berufsgenossenschaft zu bilden außer Stande sind, und auch einer anderen Berufsgenossenschaft zweckmäßig nicht zugetheilt werden können;
3. wenn eine Minderheit der Bildung der Berufsgenossenschaft widerspricht und für einzelne Industriezweige oder Bezirke eine besondere Berufsgenossenschaft zu bilden beantragt, welche als dauernd leistungsfähig zu erachten ist.

*) Gilt nicht für die in Anm.*) zu § 9 erwähnten fiskalischen etc. Betriebe. § 3 A.G., ebensowenig für Tiefbaubetriebe. § 4 B.U.G. Vgl. auch Anm. 1 zu § 9.

## Zu § 12.

Vgl. Anm. 1 zu § 9. Von der vorgängigen Aufstellung eines Tableaus für die Genossenschaften war von der Reichsverwaltung Abstand genommen, weil man den Hauptwerth auf freiwillige Bildungen legte und zunächst jedenfalls die Wünsche der Industrie entgegennehmen wollte. (Vgl. Komm.-Ber. S. 28.) Thatsächlich sind fast ausschließlich freiwillige Genossenschaften nach Maßgabe der von den Generalversammlungen gefaßten Beschlüsse gebildet worden; eine Versagung der Genehmigung des Bundesraths ist seltene Ausnahme gewesen. Vgl. Anm. zu § 15. Für gewerbliche Tiefbaubetriebe ist (ebenso wie für die Seeschifffahrtsbetriebe) schon durch das Gesetz selbst (§ 4 Ziffer 1 B.U.G.) eine einzige Berufsgenossenschaft gebildet worden.

## §. 13.*)

Die Beschlußfassung über die Bildung der Berufsgenossenschaften erfolgt durch die zu diesem Zweck zu einer Generalversammlung zu berufenden Betriebsunternehmer mit Stimmenmehrheit. 1.

Anträge auf Einberufung der Generalversammlung sind an das Reichs-Versicherungsamt zu richten; dasselbe hat, sofern es nicht den Fall des §. 12 Ziffer 1 für vorliegend erachtet, den Anträgen stattzugeben, wenn dieselben innerhalb vier Monaten nach dem Inkrafttreten dieses Gesetzes und mindestens von dem zwanzigsten Theil der Unternehmer derjenigen Betriebe, für welche die Berufsgenossenschaft gebildet werden soll, oder von solchen Unternehmern, welche mindestens den zehnten Theil der in diesen Betrieben vorhandenen versicherungspflichtigen Personen beschäftigen, gestellt werden. 2.

Erachtet das Reichs-Versicherungsamt die Voraussetzungen des §. 12 Ziffer 1 für vorliegend, so ist von demselben die Entscheidung des Bundesraths einzuholen. 3.

Findet das Reichs-Versicherungsamt bei der Prüfung von Anträgen auf Einberufung der Generalversammlung, daß der unter §. 12 Ziffer 2 vorgesehene Fall vorliegt, so hat dasselbe die Unternehmer der dabei in Betracht kommenden Betriebe zum Zweck der Beschlußfassung über die Abgrenzung der Berufsgenossenschaft zu der Generalversammlung mit einzuladen. 4.

*) Gilt nicht für die in Anm. *) zu § 9 erwähnten fiskalischen etc. Betriebe, § 3 A.G., ebensowenig für Tiefbaubetriebe, § 4 B.U.G. Vgl. auch Anm. 1 zu § 9.

## §. 14.*)

1. Auf Grund der unter §. 11 erwähnten Verzeichnisse werden die Betriebsunternehmer von dem Reichs-Versicherungsamt unter Angabe der ihnen zustehenden Stimmenzahl zur Generalversammlung einzeln eingeladen.

2. Jeder Unternehmer oder Vertreter eines Betriebes, in welchem nicht mehr als 20 versicherungspflichtige Personen beschäftigt werden, hat eine, darüber hinaus bis zu 200 für je 20 und von 200 an für je 100 mehr versicherungspflichtige Personen eine weitere Stimme.

3. Abwesende Betriebsunternehmer können sich durch stimmberechtigte Berufsgenossen oder durch einen bevollmächtigten Leiter ihres Betriebes vertreten lassen.

4. Die Generalversammlung findet in Gegenwart eines Vertreters des Reichs-Versicherungsamts statt, welcher dieselbe zu eröffnen, die Wahl des aus einem Vorsitzenden, zwei Schriftführern und mindestens zwei Beisitzern bestehenden Vorstandes herbeizuführen und, bis dieselbe erfolgt ist, die Verhandlungen zu leiten hat.

5. Die Generalversammlung hat unter der Leitung ihres Vorstandes außer über den auf Bildung der Berufsgenossenschaft gerichteten Antrag, welcher zu ihrer Einberufung Anlaß gegeben hat, auch über die aus ihrer Mitte dazu etwa gestellten Abänderungsanträge Beschluß zu fassen.

Auf Verlangen des Vertreters des Reichs-Ver- 6.
sicherungsamts, welcher jederzeit gehört werden muß, erfolgt die Abstimmung über die in Bezug auf die Abgrenzung der Berufsgenossenschaft gestellten Anträge getrennt nach Industriezweigen oder Bezirken.

Ueber die Verhandlungen der Generalversammlung 7.
ist ein Protokoll aufzunehmen, welches die gestellten Anträge, sowie die gefaßten Beschlüsse — letztere unter Angabe des Stimmverhältnisses sowie der Art der Abstimmung — enthalten muß. Das Protokoll ist innerhalb acht Tagen nach der Generalversammlung durch den Vorstand dem Reichs-Versicherungsamt einzureichen und demnächst dem Bundesrath (§. 12) vorzulegen.

*) Gilt nicht für die in Anm. *) zu § 9 aufgeführten fiskalischen etc. Betriebe, § 3 A. G., ebensowenig für Tiefbaubetriebe, § 4 B.U.G. Vgl. auch Anm. 1 zu § 9.

## Zu § 14.

1. Die auf Grund dieses Paragraphen eintretende Betheiligung an der Generalversammlung entscheidet noch nicht über die Zugehörigkeit zu einer Genossenschaft; über diese entscheiden erst später die Vorstände der Genossenschaften durch die Eintragung in das Genossenschaftskataster bezw. durch Ausstellung des Mitgliedscheins, §§ 34 ff.

2. Das Gesetz unterscheidet die Generalversammlung von der Genossenschaftsversammlung; ersterer Ausdruck wird gebraucht für die vorbereitenden Versammlungen behufs Berathung über die Bildung von Genossenschaften; sind letztere gebildet, so heißen die Versammlungen der Mitglieder Genossenschaftsversammlungen.

3. Nach den Motiven soll auf einen thunlichst umfangreichen Gebrauch von der Vertretungsbefugniß hingewirkt werden, „und zwar nicht allein im Interesse der Geschäftsvereinfachung, sondern auch namentlich, um zu ermöglichen, daß bei Interessenkollisionen die verschiedenen Gesichtspunkte im Verhältniß ihrer Bedeutung ohne übermäßige Opfer an Geld und Zeit zur Geltung kommen“ (Mot. S. 50). Betriebsleiter können nur von ihrem eigenen Brotherrn bevollmächtigt werden. Die gleiche Vertretungsbefugniß statuirt § 16 für die demnächstigen Genossenschaftsversammlungen.

Die privatschriftlichen Vollmachten zur Vertretung sind gebühren- und stempelfrei (§ 102); eine notarielle oder gerichtliche Vollmacht darf nicht verlangt werden.

### Bildung der Berufsgenossenschaften durch den Bundesrath.

§. 15.*)

1. Für diejenigen Industriezweige, für welche innerhalb der im §. 13 festgesetzten Frist genügend unterstützte Anträge auf Einberufung der Generalversammlung zur freiwilligen Bildung einer Berufsgenossenschaft nicht gestellt worden sind, werden die Berufsgenossenschaften durch den Bundesrath nach Anhörung von Vertretern der betheiligten Industriezweige gebildet. Dasselbe geschieht, wenn den gestellten Anträgen in Rücksicht auf §. 12 Ziffer 1 nicht stattgegeben, oder wenn den Beschlüssen, welche in einer nach §. 14 berufenen Generalversammlung gefaßt sind, die Genehmigung versagt worden ist, sofern nicht der Bundesrath den Betheiligten eine weitere Frist für die Fassung anderweiter Beschlüsse gewährt.

Die Beschlüsse des Bundesraths, durch welche 2.
Berufsgenossenschaften errichtet, sowie die beantragte Bildung freiwilliger Berufsgenossenschaften genehmigt werden, sind unter Bezeichnung der Bezirke und Industriezweige, für welche die einzelnen Berufsgenossenschaften gebildet sind, durch den Reichsanzeiger zu veröffentlichen.

*) Gilt nicht für die in Anm.*) zu § 9 erwähnten fiskalischen etc. Betriebe, § 3 A. G., ebensowenig für Tiefbaubetriebe, § 4 B.U.G. Vgl. auch Anm. 1 zu § 9.

## Zu § 15.

Vgl. Anm. zu § 12. Für die unter das Unfallversicherungsgesetz fallenden Betriebe sind von Anfang an 55 Berufsgenossenschaften gebildet und im Reichs-Anzeiger Nr. 119/85. I Beilage veröffentlicht (abgedruckt auch in den Amtl. Nachr. 85 S. 144); seither ist nur noch eine weitere Genossenschaft durch Abzweigung von dem älteren B.G. errichtet worden (Fleischerei-B.G.). Dazu treten für die im § 1 Ziffer 1 des Ausdehnungsgesetzes erwähnten nichtfiskalischen Betriebe weitere 2 Berufsgenossenschaften (Privat-Eisenbahn- bezw. Straßenbahn-B.G.), veröffentlicht im Reichs-Anz. Nr. 217/85 sowie in den Amtl. Nachr. 85 S. 216, und für die in § 1 Ziffer 2 bis 5 des Ausdehnungsgesetzes bezeichneten Betriebe fernere 5 Berufsgenossenschaften (A. N. 86 S. 50, 67), außerdem die Tiefbau-B.G. und die See-B.G. (Gesetze v. 11. Juli 1887, bezw. 13. Juli 1887). Die Zusammensetzung dieser (insgesammt 65) Berufsgenossenschaften ist (abgesehen von der damals noch nicht bestehenden Fleischerei-B.G.) auch in dem Kommentar des Verf., 4. Aufl., als Anlage C abgedruckt. Hierdurch und durch die 48 land- und forstwirthschaftl. B.G. ist eine die gesammte nicht lediglich handwerksmäßige Industrie, das Transport- und das Bauwesen sowie die Land- und Forstwirthschaft umfassende berufsständische Gliederung des deutschen Erwerbslebens in verhältnißmäßig wenige Gruppen erreicht worden. Vgl. Anm. 3 zu § 9.

Die Organisation der Berufsgenossenschaften (Sektionseintheilung, Schiedsgerichte, Name und Wohnort der Vorsitzenden der Genossenschaften, Sektionen und Schiedsgerichte) ist von dem R.V.A. anderweit veröffentlicht (A. N. 89 S. 197). Außerdem hat das R.V.A. alphabetische Verzeichnisse der Gewerbezweige aufgestellt und dabei angegeben, zu welchen Berufsgenossenschaften dieselben gehören (sofern einzelne Betriebe nicht etwa als Nebenbetriebe in die für den Hauptbetrieb errichtete Berufsgenossenschaft fallen). Vgl. diese alphabetischen Verzeichnisse (A. N. 85 S. 254; 86 S. 134, 204; 87 S. 132, 296.

**Statut der Berufsgenossenschaften.**

§. 16.*)

1. Die Berufsgenossenschaften regeln ihre innere Verwaltung sowie ihre Geschäftsordnung durch ein von der Generalversammlung ihrer Mitglieder (Genossenschaftsversammlung) zu beschließendes Statut. Bis zum Zustandekommen eines gültigen Genossenschaftsstatuts (§. 20) finden die im §. 14 enthaltenen Bestimmungen über die Einladung zu der Generalversammlung, die Ausübung des Stimmrechts der Genossenschaftsmitglieder und die Betheiligung eines Vertreters des Reichs-Versicherungsamts an den Verhandlungen auch auf die Genossenschaftsversammlungen Anwendung.

2. Die Genossenschaftsversammlung wählt bei ihrem erstmaligen Zusammentreten einen aus einem Vorsitzenden, einem Schriftführer und mindestens drei Beisitzern be-

stehenden provisorischen Genossenschaftsvorstand, welcher bis zur Uebernahme der Geschäfte durch den auf Grund des Statuts gewählten Vorstand die Genossenschaftsversammlung leitet und die Geschäfte der Genossenschaft führt.

Die Mitglieder der Berufsgenossenschaften können sich in der Genossenschaftsversammlung durch andere stimmberechtigte Mitglieder oder durch einen bevollmächtigten Leiter ihres Betriebes vertreten lassen. 3.

*) Gilt nicht für die in Anm.*) zu § 9 erwähnten fiskalischen etc. Betriebe. § 3 A. G.

## Zu § 16.

1. Sobald die Industrie nach Maßgabe der §§ 12 bis 15 in Berufsgenossenschaften gegliedert ist, müssen diese letzteren sich konstituiren und an die Lösung ihrer Aufgaben herantreten. Zu dem Zweck sollen diejenigen Personen, welche nach den bisherigen provisorischen Feststellungen (§§ 11, 14) Mitglieder der Genossenschaften sind, in einer ersten Genossenschaftsversammlung ein Statut berathen und gleichzeitig einen provisorischen Vorstand wählen. Dieses Statut bedarf dann der Bestätigung. Ist dieselbe erfolgt, so beruft der provisorische Vorstand nach Maßgabe der Bestimmungen des Statuts die konstituirende Genossenschaftsversammlung, welche ihrerseits den definitiven Vorstand wählt. Wenn letzterer seine Funktionen übernommen hat, ist die Thätigkeit des provisorischen Vorstandes beendet.

2. Die Berufsgenossen haben volle Selbstverwaltung bei der Lösung der ihnen obliegenden gemeinsamen Aufgaben; die Mitwirkung der Behörde tritt auf Grund des Gesetzes nur da ein, wo sie zur Sicherung wesentlicher öffentlich-rechtlicher Zwecke der Unfallversicherung unumgänglich erscheint.

3. An die Stelle des Reichs-Versicherungsamts tritt eventuell das Landes-Versicherungsamt, § 92. In diesem Stadium der Organisation beginnt die Thätigkeit des letzteren.

4. Wegen der Vertretung in den Genossenschaftsversammlungen vgl. Anm. 3 zu § 14.

## §. 17.*)

Das Genossenschaftsstatut muß Bestimmung treffen:

1. über Namen und Sitz der Genossenschaft;
2. über die Bildung des Genossenschaftsvorstandes und über den Umfang seiner Befugnisse;
3. über die Berufung der Genossenschaftsversammlung, sowie über die Art ihrer Beschlußfassung;
4. über das Stimmrecht der Mitglieder der Genossenschaft und die Prüfung ihrer Vollmachten;
5. über das von den Organen der Genossenschaft bei der Einschätzung der Betriebe in die Klassen des Gefahrentarifs zu beobachtende Verfahren (§. 28);
6. über das Verfahren bei Betriebsveränderungen, sowie bei Aenderungen in der Person des Unternehmers (§§. 37 letzter Abs., 38, 39);
7. über die Folgen der Betriebseinstellungen, insbesondere über die Sicherstellung der Beiträge der Unternehmer, welche den Betrieb einstellen;
8. über die den Vertretern der versicherten Arbeiter zu gewährenden Vergütungssätze (§§. 44 Abs. 4, 49 Abs. 2, 55 Abs. 1);
9. über die Aufstellung, Prüfung und Abnahme der Jahresrechnung;
10. über die Ausübung der der Genossenschaft zustehenden Befugnisse zum Erlaß von Vorschriften behufs

der Unfallverhütung und zur Ueberwachung der Betriebe (§§. 78 ff.);

11. über die Voraussetzungen einer Abänderung des Statuts.

*) Gilt nicht für die in Anm.*) zu § 9 erwähnten fiskalischen etc. Betriebe. § 3 A. G.

## Zu § 17.

1. Vgl. das im Jahr 1892 revidirte Normalstatut in A. N. 85 S. 9, die in Folge des Bauunfallgesetzes nöthig gewordenen Zusätze zum Statut der Baugewerbe-B.G. sowie ein Normalnebenstatut für deren Versicherungsanstalten in A. N. 87 S. 332. Diese Entwürfe sind zugleich für die Tiefbau-B.G. bestimmt.

2. Nur der Umfang des Stimmrechts ist durch das Statut zu regeln; die Stimmberechtigung als solche, d. h. das Recht, in der Genossenschaftsversammlung Stimmen abzugeben oder abgeben zu lassen, regelt das Gesetz selbst in § 35.

3. Im Fall einer Betriebseinstellung (d. h., wenn der Betrieb als solcher dauernd aufgegeben, nicht blos die Person des bisherigen Betriebsunternehmers durch eine andere Person ersetzt wird) haftet der Unternehmer des aufgelösten Betriebes für die berufsgenossenschaftlichen Lasten nur insoweit, als sie auf die Dauer des Betriebes entfallen, dagegen nicht für die über den Zeitpunkt der Betriebseinstellung hinausreichende Zeit; für die nach Ablauf des Rechnungsjahres (§ 77) von ihm noch zu entrichtenden Beträge kann Sicherstellung durch Niederlegung einer Kaution verlangt werden, § 74. Vgl. darüber Näheres in dem Kommentar d. Verfassers Anm. 10 zu § 17. Vgl. auch § 40 des Normalstatuts (s. Anm. 1). Beim bloßen Wechsel in der Person des Betriebsunternehmers sind die für das laufende Rechnungsjahr zu entrichtenden Beiträge von dem abtretenden wie von dem neu eintretenden Betriebsunternehmer grundsätzlich pro rata temporis, also von jedem für die Dauer seiner Betriebszeit, zu entrichten. Der neueingetretene Betriebsunternehmer haftet für den Antheil seines Vorgängers niemals,

kann dazu auch nicht durch Statut verpflichtet werden (A. N. 87 S. 352, 88 S. 35); der alte Betriebsunternehmer bleibt dagegen, wenn die gesetzlich vorgeschriebene Anzeige von dem Wechsel des Betriebsunternehmers unterblieben ist, auch für die Lasten des neuen Betriebsunternehmers bis für dasjenige Rechnungsjahr solidarisch mit verhaftet, in welchem diese Anzeige erstattet wird (§ 37 Abs. 8). Eine Sicherstellung der Beiträge des alten Betriebsunternehmers, wie sie für den Fall der Betriebseinstellung zugelassen ist, kann die B.G. bei einem Wechsel in der Person des Betriebsunternehmers nur dann verlangen, wenn das Statut dies vorsieht; letzteres ist zulässig.

4. Nur die den Vertretern der versicherten Arbeiter zu gewährenden Vergütungssätze (Ersatz für entgangenen Arbeitsverdienst, baare Auslagen) sind durch das Statut zu bestimmen, um deren angemessene und billige Normirung zu kontroliren (Mot.). Soweit es sich dagegen um Entschädigungen für Genossenschaftsmitglieder handelt, soll durch das Statut nur das geregelt werden, ob den Mitgliedern der Vorstände oder den Vertrauensmännern eine Entschädigung für den durch Wahrnehmung der Genossenschaftsgeschäfte ihnen erwachsenden Zeitverlust zu gewähren ist, § 25. Im Uebrigen werden etwaige den Genossenschaftsmitgliedern zu vergütende Sätze (für baare Auslagen) durch einfachen, der Abänderung unterworfenen Genossenschaftsbeschluß festgesetzt, weil das öffentliche Interesse an zweckmäßiger Normirung dieser Sätze zurücktritt und kein Grund vorliegt, die freie Selbstbestimmung der Genossen in dieser Beziehung einer Kontrole zu unterwerfen.

## §. 18.*)

1. Die Berufsgenossenschaften haben einen Reservefonds anzusammeln. An Zuschlägen zur Bildung desselben sind bei der erstmaligen Umlegung der Entschädigungsbeträge dreihundert Prozent, bei der zweiten zweihundert, bei der dritten einhundertundfünfzig, bei der vierten einhundert, bei der fünften achtzig, bei der

sechsten sechzig und von da an bis zur elften Umlegung jedesmal zehn Prozent weniger als Zuschlag zu den Entschädigungsbeträgen zu erheben. Nach Ablauf der ersten elf Jahre sind die Zinsen des Reservefonds dem letzteren solange weiter zuzuschlagen, bis dieser den doppelten Jahresbedarf erreicht hat. Ist das letztere der Fall, so können die Zinsen insoweit, als der Bestand des Reservefonds den laufenden doppelten Jahresbedarf übersteigt, zur Deckung der Genossenschaftslasten verwendet werden.

Auf Antrag des Genossenschaftsvorstandes kann die Genossenschaftsversammlung jederzeit weitere Zuschläge zum Reservefonds beschließen, sowie bestimmen, daß derselbe über den doppelten Jahresbedarf erhöht werde. Derartige Beschlüsse bedürfen der Genehmigung des Reichs-Versicherungsamts. 2.

In dringenden Bedarfsfällen kann die Genossenschaft mit Genehmigung des Reichs-Versicherungsamts schon vorher die Zinsen und erforderlichenfalls auch den Kapitalbestand des Reservefonds angreifen. Die Wiederergänzung erfolgt alsdann nach näherer Anordnung des Reichs-Versicherungsamts. 3.

*) Gilt nicht für die in Anm.*) zu § 9 erwähnten fiskalischen etc. Betriebe, § 3 A. G., ebensowenig für die Tiefbaubetriebe, § 13 B.U.G.

## Zu § 18.

1. Vgl. Anm. 1 zu § 40. Der Reservefonds wird gebildet durch prozentuale Zuschläge zu denjenigen Beträgen, welche an die Postverwaltungen als Deckung für die von ihnen geleisteten Vorschüsse

(§§ 69, 75) abzuführen sind. Die Verwaltungskosten, desgleichen die auf Grund des § 100 etwa zu übernehmenden Lasten bleiben unberücksichtigt. Die Zuschläge werden nach demselben Verhältniß aufgebracht wie die Entschädigungsbeträge selbst. Vgl. Komm. d. Verf. Anm. 7 zu § 18.

Während der ersten elf Jahre müssen die Zinsen dem Reservefonds unbedingt zugeschlagen werden, nach Ablauf dieser Zeit muß dies nur dann und so lange noch geschehen, als der Reservefonds den doppelten Jahresbedarf (§ 10, also einschließlich der Verwaltungskosten) noch nicht erreicht hat.

2. Für die Verwaltung des Reservefonds haftet der Vorstand wie ein Vormund seinem Mündel (§ 26); er hat also für sichere Anlegung der Gelder Sorge zu tragen, und zwar nach Maßgabe der Bestimmungen des § 76.

3. An die Stelle des Reichs-Versicherungsamts tritt eventuell das Landes-Versicherungsamt, § 92.

## §. 19.*)

1. Das Statut kann die Zusammensetzung der Genossenschaftsversammlung aus Vertretern, die Eintheilung der Berufsgenossenschaft in örtlich abgegrenzte Sektionen, sowie die Einsetzung von Vertrauensmännern als örtliche Genossenschaftsorgane vorschreiben. Enthält dasselbe Vorschriften dieser Art, so ist darin zugleich über die Wahl der Vertreter, über Sitz und Bezirk der Sektionen, über die Bildung der Sektionsvorstände und über den Umfang ihrer Befugnisse, sowie über die Abgrenzung der Bezirke der Vertrauensmänner, die Wahl der letzteren und ihrer Stellvertreter und den Umfang ihrer Befugnisse Bestimmung zu treffen.

2. Die Abgrenzung der Bezirke der Vertrauensmänner, sowie die Wahl der letzteren und ihrer Stellvertreter

kann von der Genossenschaftsversammlung dem Genossenschaftsvorstande übertragen werden.

*) Gilt nicht für die in Anm.*) zu § 9 erwähnten fiskalischen etc. Betriebe. § 3 A. G.

## Zu § 19.

1. Die Sektionen ermöglichen die Dezentralisation der Verwaltung im Interesse einer schleunigen und sachlichen Erledigung der Geschäfte. Die Motive führen aus, daß die räumliche Ausdehnung der Genossenschaften die Einrichtung von Sektionen erforderlich machen wird; hierbei werden „die Erfahrungen der freien wirthschaftlichen Vereine als zweckmäßiger Anhalt dienen können. Die mannigfaltigen Verschiedenheiten, welche bezüglich der Verwaltung dieser Vereine, deren große Mehrzahl ebenfalls in Sektionen eingetheilt ist, bestehen, liefern den Beweis, wie wenig eine einheitliche Verwaltungsorganisation für alle Berufsgenossenschaften den Interessen und den Wünschen der Betheiligten, sowie den praktischen Bedürfnissen entsprechen würde" (Mot. S. 54). Vgl. Anm. 2 zu § 9.

Durch die Einrichtung von Sektionen ist die Möglichkeit gegeben, unbeschadet des Einstehens größerer Verbände für die Unfallast den Schwerpunkt der Verwaltung, insbesondere durch die Feststellung der Unfallentschädigungen (§ 57), in kleinere Kreise zu legen; man hat dann in den Genossenschaften breite, unbedingt leistungsfähige Schultern für die Uebernahme der Unfallast und in den Sektionen lokale Verwaltung. Den Sektionen können durch das Statut ihre eigenen Verwaltungskosten allein auferlegt werden. Vgl. den Kommentar des Verf. Anm. 2 zu § 19.

2. „Die Einführung des Instituts der Vertrauensmänner wird sich empfehlen, wenn die Betriebe wenig konzentrirt sind und sich über weite Gebiete erstrecken, weil dann die Sektionen allein nicht genügen würden, um die Anknüpfung und Aufrechterhaltung persönlicher Beziehungen zwischen dem Sektionsvorstande und den Betriebsunternehmern zu ermöglichen. Da die Bezirke der Vertrauensmänner ungleich enger begrenzt werden können, so würden

durch die Einsetzung derselben sich die Verwaltungskosten erheblich vermindern. Den Vertrauensmännern würde die Kontrole über die Schutzmaßregeln in den Fabriken und die Mitwirkung bei der Feststellung der Unfälle übertragen werden können; außerdem würde denselben in denjenigen Fällen, in denen Sektionen nicht gebildet sind, in denen sie also direkt unter dem Vorstande der Berufsgenossenschaften fungiren, die vorläufige Fürsorge für die Verunglückten und deren Hinterbliebene zur Pflicht gemacht werden können" (Mot. S. 54).

Neben den Vertrauensmännern können besondere Beauftragte (Revisionsingenieure) der Berufsgenossenschaft bestellt werden, § 82; die Funktionen der Beauftragten und der Vertrauensmänner können in einer Hand vereinigt, aber auch von einander getrennt sein.

3. Die meisten Berufsgenossenschaften haben von den in diesem § eingeräumten Befugnissen Gebrauch gemacht.

4. Außer den ehrenamtlichen Organen haben die Berufsgenossenschaften meist auch bezahlte Beamte, an deren Spitze Geschäftsführer zu stehen pflegen. Diese sind aber nicht berechtigt, die Genossenschaft nach außen zu vertreten oder nach außen oder innen rechtsverbindliche Erklärungen für die Genossenschaft abzugeben. Sie dürfen also auch Feststellungsbescheide nicht erlassen oder vollziehen. „Die dem öffentlichen Rechte angehörenden ehrenamtlichen Funktionen des Vorstandes können nicht durch eine Privatvollmacht auf eine außerhalb des Vorstandes stehende Person übertragen werden" (A. N. 85 S. 341). Vgl. Anm. 3 zu § 22.

## §. 20.*)

1. Das Genossenschaftsstatut bedarf zu seiner Gültigkeit der Genehmigung des Reichs-Versicherungsamts.

2. Gegen die Entscheidung desselben, durch welche die Genehmigung versagt wird, findet binnen einer Frist von vier Wochen, vom Tage der Zustellung an den provisorischen Genossenschaftsvorstand (§. 16), die Beschwerde an den Bundesrath statt.

Wird innerhalb dieser Frist Beschwerde nicht ein- 3.
gelegt oder wird die Versagung der Genehmigung des Statuts vom Bundesrath aufrecht erhalten, so hat das Reichs-Versicherungsamt innerhalb vier Wochen die Mitglieder der Genossenschaft zu einer neuen Genossenschaftsversammlung behufs anderweiter Beschlußfassung über das Statut einzuladen. Wird auch dem von dieser Versammlung beschlossenen Statut die Genehmigung endgültig versagt, so wird ein solches von dem Reichs-Versicherungsamt erlassen.

Abänderungen des Statuts bedürfen der Ge- 4.
nehmigung des Reichs-Versicherungsamts, gegen deren Versagung binnen einer Frist von vier Wochen die Beschwerde an den Bundesrath zulässig ist.

*) Gilt nicht für die in Anm. *) zu § 9 erwähnten fiskalischen etc. Betriebe. § 3. A. G.

## Zu § 20.

1. Für alle Berufsgenossenschaften (vgl. Anm. zu § 15) haben die Statuten, nachdem vom Reichs-Vers.-Amt ein Normalstatut aufgestellt war (Anm. 1 zu § 17) und geringfügige Anstände im Wege der Korrespondenz mit Leichtigkeit sich haben erledigen lassen, ohne Weiterungen genehmigt werden können. Beschwerden an den Bundesrath sind nicht vorgekommen.

2. An die Stelle des Reichs-Versicherungsamts tritt eventuell das Landes-Versicherungsamt, § 92.

### Veröffentlichung des Namens und Sitzes der Genossenschaft 2c.

### §. 21.*)

Nach endgültiger Feststellung des Statuts hat der 1.
Genossenschaftsvorstand durch den Reichsanzeiger bekannt zu machen:

1. den Namen und den Sitz der Genossenschaft,
2. die Bezirke der Sektionen und der Vertrauensmänner,
3. die Zusammensetzung des Genossenschaftsvorstandes und der Sektionsvorstände, sowie die Namen der Vertrauensmänner und ihrer Stellvertreter.

2. Etwaige Aenderungen sind in gleicher Weise zur öffentlichen Kenntniß zu bringen.

*) Gilt nicht für die in Anm. *) zu § 9 erwähnten fiskalischen etc. Betriebe. § 3 A. G.

## Zu § 21.

Die Bekanntmachungen sind erfolgt. Vgl. Anm. 3 zu § 1 und Anm. zu § 15.

### Genossenschaftsvorstände.

### §. 22.*)

1. Dem Genossenschaftsvorstande liegt die gesammte Verwaltung der Genossenschaft ob, soweit nicht einzelne Angelegenheiten durch Gesetz oder Statut der Beschlußnahme der Genossenschaftsversammlung vorbehalten oder anderen Organen der Genossenschaft übertragen sind.

2. Die Beschlußfassung der Vorstände kann in eiligen Fällen durch schriftliche Abstimmung erfolgen.

3. Der Beschlußnahme der Genossenschaftsversammlung müssen vorbehalten werden:

1. die Wahl der Mitglieder des Genossenschaftsvorstandes,
2. die Prüfung und Abnahme der Jahresrechnung,
3. Abänderungen des Statuts.

*) Gilt nicht für die in Anm. *) zu § 9 erwähnten fiskalischen etc. Betriebe. § 3 A. G.

## Zu § 22.

1. An die Stelle des Genossenschaftsvorstandes und der Genossenschaftsversammlungen treten für die in Anm.*) bezeichneten, einer Berufsgenossenschaft nicht zugewiesenen fiskalischen rc. Betriebe Ausführungsbehörden.

2. Als „andere Organe" der Genossenschaften kennt das Gesetz Vertrauensmänner und Sektionsvorstande (§ 19), Ausschüsse des Genossenschaftsvorstandes zur Aufstellung oder Aenderung des Gefahrentarifs (§ 28), Ausschüsse des Genossenschafts- oder des Sektionsvorstandes zur Festsetzung der Entschädigungen (§ 37), besondere Kommissionen zu letztgedachtem Zweck (§ 57), Beauftragte (Revisionsingenieure) (§ 82).

3. Auch wenn die Genossenschaften bezahlte Beamte anstellen und dieselben an der Verwaltung betheiligen, darf die Verantwortlichkeit immer nur den ehrenamtlichen Organen, nicht den bezahlten Beamten obliegen. Vgl. Anm. 4 zu § 19

## §. 23.*)

Die Genossenschaft wird durch ihren Vorstand gerichtlich und außergerichtlich vertreten. Die Vertretung erstreckt sich auch auf diejenigen Geschäfte und Rechtshandlungen, für welche nach den Gesetzen eine Spezialvollmacht erforderlich ist. 1.

Durch die Geschäfte, welche der Vorstand der Genossenschaft und die Vorstände der Sektionen, sowie die Vertrauensmänner innerhalb der Grenzen ihrer gesetzlichen und statutarischen Vollmacht im Namen der Genossenschaft abschließen, wird die letztere berechtigt und verpflichtet. 2.

Zur Legitimation der Vorstände bei Rechtsgeschäften genügt die Bescheinigung der höheren Verwaltungsbe- 3.

hörde, daß die darin bezeichneten Personen den Vorstand bilden.

*) Gilt nicht für die in Anm.*) zu § 9 erwähnten fiskalischen etc. Betriebe. § 3 A. G.

## §. 24.*)

1. Wählbar zu Mitgliedern der Vorstände und zu Vertrauensmännern sind nur die stimmberechtigten Mitglieder der Genossenschaft beziehungsweise deren gesetzliche Vertreter. Nicht wählbar ist, wer durch gerichtliche Anordnung in der Verfügung über sein Vermögen beschränkt ist.

2. Die Ablehnung der Wahl ist nur aus denselben Gründen zulässig, aus welchen das Amt eines Vormundes abgelehnt werden kann. Eine Wiederwahl kann abgelehnt werden.

3. Genossenschaftsmitglieder, welche eine Wahl ohne solchen Grund ablehnen, können auf Beschluß der Genossenschaftsversammlung für die Dauer der Wahlperiode zu erhöhten Beiträgen bis zum doppelten Betrage herangezogen werden.

4. Das Statut kann bestimmen, daß die von den Unternehmern bevollmächtigten Leiter ihrer Betriebe zu Mitgliedern der Vorstände und zu Vertrauensmännern gewählt werden können.

*) Gilt nicht für die in Anm.*) zu § 9 erwähnten fiskalischen etc. Betriebe. § 3 A. G.

## Zu § 24.

1. In Knappschafts-Berufsgenossenschaften können auch Knappschaftsälteste Mitglieder der Vorstände sein, § 94.

2. Ueber die Ablehnungsbefugnisse entscheidet das am Wohnort des Ablehnenden geltende Landes-Vormundschaftsrecht. Vgl. für Preußen § 23 der Vormundschaftsordnung vom 5. Juli 1875 (Ges.-S. S. 431). Vom 1. Januar 1900 ab kommen allgemein §§ 1780 fg. Bürg. Gesetzbuchs in Betracht.

Diese Bestimmungen gelten auch für die Beisitzer der Schiedsgerichte, § 49.

## §. 25.*)

Die Mitglieder der Vorstände und die Vertrauensmänner verwalten ihr Amt als unentgeltliches Ehrenamt, sofern nicht durch das Statut eine Entschädigung für den durch Wahrnehmung der Genossenschaftsgeschäfte ihnen erwachsenden Zeitverlust bestimmt wird. Baare Auslagen werden ihnen von der Genossenschaft ersetzt, und zwar, soweit sie in Reisekosten bestehen, nach festen, von der Genossenschaftsversammlung zu bestimmenden Sätzen.

*) Gilt nicht für die in Anm.*) zu § 9 erwähnten fiskalischen etc. Betriebe. § 3 A. G.

### Zu § 25.

1. Vgl. Anm. 4 zu § 17, Anm. 3 zu § 22.
2. Der § 25 gilt auch für die Beisitzer der Schiedsgerichte, § 49.

## §. 26.*)

Die Mitglieder der Vorstände, sowie die Vertrauens- 1.
männer haften der Genossenschaft für getreue Geschäftsverwaltung, wie Vormünder ihren Mündeln.

Mitglieder der Vorstände, sowie Vertrauensmänner, 2.
welche absichtlich zum Nachtheil der Genossenschaft

**handeln, unterliegen der Strafbestimmung des §. 266 des Strafgesetzbuchs.**

*) Gilt nicht für die in Anm.*) zu § 9 erwähnten fiskalischen etc. Betriebe. § 3 A. G.

## Zu § 26.

1. Ueber die Haftbarkeit der Vorstände entscheidet das am Wohnort des betr. Vorstandsmitgliedes geltende Landes-Vormundschaftsrecht. Vgl. für Preußen folgende Bestimmungen der Vormundschaftsordnung vom 5. Juli 1875 (Ges.-S. S. 431):

§ 32. „Der Vormund . . . haftet für die Sorgfalt, welche ein ordentlicher Hausvater auf seine eigenen Angelegenheiten verwendet. . . . . Die Einrede der Theilung unter mehreren Verhafteten ist ausgeschlossen . . . .

§ 39. . . . . Versäumt oder verzögert der Vormund die Anlegung von Geldern, so muß er die anzulegende Summe mit sechs vom Hundert jährlich verzinsen.

§ 40. Der Vormund darf Vermögensgegenstände des Mündels nicht in seinem Nutzen verwenden. Er hat das trotzdem in seinem Nutzen verwendete Geld von der Verwendung an zu verzinsen. Den Zinsfuß bestimmt das Vormundschaftsgericht nach seinem Ermessen auf acht bis zwanzig vom Hundert.

Eine Hypothek oder Grundschuld, welche auf einem Grundstücke des Vormundes haftet, darf derselbe für den Mündel nicht erwerben."

Ueber die Haftung der Vormünder nach den bayrischen Partikularrechten vgl. v. Roth, bayrisches Civilrecht Bd. I § 98 S. 520 ff. Nach dem 1. Januar 1900 gelten allgemein §§ 1802 fg., 1833, 1834, 276, 246 des Bürgerlichen Gesetzbuchs.

Die Bestimmung, daß Genossenschaftsgelder pupillarisch sicher angelegt werden müssen, findet sich in § 76.

2. Der § 266 Str.-G.-B. lautet, soweit es hier in Betracht kommt:

„Wegen Untreue werden mit Gefängniß, neben welchem auf Verlust der bürgerlichen Ehrenrechte erkannt werden kann, bestraft:

1) Vormünder . . ., wenn sie absichtlich zum Nachtheile der ihrer Aufsicht anvertrauten Personen ... handeln; ....

Wird die Untreue begangen, um sich oder einem Anderen einen Vermögensvortheil zu verschaffen, so kann neben der Gefängnißstrafe auf Geldstrafe bis zu dreitausend Mark erkannt werden."

## §. 27.*)

Solange die Wahl der gesetzlichen Organe einer Genossenschaft nicht zu Stande kommt, solange ferner diese Organe die Erfüllung ihrer gesetzlichen oder statutarischen Obliegenheiten verweigern, hat das Reichs-Versicherungsamt die letzteren auf Kosten der Genossenschaft wahrzunehmen oder durch Beauftragte wahrnehmen zu lassen.

*) Gilt nicht für die in Anm.*) zu § 9 erwähnten fiskalischen etc. Betriebe. § 3 A. G.

## Zu § 27.

An die Stelle des Reichs-Versicherungsamts tritt eventuell das Landes-Versicherungsamt, § 92.

### Bildung der Gefahrenklassen.

## §. 28.*)

Durch die Genossenschaftsversammlung sind für die 1.
zur Genossenschaft gehörigen Betriebe je nach dem Grade der mit denselben verbundenen Unfallgefahr ent-

sprechende Gefahrenklassen zu bilden und über die Höhe der in denselben zu leistenden Beiträge (Gefahrentarif) Bestimmungen zu treffen.

2. Durch Beschluß der Genossenschaftsversammlung kann die Aufstellung und Aenderung des Gefahrentarifs einem Ausschusse oder dem Vorstande übertragen werden.

3. Die Aufstellung und Abänderung des Gefahrentarifs bedarf der Genehmigung des Reichs-Versicherungsamts. Wird ein Gefahrentarif von der Genossenschaft innerhalb einer vom Reichs-Versicherungsamt zu bestimmenden Frist nicht aufgestellt, oder dem aufgestellten die Genehmigung versagt, so hat das Reichs-Versicherungsamt nach Anhörung der mit der Aufstellung beauftragten Organe der Genossenschaft den Tarif selbst festzusetzen.

4. Die Veranlagung der Betriebe zu den einzelnen Gefahrenklassen liegt nach näherer Bestimmung des Statuts (§. 17) den Organen der Genossenschaft ob. Gegen die Veranlagung steht dem Betriebsunternehmer binnen einer Frist von zwei Wochen die Beschwerde an das Reichs-Versicherungsamt zu.

5. Der Gefahrentarif ist nach Ablauf von längstens zwei Rechnungsjahren und sodann mindestens von fünf zu fünf Jahren unter Berücksichtigung der in den einzelnen Betrieben vorgekommenen Unfälle einer Revision zu unterziehen. Die Ergebnisse derselben sind mit dem Verzeichnisse der in den einzelnen Betrieben vorgekommenen, auf Grund dieses Gesetzes zu entschädigenden Unfälle der Genossenschaftsversammlung zur Beschluß-

fassung über die Beibehaltung oder Aenderung der bisherigen Gefahrenklassen oder Gefahrentarife vorzulegen. Die Genossenschaftsversammlung kann den Unternehmern nach Maßgabe der in ihren Betrieben vorgekommenen Unfälle für die nächste Periode Zuschläge auflegen oder Nachlässe bewilligen. Die über die Aenderung der bisherigen Gefahrenklassen oder Gefahrentarife gefaßten Beschlüsse bedürfen zu ihrer Gültigkeit der Genehmigung des Reichs-Versicherungsamts; demselben ist das Verzeichniß der vorgekommenen Unfälle vorzulegen.

*) Gilt nicht für die in Anm.*) zu § 9 erwähnten fiskalischen etc. Betriebe. § 3 A. G.

## Zu § 28.

1. Die Aufstellung von Gefahrenklassen mit verschieden hohen Beiträgen ist obligatorisch; das Gesammtrisiko der Genossenschaft wird auf die Genossen unter Berücksichtigung der anrechnungsfähigen Löhne und Gehälter nach der Höhe vertheilt, in welcher jeder Einzelne nach dem Umfange und der Gefährlichkeit seines Betriebes die Gesammtheit gefährdet. Hierzu können die Betriebe in so viel Gefahrenklassen eingetheilt werden, als die Verschiedenheit der Unfallgefahr erforderlich macht. Bei der Eintheilung ist die weitgehendste Individualisirung der Betriebe zulässig; dieselbe muß aber nach objektiven, äußerlich erkennbaren Merkmalen erfolgen, welche scharf genug zu bezeichnen sind, „um den Mitgliedern der Berufsgenossenschaft eine gewisse Kontrole über die Richtigkeit der Veranlagung der einzelnen Betriebe zu ermöglichen" (Motive). Subjektive Momente (Persönlichkeit des Unternehmers 2c.) dürfen nicht maßgebend sein; nur soweit demnächst die besondere Achtsamkeit oder Unachtsamkeit in der Zahl der Unfälle zur äußeren Erscheinung treten und auf Grund derselben bei der demnächstigen Revision des Gefahrentarifs Zuschläge oder Nachlässe an den Beiträgen be-

schlossen werden sollten (vgl. Anm. 3), kann dann auch die Subjektivität der Betheiligten Berücksichtigung finden. Bei der Aufstellung des Gefahrentarifs soll in Zukunft in der Regel so verfahren werden, daß bei den einzelnen Gewerbszweigen oder Arbeiten für einen möglichst langen Zeitraum die anrechnungsfähigen Löhne und die gezahlten Entschädigungsbeträge einander gegenübergestellt werden, A. N. 89 S. 331; 92 S. 251. Die einzelnen Gefahrenklassen werden zu einander in ein ziffernmäßiges Verhältniß gesetzt. Die Verhältnißziffer derjenigen Gefahrenklasse, zu welcher der einzelne Betrieb veranlagt ist (Gefahrenziffer), bildet zusammen mit dem anrechnungsfähigen Lohnbetrage des Unternehmers die Berechnungsgrundlage für die Umlegung des Jahresbedarfs. Der Gefahrentarif, welcher hiernach für die Höhe der Beiträge der einzelnen Mitglieder von grundlegender Bedeutung ist, muß an der Hand der Erfahrung fortlaufend revidirt und berichtigt werden (vgl. Abs. 5); die Aufstellung der hierzu erforderlichen Statistik bleibt wegen der Verschiedenheit der für die einzelnen B.G. wichtigen Gesichtspunkte Aufgabe der einzelnen B.G., das R.V.A. führt eine einheitliche Statistik nur für die Zwecke der Unfallverhütung, § 78. Muster eines Normalgefahrentarifs A. N. 88 S. 205; 89 S. 336; 92 S. 251. Ueber die für die Revision der Tarife maßgebenden Grundsätze vgl. A. N. 88 S. 201; 89 S. 331.

2. Der Veranlagungsbescheid gilt für die ganze Tarifperiode; innerhalb dieses Zeitraumes ist eine anderweite Veranlagung, abgesehen von der Berichtigung von Rechenfehlern und den Korrekturen aus Anlaß wissentlich unrichtiger Angaben des Unternehmers, nur bei Betriebsveränderungen nach näherer Bestimmung des Gefahrentarifs zulässig, A. N. 87 S. 378; 88 S. 86, 178, 200, 336.

3. Die Genossenschaft kann einen Theil des Gesammtrisikos (§ 29) und im Fall des § 94 das ganze Risiko den Sektionen auflegen; sie kann auch mit anderen Genossenschaften zu gemeinsamer Tragung des Risikos zusammentreten (§ 30).

4. Gegen die Aufstellung des Tarifs und die Abgrenzung der Gefahrenklassen gegen einander hat der einzelne Betriebsunternehmer kein Rechtsmittel; seine Interessen werden von dem Reichs-

(Landes=) Versicherungsamt von Amtswegen wahrgenommen. Diesen Behörden mußte die Genehmigung der Tarife schon darum vorbehalten bleiben, um „die kleinen und weniger gefährlichen Betriebe vor einer zu starken Heranziehung zu den Kosten der Unfallversicherung im Verhältniß zu den größeren und gefährlicheren Betrieben zu schützen" (Mot. S. 55). Nur gegen seine Einschätzung (Veranlagung) in die einzelnen Klassen des Gefahrentarifs hat der Unternehmer in der Beschwerde an das Reichs= (Landes=) Versicherungsamt ein Rechtsmittel (Abs. 4).

5. Die Bestimmung, daß die Zahl der in einem Betriebe vorgekommenen Unfälle zu Nachlässen oder Zuschlägen führen kann (Abs. 5), dient im Wesentlichen zur Korrektur des Gefahrentarifs. Die Bestimmung bezweckt eine Vermehrung der objektiven Kriterien der Einschätzung und damit eine Steigerung der Individualisirung, knüpft aber auch das eigenste Interesse des Unternehmers an die möglichste Verhütung von Unfällen (Komm.=Ber. S. 33).

6. Die Funktionen des Reichs=Versicherungsamts nimmt eventuell das Landes=Versicherungsamt wahr, § 92.

### Theilung des Risikos.

### §. 29.*)

Durch das Statut kann vorgeschrieben werden, daß die Entschädigungsbeträge bis zu fünfzig Prozent von den Sektionen zu tragen sind, in deren Bezirken die Unfälle eingetreten sind. 1.

Die hiernach den Sektionen zur Last fallenden Beträge sind auf die Mitglieder derselben nach Maßgabe der für die Genossenschaft festgesetzten Gefahrenklassen und der in diesen zu leistenden Beiträge (§§. 10, 28) umzulegen. 2.

*) Gilt nicht für die in Anm.*) zu § 9 erwähnten fiskalischen etc. Betriebe. § 3 A. G.

## Zu § 29.

Träger der Versicherung bleibt auch in diesem Fall die Genossenschaft; sie haftet also (subsidiär) für die den einzelnen Sektionen auferlegte Quote (Mot.). Die Postverwaltungen halten sich lediglich an die Genossenschaft.

Wegen der Knappschafts-Berufsgenossenschaften vgl. § 94.

### Gemeinsame Tragung des Risikos.

### §. 30.*)

1. Vereinbarungen von Genossenschaften, die von ihnen zu leistenden Entschädigungsbeträge ganz oder zum Theil gemeinsam zu tragen, sind zulässig. Derartige Vereinbarungen bedürfen zu ihrer Gültigkeit der Zustimmung der betheiligten Genossenschaftsversammlungen, sowie der Genehmigung des Reichs-Versicherungsamts. Dieselben dürfen nur mit dem Beginn eines neuen Rechnungsjahres in Wirksamkeit treten.

2. Die Vereinbarung hat sich darauf zu erstrecken, in welcher Weise der gemeinsam zu tragende Entschädigungsbetrag auf die betheiligten Genossenschaften zu vertheilen ist.

3. Ueber die Vertheilung des auf eine jede Genossenschaft entfallenden Antheils an der gemeinsam zu tragenden Entschädigung unter die Mitglieder der Genossenschaft entscheidet die Genossenschaftsversammlung. Mangels einer anderweiten Bestimmung erfolgt die Umlage dieses Betrages in gleicher Weise, wie die der von der Genossenschaft nach Maßgabe dieses Gesetzes zu leistenden Entschädigungsbeträge (§§. 10, 28).

*) Gilt nicht für die in Anm.*) zu § 9 erwähnten fiskalischen etc. Betriebe. § 3 A. G.

## Zu § 30.

1. Von den hier eingeräumten Befugnissen ist bisher noch kein Gebrauch gemacht. Den Postverwaltungen gegenüber wäre ein solches Arrangement einflußlos.

2. An die Stelle des Reichsversicherungsamts tritt eventuell das Landes-Versicherungsamt, § 92.

### Abänderung des Bestandes der Berufsgenossenschaften.

## §. 31.*)

Nach erfolgtem Abschluß der Organisation der Berufsgenossenschaften sind Aenderungen in dem Bestande der letzteren mit dem Beginn eines neuen Rechnungsjahres unter nachstehenden Voraussetzungen zulässig:

1. Die Vereinigung mehrerer Genossenschaften erfolgt auf übereinstimmenden Beschluß der Genossenschaftsversammlungen mit Genehmigung des Bundesraths.
2. Das Ausscheiden einzelner Industriezweige oder örtlich abgegrenzter Theile aus einer Genossenschaft und die Zutheilung derselben zu einer anderen Genossenschaft erfolgt auf Beschluß der betheiligten Genossenschaftsversammlungen mit Genehmigung des Bundesraths. Die Genehmigung kann versagt werden, wenn durch das Ausscheiden die Leistungsfähigkeit einer der betheiligten Genossenschaften in Bezug auf die ihr obliegenden Pflichten gefährdet wird.

3. Wird die Vereinigung mehrerer Genossenschaften oder das Ausscheiden einzelner Industriezweige oder örtlich abgegrenzter Theile aus einer Genossenschaft und die Zutheilung derselben zu einer anderen Genossenschaft auf Grund eines Genossenschaftsbeschlusses beantragt, dagegen von der anderen betheiligten Genossenschaft abgelehnt, so entscheidet auf Anrufen der Bundesrath.

4. Anträge auf Ausscheidung einzelner Industriezweige oder örtlich abgegrenzter Theile aus einer Genossenschaft und Bildung einer besonderen Genossenschaft für dieselben sind zunächst der Beschlußfassung der Genossenschaftsversammlung zu unterbreiten und sodann dem Bundesrath zur Entscheidung vorzulegen. Die Genehmigung zur Bildung der neuen Genossenschaft kann versagt werden, wenn einer der im §. 12 Ziffer 1 und 2 angegebenen Gründe vorliegt.

Wird die Genehmigung ertheilt, so erfolgt die Beschlußfassung über das Statut für die neue Genossenschaft nach Maßgabe der Bestimmungen in den §§. 16 bis 20.

*) Gilt nicht für die in Anm.*) zu § 9 erwähnten fiskalischen etc. Betriebe. § 3 A. G. Vgl. auch Anm. 2.

## Zu § 31.

1. Der Bundesrath hat in den Fällen dieses Paragraphen dieselbe Stellung, welche ihm in § 12 für die erste Bildung der Genossenschaften gegeben worden ist, hat also insbesondere auch die Minoritäten zu schützen (vgl. Komm.-Ber. S. 34). Er tritt hier aber nur auf An-

rufen ein; von Amtswegen darf der Bundesrath Anordnungen wegen Abänderung bereits bestehender Berufsgenossenschaften nicht treffen.

2. Solche nach § 1 Abs. 8 durch den Bundesrath für versicherungspflichtig erklärten und dadurch dem Unfallversicherungsgesetz unterstellten gewerblichen Baubetriebe, welche nach dem Bauunfallgesetze in die Tiefbau-B.G. fallen würden, können durch den Bundesrath ohne Beschluß der Genossenschaftsversammlungen aus dieser B.G. ausgeschieden und anderen B.G. zugewiesen werden, § 12 B.U.G. Dies ist rücksichtlich der Ofensetzer rc. bei Bauten geschehen, vgl. Zusatz zu § 1. Werden Kommunalverbände u. s. w. auf ihren Antrag für leistungsfähig erklärt und übernehmen sie in Folge davon die Unfallversicherung bei ihren Regiebauten unter Ausscheidung aus der Berufsgenossenschaft für eigene Rechnung (§ 4 Ziffer 3 B.U.G.), so findet § 31 U.V.G. keine Anwendung.

## §. 32.*)

Werden mehrere Genossenschaften zu einer Genossenschaft vereinigt, so gehen mit dem Zeitpunkte, zu welchem die Veränderung in Wirksamkeit tritt, alle Rechte und Pflichten der vereinigten Genossenschaften auf die neugebildete Genossenschaft über. 1.

Wenn einzelne Industriezweige oder örtlich abgegrenzte Theile aus einer Genossenschaft ausscheiden und einer anderen Genossenschaft angeschlossen werden, so sind von dem Eintritt dieser Veränderung ab die Entschädigungsansprüche, welche gegen die erstere Genossenschaft aus den in Betrieben der ausscheidenden Genossenschaftstheile eingetretenen Unfällen erwachsen sind, von der Genossenschaft zu befriedigen, welcher die Genossenschaftstheile nunmehr angeschlossen sind. 2.

Scheiden einzelne Industriezweige oder örtlich abgegrenzte Theile aus einer Genossenschaft unter Bildung 3.

einer neuen Genossenschaft aus, so sind von dem Zeitpunkte der Ausscheidung ab die Entschädigungsansprüche, welche gegen die erstere Genossenschaft aus den in Betrieben der ausscheidenden Genossenschaftstheile eingetretenen Unfällen erwachsen sind, von der neugebildeten Genossenschaft zu befriedigen.

4. Insoweit zufolge des Ausscheidens von Industriezweigen oder örtlich abgegrenzten Theilen Entschädigungsansprüche auf andere Genossenschaften übergehen, haben die letzteren Anspruch auf einen entsprechenden Theil des Reservefonds und des sonstigen Vermögens derjenigen Genossenschaft, aus welcher die Ausscheidung stattfindet.

5. Die vorstehenden Bestimmungen können durch übereinstimmenden Beschluß der betheiligten Genossenschaftsversammlungen abgeändert oder ergänzt werden.

6. Streitigkeiten, welche in Betreff der Vermögensauseinandersetzung zwischen den betheiligten Genossenschaften entstehen, werden mangels Verständigung derselben über eine schiedsgerichtliche Entscheidung von dem Reichs-Versicherungsamt entschieden.

*) Findet auch auf Auseinandersetzungen bei Bestandsveränderungen der in Anm.*) zu § 9 aufgeführten fiskalischen etc. Betriebe (unter einander oder mit Berufsgenossenschaften) entsprechende Anwendung. Vgl. § 3 A. G., sowie Mot. zu §§ 3 bis 10 a. a. O (Komm. d. Verf. 4. Aufl. S. 412.)

## Zu § 32.

1. Nach den in § 32 aufgestellten Grundsätzen gehen dann, wenn ganze Industriezweige oder örtlich abgegrenzte Theile von einer B.G. abgetrennt und einer anderen B.G. zugetheilt werden und diese Bestandsveränderung auf Beschluß der B.G. erfolgt (§ 31),

Rentenansprüche für die Zukunft auf diejenige B.G. über, welcher der Betrieb, in der der betr. Unfall sich ereignet hat, fortab anzugehören hat. Das R.V.A. erachtet diese Grundsätze auch dann für anwendbar, wenn Bestandsveränderungen durch Gesetz herbeigeführt werden (z. B. Uebergang von Fuhrwerksbetrieben an die landw. B.G.); ebenso aber auch dann, wenn einzelne Betriebe von einer B.G. zu einer anderen (auch landw.) B.G. übergehen (z. B. Verbesserung einer irrthümlichen Katastrirung). Ausgenommen von letzterem bleibt jedoch rücksichtlich der einzelnen Betriebe der Fall, daß deren Uebergang von einer B.G. zu einer anderen B.G. durch Betriebsveränderung hervorgerufen wird (§ 38); in Fällen dieser Art hat vielmehr eine Vermögensüberweisung oder ein Rentenübergang nicht stattzufinden (A. N. 87 S. 39, 378; 89 S. 6, 90, 166). Für die Vergangenheit haftet immer die alte B.G., soweit nicht anderweite Vereinbarungen getroffen werden, vgl. Anm. § 3 und § 37.

2. Die schiedsgerichtliche Entscheidung erfolgt nach §§ 851 ff. der Civilprozeßordnung, nicht vor den nach § 46 ff. des Unfallversicherungsgesetzes errichteten besonderen Schiedsgerichten.

3. An Stelle des Reichs-Versicherungsamts hat eventuell das Landes-Versicherungsamt einzutreten, § 92.

Vgl. im Uebrigen über die Einbringung des Antrags auf Entscheidung des Reichs-Versicherungsamts die Verordnung vom 5. August 1885, betr. die Formen des Verfahrens und den Geschäftsgang des Reichs-Versicherungsamts (R.G.Bl. S. 255). S. Anh.

### Auflösung von Berufsgenossenschaften.

### §. 33.*)

Berufsgenossenschaften, welche zur Erfüllung der ihnen durch dieses Gesetz auferlegten Verpflichtungen leistungsunfähig werden, können auf Antrag des Reichs-Versicherungsamts von dem Bundesrath aufgelöst werden. Diejenigen Industriezweige, welche die aufgelöste

Genossenschaft gebildet haben, sind anderen Berufsgenossenschaften nach deren Anhörung zuzutheilen. Mit der Auflösung der Genossenschaft gehen deren Rechtsansprüche und Verpflichtungen, vorbehaltlich der Bestimmung im §. 92, auf das Reich über.

*) Gilt nicht für die in Anm.*) zu § 9 erwähnten fiskalischen etc Betriebe. § 3 A. G.

### Zu § 33.

In dieser Bestimmung liegt eine durch die Konkurrenz der Bundesstaaten im Fall des § 92 abgeschwächte Garantie des Reichs für die Leistungsfähigkeit der Berufsgenossenschaften, allerdings in einer Beschränkung, daß sie wohl niemals praktisch werden wird. „Die Reichsgarantie hat vorwiegend nur eine theoretische Bedeutung; sie bildet den konsequenten Abschluß des Systems, soll aber, wenn irgend möglich, niemals praktisch werden" (Komm.=Ber. S. 29); es handelt sich „um eine theoretische Konstruktion einzelner außerordentlicher Fälle"; die Vorschrift „hat wesentlich dekorative Bedeutung und hat einen realen Werth für die Regel nur darum, weil dadurch auf die Vermeidung unsolider Bildungen hingewirkt wird" (a. a. O. S. 36). Vgl. Anm. 1 zu § 9.

Es handelt sich hierbei nicht um einen Reichszuschuß als dauernde Einrichtung, sondern lediglich um eine Garantie für einzelne außerordentliche Fälle.

## III. Mitgliedschaft des einzelnen Betriebes. Betriebsveränderungen.

### Mitgliedschaft.

§. 34.*)

1. Mitglied der Genossenschaft ist jeder Unternehmer eines im Bezirke derselben belegenen Betriebes der-

jenigen Industriezweige, für welche die Genossenschaft errichtet ist. Die Mitgliedschaft beginnt für die Unternehmer der zur Zeit des Inkrafttretens des Gesetzes versicherungspflichtigen Betriebe mit diesem Zeitpunkte, für die Unternehmer später entstehender oder versicherungspflichtig werdender Betriebe mit dem Zeitpunkte der Eröffnung beziehungsweise des Beginns der Versicherungspflicht derselben.

Stimmberechtigt ist jedes Mitglied der Genossenschaft, sofern es sich im Besitze der bürgerlichen Ehrenrechte befindet. 2.

*) Gilt nicht für die in Anm.*) zu § 9 erwähnten fiskalischen etc. Betriebe. § 3 A. G.

## Zu § 34.

1. „Jeder an sich versicherungspflichtige Betriebsunternehmer wird kraft des Gesetzes Mitglied derjenigen Genossenschaft, zu welcher er nach Maßgabe der Abgrenzung der letzteren und nach Maßgabe des von ihm betriebenen Industriezweiges gehört. Die Anwendung dieses Grundsatzes auf den konkreten Fall wird dergestalt zu konstatiren sein, daß sowohl für die Betheiligten, als auch für die Behörden volle Klarheit über die Zugehörigkeit zur Genossenschaft herrscht. Dies soll durch die Einrichtung von Genossenschaftskatastern und die Ausstellung von Mitgliedscheinen erreicht werden" (Mot. S. 51). Vgl. § 37 sowie das alphabetische Verzeichniß der einzelnen unter das Unfallversicherungsgesetz fallenden Betriebe und der Berufsgenossenschaften, zu welchen sie gehören, siehe Anm. 3 zu § 15.

Die Versicherung besteht auch dann, wenn ein Mitgliedschein nicht ertheilt und das qu. Unternehmen in das Genossenschaftskataster nicht aufgenommen worden ist, zu Recht, sobald nur die objektiven, von dem Gesetz gestellten Voraussetzungen vorliegen. Auch die in nicht angemeldeten Betrieben entstandenen Unfälle sind daher von der für derartige Betriebe zuständigen B.G. zu entschädigen. Es kann sich dann nur um eine bei der Ueberweisung vorgekommene Omission handeln, welcher, sobald sie entdeckt wird, spätestens bei Eintritt eines Unfalls, der zu Entschädigungen führt (§ 59 Abs. 4), durch nachträgliche Ueberweisung abgeholfen werden muß. Dagegen ist der verspäteten Anmeldung oder Aufnahme eines an sich versicherungspflichtigen Betriebes hinsichtlich der Beitragserhebung keine rückwirkende Kraft beigelegt; vielmehr soll ein solcher Betrieb nur noch für dasjenige Rechnungsjahr zu Beiträgen herangezogen werden dürfen, für welches in dem Jahre der Anmeldung die Beiträge umgelegt worden sind (A. N. 88 S. 335).

2. Ueber den Begriff „Unternehmer" vgl. Anm. 5 zu § 9. Unternehmer, deren Betriebe erst später versicherungspflichtig werden, treten, sobald dieser Zeitpunkt eintritt, in die sämmtlichen Rechtsverhältnisse und Verbindlichkeiten der Genossenschaft ein, nehmen also insbesondere auch an der Belastung aus früheren Unfällen Theil. Vgl. Anm. 2 zu § 37.

3. Ueber den Umfang des Stimmrechts entscheidet das Statut (§ 17), über die Ausübung durch Bevollmächtigte der § 16 Abs. 3; über die Ausübung durch gesetzliche Vertreter entscheiden allgemeine Regeln.

### Betriebsanmeldung.

§. 35.*)

1. Der Betriebsunternehmer, welcher seinen Betrieb nicht bereits nach Maßgabe des §. 11 angemeldet hat, ist verpflichtet, binnen einer Woche, nachdem er Mitglied einer Genossenschaft geworden ist (§. 34), der unteren Verwaltungsbehörde, in deren Bezirk der Betrieb belegen ist, eine Anzeige zu erstatten, welche

1. den Gegenstand und die Art des Betriebes,
2. die Zahl der versicherten Personen,

3. die Berufsgenossenschaft, welcher der Betrieb angehört,
4. falls es sich um einen nach dem Inkrafttreten des Gesetzes neu begonnenen oder versicherungspflichtig gewordenen Betrieb handelt, den Tag der Eröffnung beziehungsweise des Beginns der Versicherungspflicht

angiebt. Die Anzeige ist in zwei Exemplaren einzureichen. Ueber dieselbe ist eine Empfangsbescheinigung zu ertheilen.

Wird die Anzeige nicht rechtzeitig erstattet, so findet 2.
die Vorschrift des §. 11 Absatz 3 Anwendung.

*) Gilt nicht für die in Anm. *) zu § 9 erwähnten fiskalischen etc. Betriebe. § 3 A. G.

## Zu § 35.

1. „Die im § 35 konstituirte Anzeigepflicht entspricht derjenigen des § 11. Dieselbe gilt einmal für alle Betriebsunternehmer, welche aus irgend welchen Gründen dem § 11 nicht nachgekommen sind, sodann für diejenigen Unternehmer, welche erst später ihre Betriebe eröffnet haben oder deren bisher freie Betriebe erst später versicherungspflichtig werden. Der § 35 hat also eine auf die Dauer des Gesetzes berechnete Bedeutung, während der § 11 den Charakter einer vorübergehenden Bestimmung trägt" (Mot. S. 58). Die Anzeige bei der unteren Verwaltungsbehörde ist auch bei der Verlegung eines Betriebes in den Bezirk einer andern unteren Verwaltungsbehörde, aber nicht bei einem Wechsel in der Person des Betriebsunternehmers zu erstatten. In letzterem Falle ist jedoch eine ähnliche Anzeige bei dem Genossenschaftsvorstande vorgeschrieben, § 37 Abs. 8. Vgl. A. N. 87 S. 143.

2. „Die Anzeige soll an die untere Verwaltungsbehörde gerichtet werden, damit diese einen vollständigen Ueberblick über die

in ihrem Bezirke vorhandenen versicherungspflichtigen Betriebe erhalte, wie denn auch alle Mitgliedscheine und alle die Mitgliedschaft ablehnenden Bescheide durch ihre Hände gehen. Sie ist somit fortlaufend im Vollbesitz des Materials über die für die Unfallversicherung maßgebenden Verhältnisse der in ihrem Bezirke vorhandenen Betriebe. Es ist nothwendig, daß in dieser Weise jeder Betrieb durch eine mit öffentlicher Autorität ausgerüstete Instanz in Bezug auf seine Zugehörigkeit zu einer Genossenschaft fortlaufend kontrolirt werde" (Mot. S. 59). Vgl. § 109.

3. Ein Formular für die Anmeldung empfiehlt das Reichs-Vers.-Amt in A. N. 85 S. 346. Dasselbe ist im Anhang abgedruckt. Das Porto für die Absendung der Empfangsbescheinigung fällt der Genossenschaft ebensowenig zur Last, wie das Porto für die Ueberweisung der Betriebe bezw. die Absendung der Anmeldungen an die Berufsgenossenschaften (§ 36).

4. Strafbestimmungen vgl. §§ 103, 104.

## §. 36.*)

1. Die untere Verwaltungsbehörde hat jeden in ihrem Bezirke belegenen Betrieb, über welchen die Anzeige (§. 35) erstattet ist, binnen einer Woche nach dem Eingange der letzteren durch Einsendung eines Exemplars derselben dem Vorstande der in der Anzeige bezeichneten Genossenschaft zu überweisen.

2. Gehört der Betrieb nach Ansicht der unteren Verwaltungsbehörde einer anderen als der in der Anzeige bezeichneten Genossenschaft an, so ist dem Vorstande dieser Genossenschaft, unter gleichzeitiger Benachrichtigung des Vorstandes der in der Anzeige bezeichneten Genossenschaft und des Betriebsunternehmers, eine Abschrift der Anzeige zuzustellen.

Für Betriebe, über welche eine Anzeige nicht er- 3.
stattet ist, hat die untere Verwaltungsbehörde die Ueberweisung binnen einer Woche nach Ablauf der von ihr in Gemäßheit des §. 35 Absatz 2 bestimmten Frist dadurch zu bewirken, daß sie die im §. 35 Ziffer 1 bis 4 bezeichneten Angaben selbst macht.

*) Gilt nicht für die in Anm.*) zu § 9 erwähnten fiskalischen etc. Betriebe. § 3 A. G.

## Zu § 36.

Vgl. Anm. 2 bis 4 zu § 35.

### Genossenschaftskataster.

§. 37.*)

Die Genossenschaftsvorstände haben auf Grund der 1.
von dem Reichs-Versicherungsamt ihnen mitzutheilenden Verzeichnisse der versicherungspflichtigen Betriebe (§. 11) und der später erfolgenden Ueberweisungen (§. 36) Genossenschaftskataster zu führen.

Die Aufnahme der einzelnen Genossen in das 2.
Kataster erfolgt nach vorgängiger Prüfung ihrer Zugehörigkeit zur Genossenschaft.

Den in das Kataster aufgenommenen Genossen 3.
werden vom Genossenschaftsvorstande durch Vermittelung der unteren Verwaltungsbehörde Mitgliedscheine zugestellt. Ist die Genossenschaft in Sektionen eingetheilt, so muß der Mitgliedschein die Sektion, welcher der Unternehmer angehört, bezeichnen. Wird die Aufnahme in das Kataster abgelehnt, so ist hierüber ein mit Gründen versehener Bescheid dem Betriebsunternehmer

durch Vermittelung der unteren Verwaltungsbehörde zuzustellen.

4. Gegen die Aufnahme in das Kataster, sowie gegen die Ablehnung derselben steht dem Unternehmer binnen einer Frist von zwei Wochen nach erfolgter Zustellung des Mitgliedscheines beziehungsweise des ablehnenden Bescheides die Beschwerde an das Reichs-Versicherungsamt zu. Dieselbe ist bei der unteren Verwaltungsbehörde einzulegen. Stellt sich bei der Verhandlung der Beschwerde heraus, daß der Betrieb keiner der vorhandenen Genossenschaften zugehört, so ist derselbe durch das Reichs-Versicherungsamt derjenigen Genossenschaft zuzuweisen, der er seiner Natur nach am nächsten steht.

5. Wird gegen einen ablehnenden Bescheid von dem Betriebsunternehmer innerhalb der angegebenen Frist Beschwerde nicht erhoben, so hat die untere Verwaltungsbehörde den Fall dem Reichs-Versicherungsamt zur Entscheidung vorzulegen.

6. Wird in dem Falle des §. 36 Absatz 2 die Mitgliedschaft des Unternehmers von dem Vorstande der in der Anzeige bezeichneten Genossenschaft anerkannt, so liegt diesem die Verpflichtung ob, hiervon dem Vorstande der anderen Genossenschaft Mittheilung zu machen. Letzterer ist berechtigt, innerhalb zwei Wochen nach dem Empfange der Mittheilung gegen die Anerkennung der Mitgliedschaft beim Reichs-Versicherungsamt die Beschwerde zu erheben.

7. Den Sektionsvorständen sind Auszüge aus dem

Kataster in Betreff der zu ihren Sektionen gehörenden Unternehmer mitzutheilen.

Jeder Wechsel in der Person desjenigen, für dessen Rechnung der Betrieb erfolgt, ist von dem Unternehmer binnen einer durch das Statut festzusetzenden Frist dem Genossenschaftsvorstande behufs Berichtigung des Katasters anzuzeigen. Ist die Anzeige von dem Wechsel nicht erfolgt, so werden die auf die Genossenschaftsmitglieder umzulegenden Beiträge von dem in das Kataster eingetragenen Unternehmer bis für dasjenige Rechnungsjahr einschließlich forterhoben, in welchem die Anzeige geschieht, ohne daß dadurch der neue Unternehmer von der auch ihm gesetzlich obliegenden Verhaftung für die Beiträge entbunden ist. 8.

*) Gilt nicht für die in Anm.*) zu § 9 erwähnten fiskalischen etc. Betriebe. § 3 A. G.

## Zu § 37.

1. „Die vom Reichs-Versicherungsamt erfolgte Einreihung eines Betriebes, welche in der Einladung zur ersten Generalversammlung (§ 14) zum Abdruck gekommen ist, kann einer selbstverwaltenden Korporation gegenüber um so weniger entscheidend sein, als jener ersten Klassifizirung naturgemäß eine völlig erschöpfende Prüfung jedes einzelnen Falles nicht immer wird vorangehen können" (Mot. S. 58). Vgl. Anm. 1 zu § 34.

Formulare für das Genossenschaftskataster und den Mitgliedschein s. Amtl. Nachr. 85 S. 199.

2. „Die sämmtlichen Entscheidungen des Reichs-Versicherungsamts wirken ex tunc, da die Betriebsunternehmer kraft des Gesetzes Mitglieder der für sie bestimmten Genossenschaft werden und es nur darauf ankommt, daß konstatirt werde, welcher Genossenschaft sie beim Inkrafttreten des Gesetzes bezw. beim Beginn der Versicherungspflicht angehörten" (Mot. S. 60). Wegen der Wirkungen dieses Grundsatzes auf die Verpflichtung zur Entschädigung von

Unfällen einerseits und zur Entrichtung von Beiträgen zur B.G. andererseits vgl. Anm. 1 zu § 34.

3. Das Genossenschaftskataster stellt in formaler, rechtsgültiger Weise den Bestand der Genossenschaft dar. Nachträgliche Streichung eines (irrthümlich) aufgenommenen Betriebes kann, wenn die Aufnahme in das Kataster einmal endgültig bewirkt ist und nicht Betriebsänderung (§ 38) oder Betriebseinstellung (§ 17 Z. 7) vorliegt, nur mit Uebereinstimmung sämmtlicher Betheiligter oder durch Entscheidung des R.V.A. bewirkt werden (A. N. 85 S. 365; 86 S. 55). Unfälle, welche in irrthümlich katastrirten Betrieben vorgekommen sind, müssen von den B.G., in deren Kataster der Betrieb aufgenommen ist, getragen werden, und zwar, vorbehaltlich anderweiter Vereinbarungen, bis zur Ueberweisung des betr. Betriebes zu der richtigen B.G. (A. N. 86 S. 55; 87 S. 39). Vgl. Anm. 1 zu § 32. Wegen der zu Unrecht nicht katastrirten Betriebe vgl. Anm. 1 zu § 34.

4. Die Vorschrift des Abs. 5 soll verhüten, daß Betriebe, welche von der unteren Verwaltungsbehörde für versicherungspflichtig gehalten werden und auch wirklich versicherungspflichtig sind, außerhalb der Gesammtorganisation verbleiben. Ebenso ist mit solchen Betrieben zu verfahren, welche das Reichs-Versicherungsamt vorläufig für versicherungspflichtig erachtet hat, während die Genossenschaft sie nicht aufnehmen will.

5. Ueber die Haftung der Unternehmer für die Jahresbeiträge, sofern im Laufe des Rechnungsjahres ein Wechsel in der Person stattgefunden hat (Abs. 8), vgl. Anm. 3 zu § 17. Als Wechsel in der Person des Unternehmers sind auch die Aenderung einer kaufmännischen Firma, der Eintritt von Personen in dieselbe und deren Austritt zu behandeln, dagegen nicht der Eintritt des Konkursverwalters an Stelle des Kridars.

6. An die Stelle des Reichs-Versicherungsamts tritt event. das Landes-Versicherungsamt, § 92.

## Betriebsveränderungen.

### §. 38.*)

1. Jeder Betriebsunternehmer ist verpflichtet, Aenderungen seines Betriebes, welche für die Zugehörigkeit

zu einer Genossenschaft von Bedeutung sind, dem Genossenschaftsvorstande binnen einer durch das Statut festzusetzenden Frist anzuzeigen. Erachtet letzterer in Folge dieser Anzeige, oder ohne den Empfang einer solchen von Amtswegen die Ueberweisung des Betriebes an eine andere Genossenschaft für geboten, so theilt er dies unter Angabe der Gründe dem Betriebsunternehmer durch Vermittelung der unteren Verwaltungsbehörde und dem betheiligten Genossenschaftsvorstande mit. Sowohl der letztere, als auch der Betriebsunternehmer können innerhalb zwei Wochen gegen die Ueberweisung bei dem überweisenden Genossenschaftsvorstande Widerspruch erheben.

Wird innerhalb dieser Frist kein Widerspruch er- 2.
hoben, so erfolgt die Ab- beziehungsweise Zuschreibung des Betriebes in den Genossenschaftskatastern, sowie die Ausstellung eines anderweiten Mitgliedscheins für den Betriebsunternehmer.

Wird gegen die Ueberweisung Widerspruch erhoben, 3.
oder beansprucht der Vorstand einer dritten Genossenschaft unter dem Widerspruch des Betriebsunternehmers oder des Vorstandes der Genossenschaft, welcher der Betrieb bisher angehörte, die Ueberweisung des letzteren, so hat der Vorstand der Genossenschaft, welcher der Betrieb bisher angehört hat, die Entscheidung des Reichs-Versicherungsamts zu beantragen. Dasselbe entscheidet nach Anhörung des betheiligten Betriebsunternehmers sowie der Vorstände der betheiligten Genossenschaften.

4. Wird dem Ueberweisungsantrage stattgegeben, so tritt die Aenderung in der Zugehörigkeit zur Genossenschaft von dem Tage ab in Wirksamkeit, an welchem der Antrag dem betheiligten Genossenschaftsvorstande zugestellt ist.

*) Gilt nicht für die in Anm.*) zu § 9 erwähnten fiskalischen etc. Betriebe. § 3 A. G.

## Zu § 38.

1. Betriebsveränderungen müssen, um einen Wechsel in der Zugehörigkeit zur B.G. zu bedingen, dauernd sein; der Zustand eines Jahres wird hierzu meist nicht ausreichend sein, vgl. A. N. 89 S. 163. Eine anmeldepflichtige Betriebsveränderung liegt vor bei Einstellung des Betriebes, aber nicht bei zeitweisem, auch Jahre hindurch währendem Ruhen des Betriebes, ebensowenig bei Zahlungsunfähigkeit oder Konkurseröffnung.

2. Bei Betriebsveränderungen, welche einen Wechsel in der Zugehörigkeit zur B.G. zur Folge haben (§ 38), erfolgt der Uebertritt in die neue B.G. ohne Mitnahme von Rechten oder Lasten; bei der neuen B.G. aber tritt der überwiesene Betrieb in alle Rechte und Pflichten derselben ein. Vermögensüberweisungen oder Uebertragung von Renten auf die neue B.G. haben daher in Fällen dieser Art nicht stattzufinden. Vgl. A. N. 87 S. 378 sowie Anm. 1 zu § 32.

3. Strafvorschrift vgl. § 104.

4. An die Stelle des Reichs-Versicherungsamts tritt event. das Landes-Versicherungsamt, § 98.

## §. 39.*)

In Betreff der Anmeldung von Aenderungen in dem Betriebe, welche für dessen Einschätzung in den Gefahrentarif (§. 28) von Bedeutung sind, sowie in Betreff des weiteren Verfahrens hat das Genossenschaftsstatut Bestimmung zu treffen. Gegen den auf die Anmeldung der Aenderung oder von Amtswegen erfolgenden Bescheid des Genossenschaftsvorstandes oder des Ausschusses (§. 28) steht dem Betriebsunternehmer binnen einer Frist von zwei Wochen die Beschwerde an das Reichs-Versicherungsamt zu.

*) Gilt nicht für die in Anm.*) zu § 9 erwähnten fiskalischen etc. Betriebe. § 3 A. G.

## Zu § 39.

1. Strafbestimmung siehe in § 104.

2. An die Stelle des Reichsversicherungsamts tritt event. das Landes-Versicherungsamt, § 92.

## §. 40.*)

Binnen vier Wochen nach Ablauf des Rechnungs- 1.
jahres hat der Genossenschaftsvorstand ein Verzeichniß der beim Schlusse des Rechnungsjahres zur Genossenschaft gehörenden Mitglieder dem Reichs-Versicherungsamt nach einem von diesem vorzuschreibenden Formular einzureichen. Ein gleiches Verzeichniß ist binnen derselben Frist der höheren Verwaltungsbehörde, sowie jedem Mitgliede der Genossenschaft mitzutheilen.

Das Reichsversicherungsamt kann den Vorstand 2.
von diesen Verpflichtungen ganz oder theilweise entbinden.

*) Gilt nicht für die in Anm.*) zu § 9 erwähnten fiskalischen etc. Betriebe. § 3 A. G.

## Zu § 40.

An Stelle des Reichs-Versicherungsamts tritt event. das Landes-Versicherungsamt. Im Einverständniß mit den Landes-Zentralbehörden hat das Reichs-Versicherungsamt die unter seiner Aufsicht stehenden Berufsgenossenschaften von der Verpflichtung, diese Verzeichnisse dem R.V.A. oder den höheren Verwaltungsbehörden mitzutheilen, bis auf Weiteres entbunden (A. N. 88 S. 7). Jedoch muß in einzelnen Fällen jederzeit der Behörde Auskunft über die zur B.G. gehörenden Mitglieder ertheilt werden.

# IV. Vertretung der Arbeiter.

### Vertretung der Arbeiter.

§. 41.*)

1. Zum Zweck der Wahl von Beisitzern zum Schiedsgericht (§. 46), der Begutachtung der zur Verhütung von Unfällen zu erlassenden Vorschriften (§§. 78, 81) und der Theilnahme an der Wahl zweier nichtständiger Mitglieder des Reichs-Versicherungsamts (§. 87) werden für jede Genossenschaftssektion und, sofern die Genossenschaft nicht in Sektionen getheilt ist, für die Genossenschaft Vertreter der Arbeiter gewählt.

2. Die Zahl der Vertreter muß der Zahl der von den Betriebsunternehmern in den Vorstand der Sektion beziehungsweise der Genossenschaft gewählten Mitglieder gleich sein.

*) Für die den Berufsgenossenschaften nicht zugewiesenen fiskalischen etc. Betriebe (cf. Anm.* zu § 9) erleidet die Bestimmung des Abs. 2 bezüglich der Zahl der Vertreter der Arbeiter, und die Bestimmung des Abs. 1 insofern eine formelle Modifikation, als die Vertreter der Arbeiter für den Bezirk jeder Ausführungsbehörde gewählt werden. Vgl. § 5 A. G.

## Zu § 41.

1. Den Arbeitern sind wesentliche Funktionen bei der Verwaltung der Unfallversicherung eingeräumt. Sie sind berufen, durch erwählte Vertreter

a) die Hälfte der Beisitzer und Stellvertreter zu den Schiedsgerichten zu wählen (§§ 41, 46), dadurch auf die Festsetzung der zu gewährenden Entschädigungen einen wesentlichen

Einfluß zu üben (§ 62) und hierbei die Interessen der Versicherten und ihrer Hinterbliebenen zu wahren;

b) in demselben Umfang wie die Unternehmer (§ 41 Abs. 2, § 87 Abs. 3, § 93 Abs. 2) an der Zusammensetzung des Reichs- (Landes-) Versicherungsamts durch Wahl zweier nichtständiger Mitglieder desselben (nebst Stellvertretern) theilzunehmen und dadurch bei Handhabung der Aufsicht über die Berufsgenossenschaften in letzter Instanz thätig einzugreifen (§§ 88, 89);

c) in gleicher Zahl wie die Unternehmer (§ 41 Abs. 2, § 79) über Unfallverhütungsvorschriften zu berathen, zu beschließen und Gutachten abzugeben, sowohl bezüglich derjenigen, welche die Genossenschaften für ihren Bezirk oder Theile desselben beabsichtigen (§§ 78, 79), wie bezüglich derjenigen, welche die Landesbehörden erlassen wollen (§ 81), obwohl die letzteren bisher an ähnliche Beschränkungen nicht gebunden waren;

d) an den Unfalluntersuchungen (§§ 45, 53) theilzunehmen und dadurch auf die vollständige und richtige Feststellung der Entstehungsursache und der Bedeutung des Unfalls sowie auf die Ermittelung der Entschädigungsberechtigten eine Einwirkung zu üben.

Diese äußerst wichtigen Befugnisse sind (zu a bis c) durch **Vertreter der Arbeiter** bezw. (zu d) durch **Bevollmächtigte von Krankenkassen** auszuüben. Die Bestimmung der Vorlage, nach welcher diese Vertretung eine festorganisirte, unter eigenem aus ihrer Mitte gewählten Vorsitzenden, bei Unfallverhütungsvorschriften aber unter dem Vorsitz von Beamten beschließende Körperschaft (Arbeiterausschuß) bilden sollte, ist durch den Reichstag beseitigt worden.

Gewählt werden diese **Vertreter der Arbeiter und Bevollmächtigten** durch die Vorstände von Krankenkassen mit Ausschluß der in diesen Vorständen vertretenen Arbeitgeber. Für die Funktionen ad a bis c einerseits (Vertreter der Arbeiter, § 41) und für die Funktionen ad d andrerseits (Bevollmächtigte der Krankenkassen, § 45) finden besondere Wahlen statt. Wahlberechtigt sind für die Fälle des § 41 die im Bezirk der Sektion domizilirten Orts-, Betriebs- (Fabrik-), [Bau-, vgl. Anm. 2 zu § 42], Innungs- und Knappschaftskassen, für den Fall des § 45 auch Hülfskassen, in beiden Fällen aber nur dann, wenn ihnen mindestens 10 in der Sektion rc. versicherte Personen angehören.

Die für die ersteren drei Funktionen (§ 41) gewählten Vertreter der Arbeiter treten zur Wahl der Beisitzer des Schiedsgerichts nach Maßgabe des Regulativs (§§ 43, 47, Abs. 2), zur Wahl der Mitglieder des Reichs-Versicherungsamts nach Maßgabe der von dem Bundesrath zu treffenden Bestimmungen und unter Leitung des R.V.A. (§ 87) als Wahlkörper zusammen. Zur Berathung und Beschlußfassung bezw. zur Begutachtung der Unfallverhütungsvorschriften vereinigen sie sich mit den Genossenschaftsvorständen zu gemeinsamer Thätigkeit (§§ 79, 81). Zu den Unfalluntersuchungen (§ 45) wird der erwählte Bevollmächtigte geladen (§ 54).

Durch die ihnen hierdurch gesicherte ausgiebige Betheiligung an der Unfallversicherung „ist auch den Arbeitern eine zur positiven Mitarbeit an gemeinnützigen Aufgaben erziehende Selbstverwaltungsthätigkeit eröffnet worden" (Mot. S. 63).

2. In Knappschafts-Berufsgenossenschaften können durch das Statut Knappschaftsältesten die Funktionen der Vertreter der Arbeiter übertragen werden, § 94.

## §. 42.*)

Die Wahl erfolgt durch die Vorstände derjenigen Orts-, Betriebs- (Fabrik-) und Innungs-Krankenkassen, sowie derjenigen Knappschaftskassen, welche im Bezirke der Sektion beziehungsweise der Genossenschaft ihren Sitz haben und welchen mindestens zehn in den Betrieben der Genossenschaftsmitglieder beschäftigte versicherte Personen angehören, unter Ausschluß der Vertreter der Arbeitgeber. Wählbar sind nur männliche, großjährige, auf Grund dieses Gesetzes versicherungspflichtige Kassenmitglieder, welche in Betrieben der Genossenschaftsmitglieder und im Bezirke der Sektion beziehungsweise der Genossenschaft beschäftigt sind, sich im Besitze der bürgerlichen Ehrenrechte befinden und nicht durch richterliche Anordnung in der Verfügung über ihr Vermögen beschränkt sind.

*) Für Bauarbeiter modificirt durch §§ 35, 48 B.U.G. Vgl. Anm. 2.

## Zu §. 42.

1. Ueber die Gründe, welche dazu geführt haben, die (eingeschriebenen und auf Grund landesrechtlicher Vorschriften errichteten) Hülfskassen ohne Beitrittszwang (§ 75 K.V.G.) von der Wahlberechtigung auszuschließen, und darüber, daß auch die Gemeinde-Krankenversicherung nicht betheiligt ist, vgl. den Komment. d. Verf. (4. Aufl.) Anm. 2 zu § 42. Die „organische Gliederung" der Arbeiter, welche durch das Krankenversicherungsgesetz geschaffen worden ist, und die freie Wahl, aus welcher die Vorstände dieser organisirten Kassen hervorgegangen sind, bieten die geeigneten Grundlagen für die Bildung der Arbeitervertretung (vgl. Mot. S. 63).

Die Interessen der Mitglieder solcher Kasseneinrichtungen, welche an der Wahl nicht teilnehmen, werden durch die Arbeitervertreter nicht gewahrt.

2. Nach dem Bau-Unfallversicherungsgesetz vom 11. Juli 1887 sind in Baugewerks-Berufsgenossenschaften (und den entsprechenden Bezirken von Ausführungsbehörden für fiskalische 2c. Regiebauten) wahlberechtigt auch die Bau-Krankenkassen (§§ 69 fg. B.K.V.G.), wählbar nur dauernd beschäftigte Deutsche, welche im Uebrigen den Vorschriften des § 42 U.V.G. genügen.

3. Die Wahl erlischt, wenn bei den Gewählten die Voraussetzungen der Wählbarkeit fortfallen, vgl. Kommentar d. Verf., 4. Aufl., Anm. 9 zu § 42.

§. 43.*)

Die Vertheilung der Vertreter der Arbeiter auf örtlich abzugrenzende Theile der Genossenschaft wird mittelst eines Regulativs bestimmt, welches durch das Reichs-Versicherungsamt oder, sofern es sich um eine Genossenschaft oder Sektion handelt, welche über die Grenzen eines Landes nicht hinausgeht, durch die Landes-Zentralbehörde oder die von derselben zu bestimmende höhere Verwaltungsbehörde zu erlassen ist.

*) Für die den Berufsgenossenschaften nicht zugewiesenen fiskalischen etc. Betriebe (Anm.* zu § 9) ist § 43 insofern formell modificirt, als das Regulativ durch die für den Erlass der Ausführungsvorschriften zuständige Behörde zu erlassen ist. § 5 A. G.

## Zu § 43.

Vgl. das vom Reichs-Versicherungsamt erlassene Regulativ nebst Stimmzettel in A. N. 85 S. 244, sowie den Nachtrag dazu A. N. 91 S. 179. Das von dem Preuß. Handelsminister (als Landes-Zentralbehörde) für solche industriellen Genossenschaften oder Sektionen, die lediglich preußische Gebietstheile umfassen, erlassene revidirte Regulativ vom 23. Juni 1887 nebst Stimmzettel ist im Reichsanzeiger Nr. 10 v. 12./1. 88 (Beilage 1) publicirt und den höheren Verwaltungsbehörden, Schiedsgerichtsvorsitzenden und Krankenkassen mitgetheilt. Das Regulativ für die Knappschaftsberufsgenossenschaft siehe im Reichsanzeiger Nr. 265 für 1885.

§ 44.*)

1. Die Wahl der Vertreter der Arbeiter erfolgt nach näherer Bestimmung des Regulativs unter der Leitung eines Beauftragten derjenigen Behörde, von welcher das Regulativ erlassen worden ist.

2. Für jeden Vertreter sind ein erster und ein zweiter

Ersatzmann zu wählen, welche denselben in Behinderungsfällen zu ersetzen und im Falle des Ausscheidens für den Rest der Wahlperiode in der Reihenfolge ihrer Wahl einzutreten haben.

Die Wahl erfolgt auf vier Jahre. Alle zwei 3.
Jahre scheidet die Hälfte der Vertreter und Ersatzmänner aus. Die erstmalig Ausscheidenden werden durch das Loos bestimmt, demnächst entscheidet das Dienstalter. Die Ausscheidenden können wiedergewählt werden.

Die Vertreter erhalten aus der Genossenschaftskasse 4.
auf Anweisung des Genossenschaftsvorstandes nach den durch das Genossenschaftsstatut zu bestimmenden Sätzen Ersatz für nothwendige baare Auslagen und entgangenen Arbeitsverdienst. Gegen die Anweisung ist die Beschwerde an diejenige Behörde, welche das Regulativ erlassen hat (§. 43), zulässig. Dieselbe entscheidet endgültig.

*) Für die den Berufsgenossenschaften nicht zugewiesenen fiskalischen etc. Betriebe ist § 44 Abs. 4 insofern formell modificirt, als die Vergütungssätze für die Vertreter der Arbeiter durch das Regulativ (§ 43) festzusetzen sind. § 5 A. G.

## Zu § 44.

1. Als Beauftragte fungiren im Allg. die Schiedsgerichts-Vorsitzenden. Die Beauftragten des R.V.A. (für solche Genossenschafts- bezw. Sektionsbezirke, welche über das Gebiet eines Bundesstaates hinausreichen) genießen Portofreiheit, die Beauftragten der Landes-Zentralbehörde (für solche Bezirke, welche sich innerhalb der Grenzen eines Bundesstaates halten) nur insoweit, als die Bestimmungen über den Pauschbetrag der Behörde in Betracht kommen. Sendungen der Krankenkasse an die Beauftragten des R.V.A. in Wahlangelegenheiten sind portofrei, wenn sie als Reichsdienstsache bezeichnet und mit

einer Siegelmarke des R.V.A. verschlossen sind. Die erforderliche Schreibhülfe u. s. w. wird den Beauftragten der Landes-Zentralbehörde von den Provinzialregierungen zur Verfügung gestellt; die Beauftragten des R.V.A. haben ihre sächlichen oder persönlichen Kosten (Reisekosten und Tagegelder) bei dem R.V.A. oder, soweit sie bei den Wahlen der Schiedsgerichtsbeisitzer (§ 47) entstehen, bei der Genossenschaft (§ 50 Abs. 5) zur Erstattung zu liquidiren.

2. Als Beginn der Wahlperiode der Arbeitervertreter sind in Anlehnung an den Zeitpunkt des Inkrafttretens des U.V.G. in Preußen festgesetzt:

für den Geltungsbereich des U.V.G. und des § 1 Ziffer 1 A. G. der 1. Oktober 1885;

für den Geltungsbereich des § 1 Ziffer 2 bis 5 A. G. der 1. Oktober 1886;

für den Geltungsbereich des S.U.G. und des B.U.G. der 1. Oktober 1887, bei den für leistungsfähig erklärten Kommunalverbänden (§ 4 Ziffer 3 B.U.G.) aber der 1. Oktober desjenigen Kalenderjahres, in welchem die Leistungsfähigkeitserklärung erfolgt ist.

Diese Termine gelten auch für die Wahlperioden der Bevollmächtigten der Krankenkassen (§ 45). Bek. d. Preuß. H.M. v. 17. Oktober 1887.

## §. 45.*)

1. Die Vorstände der Krankenkassen und der Knappschaftskassen, welchen mindestens zehn in den Betrieben der Genossenschaftsmitglieder beschäftigte versicherte Personen angehören, wählen alle zwei Jahre aus der Zahl der Kassenmitglieder zum Zweck der Theilnahme an den Unfalluntersuchungen (§. 54) für den Bezirk einer oder mehrerer Ortspolizeibehörden je einen Bevollmächtigten und zwei Ersatzmänner, deren Name und Wohnort den betheiligten Ortspolizeibehörden mitzutheilen ist.

Die dem Vorstande der Kasse angehörenden Vertreter der Arbeitgeber nehmen an der Wahl nicht theil. 2.

*) Vgl. für Unfälle, die sich in Transportbetrieben auf der Fahrt ereignen, die Zusatzbestimmungen in § 13 A. G.

## Zu § 45.

1. Auch zur Theilnahme an den Unfalluntersuchungen (§ 54) sind Vertreter der Arbeiter berufen, vgl. Anm. 1 zu § 41. Es sind aber nicht dieselben Vertreter, welche die in den §§ 41, 46, 78, 87 erwähnten Funktionen wahrzunehmen haben und welche in der in den §§ 41 bis 44 erörterten Weise gewählt werden; es werden vielmehr besondere Vertreter (Bevollmächtigte der Krankenkassen) gewählt, deren Wahl in mehrfacher Beziehung von der Wahl der für die sonstigen Funktionen gewählten Vertreter abweicht. Die Abweichungen haben insbesondere in dem Bestreben ihren Grund, an diesen Verhandlungen, an welchen der Verletzte sowie seine Hinterbliebenen, außerdem aber auch die für die ersten dreizehn Wochen zur Fürsorge berufene Krankenkasse ein besonderes Interesse haben, solche Arbeiter zu betheiligen, welche die Verhältnisse, unter denen der Unfall sich ereignet hat, sowie die Lage der von dem Unfall betroffenen Personen aus eigener Erfahrung kennen und womöglich mit dem verunglückten Genossen Mitglieder einer und derselben Krankenkasse waren.

Die hauptsächlichsten Abweichungen bestehen darin, daß hier auch Hülfskassen wahlberechtigt sind, sofern sie in den Rahmen der durch das Krankenversicherungsgesetz geschaffenen organischen Gliederung, welche die Grundlage für die Vertretung der Arbeiter bildet, fallen, d. h. sofern sie die Bedingungen des § 75 K.V.G. erfüllen (A. N. 85 S. 289); daß jede an sich berechtigte Kasse für sich wählt und dieselben Bevollmächtigten für alle Berufsgenossenschaften, für welche sie wahlberechtigt ist (excl. Land- und Forstwirthschaft, vgl. v. Woedtke, Komm. z. landw. U.V.G., Anm. 9 zu § 59), bestimmen kann. — Vgl. im Uebrigen den Komm. d. Verf. 4. Aufl. Anm. 1 zu § 45.

2. Vgl Anm. 2 zu § 44.

## V. Schiedsgerichte.

**Schiedsgerichte.**

§. 46.*)

1. Für jeden Bezirk einer Berufsgenossenschaft oder, sofern dieselbe in Sektionen getheilt ist, einer Sektion, wird ein Schiedsgericht errichtet.

2. Der Bundesrath kann anordnen, daß statt eines Schiedsgerichts deren mehrere nach Bezirken gebildet werden.

3. Der Sitz des Schiedsgerichts wird von der Zentralbehörde des Bundesstaates, zu welchem der Bezirk desselben gehört, oder, sofern der Bezirk über die Grenzen eines Bundesstaates hinausgeht, im Einvernehmen mit den betheiligten Zentralbehörden von dem Reichs-Versicherungsamt bestimmt.

*) Die Bestimmung des Abs. 1 erleidet für die den Berufsgenossenschaften nicht zugewiesenen fiskalischen etc. Betriebe (vgl. Anm.*) zu § 9) dahin eine formelle Modifikation, dass die Schiedsgerichte für den Bezirk jeder Ausführungsbehörde zu errichten sind (§ 6 A. G.).

Für Baugewerks-B.G. vgl. Anm. 3 (§§ 36, 48 B.U.G.).

### Zu § 46.

1. Die Funktionen der Schiedsgerichte ergeben sich aus § 62; sie bilden die erste und mit Rücksicht auf die Untersuchung der thatsächlichen Verhältnisse besonders wichtige Berufungsinstanz bei Feststellung der Entschädigungen aus Anlaß eines Unfalles, sowohl was deren Höhe, als was den Entschädigungsanspruch im Prinzip (letzteres mit der Ausnahme des § 63 Abs. 2) anbetrifft, haben also ganz

besondere Bedeutung „für die verunglückten Arbeiter oder deren Hinterbliebene, um zu ihrem Rechte zu gelangen, wenn sie mit den Feststellungen der Genossenschaftsorgane nicht zufrieden sind" (Mot. S. 66).

Das Schiedsgericht hat den Charakter eines dauernd fungirenden Spezialgerichtshofs, nicht die Bedeutung eines auf Grund eines Schiedsvertrags für einen einzelnen Fall gebildeten Schiedsgerichts im Sinn der §§ 851 ff. der Civilprozeßordnung. Reichsbehörden, denen die Portofreiheit zustände, sind die Schiedsgerichte nicht, A. N. 86 S. 72.

2. Die Bezirke der Schiedsgerichte decken sich im Allg. mit den Bezirken der Genossenschaftssektionen und den Bezirken, für welche Vertreter der Arbeiter gewählt werden, schließen sich also enge an die Organisation der Genossenschaft selbst an, jedoch mit der Maßgabe, daß der Bundesrath die Vermehrung der Schiedsgerichte soweit anordnen kann, als das Bedürfniß (der leichten Erreichbarkeit der Schiedsgerichte) erfordert. „Namentlich bei den von den Genossenschaftsorganen gar nicht oder nur theilweise anerkannten Invaliditätsfällen werden die Arbeiter das größte Gewicht darauf legen, vor dem Schiedsgerichte ihre Sache persönlich zu vertreten und sich den Schiedsrichtern vorzustellen" (Mot. S. 66).

3. Die Zuständigkeit der Schiedsgerichte erstreckt sich innerhalb der Baugewerks-Berufsgenossenschaften auch auf Betriebsunfälle solcher Personen, welche in der Versicherungsanstalt (cf. Anm. 1 zu § 9) der betr. Baugewerks-B.G. versichert sind (§§ 36, 48 B U.G.).

4. Ueber die Bezirke und Sitze der Schiedsgerichte vgl. die Veröffentlichungen des R.V.A., citirt in Anm. zu § 15.

## §. 47.*)

Jedes Schiedsgericht besteht aus einem ständigen Vorsitzenden und aus vier Beisitzern. 1.

Der Vorsitzende wird aus der Zahl der öffentlichen Beamten, mit Ausschluß der Beamten derjenigen Be- 2.

triebe, welche unter dieses Gesetz fallen, von der Zentralbehörde des Landes, in welchem der Sitz des Schiedsgerichts belegen ist, ernannt. Für den Vorsitzenden ist in gleicher Weise ein Stellvertreter zu ernennen, welcher ihn in Behinderungsfällen vertritt.

3. Zwei Beisitzer werden von der Genossenschaft oder, sofern die Genossenschaft in Sektionen getheilt ist, von der betheiligten Sektion gewählt. Wählbar sind die stimmberechtigten Genossenschaftsmitglieder sowie die von denselben bevollmächtigten Leiter ihrer Betriebe, sofern sie weder dem Vorstande der Genossenschaft, noch dem Vorstande der Sektion, noch den Vertrauensmännern angehören und nicht durch richterliche Anordnung in der Verfügung über ihr Vermögen beschränkt sind.

4. Die beiden anderen Beisitzer werden nach näherer Bestimmung des Regulativs (§. 43) von den im §. 41 bezeichneten Vertretern der Arbeiter aus der Zahl der in den Betrieben der Genossenschaft beschäftigten, dem Arbeiterstande angehörenden versicherten Personen, welche den im §. 42 genannten Kassen angehören, gewählt.

5. Für jeden Beisitzer sind ein erster und ein zweiter Stellvertreter zu wählen, welche ihn in Behinderungsfällen zu vertreten haben.

6. Die Beisitzer und Stellvertreter werden auf vier Jahre gewählt. Alle zwei Jahre scheidet die Hälfte der Beisitzer und ihrer Stellvertreter aus. Die erstmalig Ausscheidenden werden durch das Loos bestimmt, demnächst entscheidet das Dienstalter. Scheidet ein Beisitzer

während der Wahlperiode aus, so treten für den Rest derselben die Stellvertreter in der Reihenfolge ihrer Wahl für ihn ein. Ausscheidende Beisitzer und Stellvertreter sind wieder wählbar.

*) Für die den Berufsgenossenschaften nicht zugewiesenen fiskalischen etc. Betriebe (Anm.* zu § 9) besteht die formelle Modifikation, dass die die Interessen des Arbeitgebers vertretenden Beisitzer (Abs. 3) von der Ausführungsbehörde ernannt werden, § 6 A. G.

Wegen der Schiedsgerichte für Bauarbeiter vgl. Anm. 2 (§§ 36, 48 B.U.G.)

## Zu § 47.

1. Für die Zusammensetzung des Schiedsgerichts ist der Gesichtspunkt maßgebend gewesen, daß vor Allem die Vertrauenswürdigkeit und Unparteilichkeit dieses Spezialgerichtshofes gesichert sein müsse. Die Beisitzer bestehen daher einerseits aus Vertretern der finanziell zur Tragung der Last verpflichteten Gesammtheit der Arbeitgeber (d. h. also bei Berufsgenossenschaften aus Vertretern der die Berufsgenossenschaft bildenden Betriebsunternehmern, § 9 U.V.G.; wo aber das Reich, ein Bundesstaat oder eine Kommunalverwaltung an die Stelle der B.G. getreten ist, aus Vertretern dieses anderweiten Trägers der Unfallversicherung, §§ 2, 6, A.G., §§ 4 Ziffer 2 und 3, 46, 47 B U.G.), andrerseits aus Vertretern der Arbeiter, beide in gleicher Anzahl (je 2); in gleicher Anzahl müssen diese Vertreter beider Kategorien von Interessenten an der Verhandlung und Entscheidung jedes einzelnen Falles theilnehmen, § 50. Jede aus der Betheiligung an früheren Stadien des Einzelfalls möglicherweise sich ergebende Voreingenommenheit oder Einwirkung soll ferngehalten werden; es dürfen daher die Beisitzer aus der Kategorie der Genossenschaftsmitglieder den Vorständen nicht angehören und nicht Vertrauensmänner sein. Eine besondere Verstärkung der Bürgschaften für die Unparteilichkeit und Selbständigkeit des Schiedsgerichts liegt endlich darin, daß der Vor-

sitzende von der höchsten Landesbehörde aus der Zahl der öffentlichen Beamten zu ernennen ist; dieser Umstand wiegt um so schwerer, als der Vorsitzende von der Genossenschaft eine Vergütung für seine Thätigkeit nicht erhalten darf, § 50. Scheidet der Vorsitzende aus seinem Hauptamt aus, so kann er trotzdem weiter Vorsitzender bleiben, wenn er nur die Beamteneigenschaft behalten hat.

2. Die Beisitzer aus dem Arbeiterstande müssen, um wählbar zu sein, dieselben Bedingungen erfüllen wie die sie wählenden Vertreter der Arbeiter (§ 42). Die Beisitzer müssen also, soweit es sich um Schiedsgerichte für Bauarbeiter handelt, insbesondere auch dauernd beschäftigte Deutsche sein (vgl. Anm. 2 zu § 42 und §§ 36, 48 B.U.G.). Außerdem besteht die besondere Vorschrift, daß die von den Vertretern der Arbeiter gewählten Beisitzer der Schiedsgerichte „dem Arbeiterstande angehören" müssen, also nicht Betriebsbeamte sein dürfen.

3. Ersatzwahlen für ausscheidende Beisitzer haben, solange Stellvertreter vorhanden sind, nicht stattzufinden, weil diese in die Stelle der ausgeschiedenen Beisitzer einrücken. Beisitzer scheiden auch dann während der Wahlperiode von Rechtswegen aus, wenn eins der Erfordernisse für ihre Wählbarkeit fortfällt.

4. Die Mitwirkung eines Beisitzers, der von Anfang an oder in Folge späteren Wegfalles der Wählbarkeit ungeeignet war, macht die Entscheidung des Schiedsgerichts nichtig, A. N. 92 S. 286. Die Schiedsgerichtsvorsitzenden sollen deshalb die persönlichen Verhältnisse der Beisitzer im Auge behalten, die Frage ihrer Befähigung von Amtswegen prüfen und behufs deren Feststellung, vorbehaltlich der Zuständigkeit des R.V.A. in Streitfällen (§ 89), nöthigenfalls das Weitere veranlassen. Die Vorstände und Vertrauensmänner sollen ihnen hierbei durch Mittheilung über etwaige Zweifel an der Befähigung der Beisitzer oder deren Fortdauer behülflich sein.

## §. 48.

Der Name und Wohnort des Vorsitzenden, sowie der Mitglieder des Schiedsgerichts und der Stellvertreter derselben ist von der Landes-Zentralbehörde (§. 47 Abs. 2) in dem zu deren amtlichen Veröffentlichungen bestimmten Blatte öffentlich bekannt zu machen.

## Zu § 48.

Derartige Bekanntmachungen erfolgen in Preußen durch den Reichs- und Staatsanzeiger. Nach den im Herbst 1887 und 1889 vollzogenen Neuwahlen der Schiedsgerichtsbeisitzer ist die Zusammensetzung der Schiedsgerichte in verschiedenen Nummern des Staatsanzeigers anderweit von Neuem veröffentlicht worden.

Die Namen und Wohnorte der Schiedsgerichtsvorsitzenden ergeben sich auch aus der in Anm. zu § 15 citirten Bekanntmachung des R.V.A. in A. N. 89 S. 197.

## §. 49.*)

Der Vorsitzende und dessen Stellvertreter, die Beisitzer und deren Stellvertreter sind mit Beziehung auf ihr Amt zu beeidigen. 1.

Auf das Amt der Beisitzer des Schiedsgerichts finden die Bestimmungen der §§. 24 Absatz 2 und 25 Anwendung. Die von den Versicherten gewählten Beisitzer erhalten nach den durch das Genossenschaftsstatut zu bestimmenden Sätzen Ersatz für den ihnen in Folge ihrer Theilnahme an den Verhandlungen entgangenen Arbeitsverdienst. Die Festsetzung des Ersatzes, sowie der baaren Auslagen erfolgt durch den Vorsitzenden. 2.

*) Die in Anm.*) zu § 44 erwähnte formelle Modifikation bez. der Vergütungen für die Vertreter der Arbeiter findet auch hier (Abs. 2) Anwendung. § 5 A. G.

3. Die Behörde, welche das im §. 43 vorgesehene Regulativ erlassen hat, ist berechtigt, die Uebernahme und die Wahrnehmung der Obliegenheiten des Amts eines Beisitzers oder Stellvertreters durch Geldstrafen bis zu fünfhundert Mark gegen die ohne gesetzlichen Grund sich Weigernden zu erzwingen. Die Geldstrafen fließen zur Genossenschaftskasse.

4. Verweigern die Gewählten gleichwohl ihre Dienstleistung, oder kommt eine Wahl nicht zu Stande, so hat, solange und soweit dies der Fall ist, die untere Verwaltungsbehörde, in deren Bezirk der Sitz des Schiedsgerichts belegen ist, die Beisitzer aus der Zahl der Arbeitgeber und Arbeitnehmer zu ernennen.

**Verfahren vor dem Schiedsgericht.**

## §. 50.

1. Der Vorsitzende beruft das Schiedsgericht und leitet die Verhandlungen desselben. Das Schiedsgericht ist befugt, denjenigen Theil des Betriebes, in welchem der Unfall vorgekommen ist, in Augenschein zu nehmen, sowie Zeugen und Sachverständige — auch eidlich — zu vernehmen.

2. Das Schiedsgericht ist nur beschlußfähig, wenn außer dem Vorsitzenden eine gleiche Anzahl von Arbeitgebern und Arbeitnehmern und zwar mindestens je einer als Beisitzer mitwirken.

Die Entscheidungen des Schiedsgerichts erfolgen nach Stimmenmehrheit. 3.

Im übrigen wird das Verfahren vor dem Schiedsgericht durch Kaiserliche Verordnung mit Zustimmung des Bundesraths geregelt†). 4.

Die Kosten des Schiedsgerichts, sowie die Kosten des Verfahrens vor demselben trägt die Genossenschaft. 5.

Dem Vorsitzenden des Schiedsgerichts und dessen Stellvertreter darf eine Vergütung von der Genossenschaft nicht gewährt werden. 6.

## Zu § 50.

1. Die von der B.G. zu tragenden „Kosten des Schiedsgerichts" im Sinne des Abs. 5 sind die Kosten der Gerichtshaltung und die gerichtlichen Kosten des Verfahrens. Ueber diese Kosten wird im Urtheil überhaupt nicht entschieden; das Gesetz selbst bestimmt unabänderlich, daß die B.G. sie zu tragen hat, A. N. 92 S. 165.

Zu den Kosten der Gerichtshaltung gehören die Kosten für die Beschaffung, Heizung und Reinigung der Sitzungsräume, für Schreibmaterial, Bücher und Schriftstücke, die Kosten der Wahl der Beisitzer aus dem Arbeiterstande und die den Beisitzern gemäß § 49 Abs. 2 zustehende Vergütung.

---

†) Kais. Verordnung vom 2. November 1885, betreffend das Verfahren vor den auf Grund des Unfallversicherungsgesetzes errichteten Schiedsgerichten (Reichs-Gesetzblatt S. 271). Dieselbe gilt auch für den Bereich der übrigen Unfallversicherungsgesetze. Sie ist im Anhang abgedruckt.

Zu den gerichtlichen Kosten des Verfahrens gehören die Kosten der Beweiserhebung, auch wenn sie vor der mündlichen Verhandlung von dem Vorsitzenden veranlaßt ist, ferner die dem Berufungskläger durch sein Erscheinen vor dem Schiedsgericht erwachsenen Kosten dann, wenn er auf ausdrückliche richterliche Anordnung erschienen ist (A. N. 90 S. 485), ferner die Kosten einer vom Gericht angeordneten Verweisung des Verletzten in ein Krankenhaus einschließlich des während des Kuraufenthaltes ihm entgangenen Arbeitsverdienstes (A. N. 93 S. 158; 95 S. 262).

2. Im Gegensatz zu den gerichtlichen Kosten des Verfahrens (§ 50 Abs. 5) stehen die den Parteien in Folge des Rechtsstreits erwachsenden außergerichtlichen Kosten des Verfahrens (persönliche Reisekosten, sofern das Erscheinen nicht vom Gericht ausdrücklich angeordnet worden war, Vertretungskosten u. s. w.). Diese trägt im Allgemeinen jeder Betheiligte selbst; sie dürfen aber nach § 18 V. vom 2. 11. 85 (R.G.Bl. S. 279) auf Antrag dem Unterliegenden zur Erstattung auferlegt werden, soweit ihre Aufwendung zur zweckentsprechenden Rechtswahrung nothwendig erschien. Dabei findet die Gebührenordnung für Rechtsanwälte keine Anwendung; die Gebühren eines Anwalts sind vom Schiedsgericht nach freiem Ermessen festzusetzen (in der Regel 5 bis 10 Mk., selten mehr als 20 Mk. für jede Instanz, A. N. 95 S. 263).

Ueber den Betrag der zu erstattenden Kosten soll vom Schiedsgericht selbst im Haupturtheil erkannt werden; nur ausnahmsweise soll es zulässig sein, daß das Schiedsgericht die Erstattungspflicht nur im Prinzip ausspricht. In letzterem Fall steht die Festsetzung des Betrages dem Vorsitzenden zu, vorbehaltlich der Beschwerde an das Kollegium.

Die Entscheidung des Gerichts über den Kostenpunkt kann nur in Verbindung mit der Hauptsache, nicht durch selbständige Beschwerde, im Wege des Rekurses angefochten werden, A. N. 87 S. 134.

# VI. Feststellung und Auszahlung der Entschädigungen.

### Anzeige und Untersuchung der Unfälle.

§. 51.*)

Von jedem in einem versicherten Betriebe vorkommenden Unfall, durch welchen eine in demselben beschäftigte Person getödtet wird oder eine Körperverletzung erleidet, welche eine Arbeitsunfähigkeit von mehr als drei Tagen oder den Tod zur Folge hat, ist von dem Betriebsunternehmer bei der Ortspolizeibehörde schriftliche Anzeige zu erstatten. 1.

Dieselbe muß binnen zwei Tagen nach dem Tage erfolgen, an welchem der Betriebsunternehmer von dem Unfall Kenntniß erlangt hat. 2.

Für den Betriebsunternehmer kann derjenige, welcher zur Zeit des Unfalls den Betrieb oder den Betriebstheil, in welchem sich der Unfall ereignete, zu leiten hatte, die Anzeige erstatten; im Falle der Abwesenheit oder Behinderung des Betriebsunternehmers ist er dazu verpflichtet. 3.

Das Formular für die Anzeige wird vom Reichs-Versicherungsamt festgestellt†). 4.

Die Vorstände der unter Reichs- oder Staatsverwaltung stehenden Betriebe haben die im Absatz 1 vor- 5.

---

†) **Neues Formular vom 1./2. 94 A. N. S. 123 ist im Anhang abgedruckt.**

geschriebene Anzeige der vorgesetzten Dienstbehörde nach näherer Anweisung derselben zu erstatten.

*) § 51 hat für die in dem Ausdehnungsgesetz bezeichneten Transportbetriebe Zusätze erfahren. § 13 A. G.

## Zu § 51.

1. Die §§ 51, 52 regeln das Unfallmeldewesen, die §§ 53—56 die polizeiliche Untersuchung der Unfälle.

2. „Für die einfache und sichere Feststellung der den Betheiligten aus der Unfallversicherung erwachsenden Entschädigungsansprüche ist es wichtig, daß die einzelnen Unfälle, welche einen Entschädigungsanspruch zur Folge haben, nicht erst durch die Erhebung des letzteren, sondern sobald als thunlich zur Kenntniß der Organe der Genossenschaft gelangen. Das Unfallmeldewesen hat außerdem nicht nur das statistische Material zu schaffen, welches für die fortschreitende Vervollkommnung der Eintheilung der Betriebe in Gefahrenklassen von Werth ist, sondern auch den Genossenschaftsvorständen und den Gewerbeaufsichtsbehörden die Kenntniß der Unfallursachen zu vermitteln, deren sie für ihre auf Verminderung der Unfälle gerichtete Thätigkeit bedürfen" (Mot. S. 67). Aus diesem Grunde sind alle Unfälle zu melden, „ohne Rücksicht darauf, ob die Entschädigung voraussichtlich von den Krankenkassen (der Gemeinde-Krankenversicherung) zu leisten oder nach diesem Gesetz zu behandeln sein wird" (Mot. S. 67); ausgenommen sind nur die ganz geringfügigen Verletzungen (mit Arbeitsunfähigkeit bis zu höchstens drei Tagen), weil dieselben im Verhältniß zu ihrer Bedeutung zu viel Schreibwesen verursachen würden. Ob ein Unfall nur so geringfügige Folgen haben wird, daß er nicht zu melden ist, wird in der Praxis kaum zu Zweifeln Anlaß geben: sollten solche Zweifel entstehen, so ist die Anmeldung zu rathen, schon wegen der Strafbestimmung in § 104.

3. In den Statuten der Berufsgenossenschaften ist den Unternehmern bei Vermeidung von Ordnungsstrafen die Verpflichtung auferlegt, Abschrift der an die Ortspolizeibehörde erstatteten Unfallanzeigen an den Genossenschaftsvorstand einzureichen.

4. Eine besondere Unfallstatistik auf Grund besonderer Meldekarten wird, nachdem sie erstmalig für das Jahr 1887 erhoben worden war, gegenwärtig wiederum aufgemacht.

## §. 52.

Die Ortspolizeibehörden, im Falle des §. 51 Absatz 5 die Betriebsvorstände, haben über die zur Anzeige gelangenden Unfälle ein Unfallverzeichniß †) zu führen.

## §. 53.*)

Jeder zur Anzeige gelangende Unfall, durch welchen eine versicherte Person getödtet ist oder eine Körperverletzung erlitten hat, die voraussichtlich den Tod oder eine Erwerbsunfähigkeit von mehr als dreizehn Wochen zur Folge haben wird, ist von der Ortspolizeibehörde sobald wie möglich einer Untersuchung zu unterziehen, durch welche festzustellen sind:

1. die Veranlassung und Art des Unfalls,
2. die getödteten oder verletzten Personen,
3. die Art der vorgekommenen Verletzungen,
4. der Verbleib der verletzten Personen,
5. die Hinterbliebenen der durch den Unfall getödteten Person, welche nach §. 6 dieses Gesetzes einen Entschädigungsanspruch erheben können.

*) Für die im Ausdehnungsgesetz bezeichneten Transportbetriebe vgl. den Zusatz zu diesem § im § 13 A. G.

†) Für das Unfallverzeichniss sind von den Landesregierungen nach Benehmen mit dem Reichs-Versicherungsamt im Wesentlichen übereinstimmende Formulare und Vorschriften erlassen worden. Vgl. für Preussen die Bekanntmachung vom 7. November 1885 (Reichs-Anzeiger für 1885 Nr. 266 I. Beilage). S. Anh.

## Zu § 53.

1. Für Unfälle, welche weder den Tod, noch eine (gänzliche oder theilweise) Erwerbsunfähigkeit von mehr als 13 Wochen (voraussichtlich) zur Folge haben werden — welche aber gleichwohl angemeldet werden müssen, § 51 — erfordert dies Gesetz die polizeiliche Untersuchung nicht, da die Unfallversicherung bei derartigen geringfügigen Verletzungen nicht betheiligt ist. Zu melden sind also fast alle Unfälle, polizeilich zu untersuchen nur diejenigen, welche das Eintreten der Berufsgenossenschaften herbeiführen werden. Um aber ein Urtheil darüber zu gewinnen, ob der Unfall voraussichtlich den Tod oder eine Erwerbsunfähigkeit von mehr als 13 Wochen zur Folge haben wird, ist der Verlauf der Sache, auf welchen die Anzeige des Unternehmers sich nicht zu erstrecken hat, von der Ortspolizeibehörde von Amtswegen und selbständig im Auge zu behalten. Für Preußen ist dies direkt vorgeschrieben. (Bek. v. 7. November 1885, s. Zusatz zu § 52.)

2. Die Ortspolizeibehörden haben nach eigenem Ermessen zu prüfen, ob im einzelnen Fall die Voraussetzungen gegeben sind, unter welchen das Gesetz die Einleitung und Durchführung der Untersuchung der Ortspolizeibehörde zur Pflicht macht, A. N. 87 S. 52. Die Erstattung der Unfallanzeige ist nicht eine nothwendige Voraussetzung für das Eingreifen der Behörde. Durch die Untersuchung soll der volle thatsächliche Sachverhalt dargelegt werden.

3. Die Kosten einer Untersuchung im Rahmen des § 53 einschl. der Gebühren für Zeugen und Aerzte sowie der Kosten für die Beschaffung von Geburtsurkunden u. s. w. behufs Feststellung der Hinterbliebenen (vgl jedoch § 102) fallen der Polizeibehörde zur Last, auch wenn es sich um Maßnahmen handelt, die seitens der B.G. angeregt worden sind. Nur dann, wenn die B.G. bestimmte Anträge stellt und deren Berücksichtigung beansprucht, hat sie die hieraus erwachsenden Kosten zu tragen. Die Genossenschaftsvertreter sollen zur Vermeidung von Zweifeln klar zum Ausdruck bringen, ob sie die Vornahme einer Handlung gemäß § 53

auf Kosten der Polizeibehörde erwarten oder aber auf Kosten der B.G. begehren, A. N. 87 S. 336.

§. 54.*)

An den Untersuchungsverhandlungen können theil- 1.
nehmen: Vertreter der Genossenschaft, der von dem Vorstande der Krankenkasse, welcher der Getödtete oder Verletzte zur Zeit des Unfalls angehört hat, gewählte Bevollmächtigte (§. 45), sowie der Betriebsunternehmer, letzterer entweder in Person oder durch einen Vertreter. Zu diesem Zweck ist dem Genossenschaftsvorstande, dem Bevollmächtigten der Krankenkasse und dem Betriebsunternehmer von der Einleitung der Untersuchung rechtzeitig Kenntniß zu geben. Ist die Genossenschaft in Sektionen getheilt, oder sind von der Genossenschaft Vertrauensmänner bestellt, so ist die Mittheilung von der Einleitung der Untersuchung an den Sektionsvorstand beziehungsweise an den Vertrauensmann zu richten.

Außerdem sind, soweit thunlich, die sonstigen Be- 2.
theiligten und auf Antrag und Kosten der Genossenschaft Sachverständige zuzuziehen.

*) Für die im Ausdehnungsgesetz bezeichneten Transportbetriebe vgl. die Zusätze zu diesem § im § 13 A. G.

## Zu § 54.

1. In den Kommissionsverhandlungen ist konstatirt, daß regelmäßig auch der Verletzte oder seine Hinterbliebenen zugezogen werden sollen (Komm.-Bericht S. 43). Ob dieselben der hiernach an sie zu erlassenden Ladung Folge leisten oder Folge leisten können, ist ohne Belang.

2. Die Mittheilung von der Einleitung der Untersuchung ist immer nur an ein, und zwar an dasjenige Genossenschaftsorgan zu

richten, welches der Behörde am nächsten ist. „Welche Folge die benachrichtigte Stelle der ihr von Seiten der Ortspolizeibehörde zugehenden Mittheilung zu geben hat, wird sie nach der inneren Verfassung der Genossenschaft zu ermessen haben“ (Mot. S. 69).

## §. 55.*)

1. Dem Bevollmächtigten der Krankenkasse, welcher an der Untersuchung des Unfalls theilgenommen hat, wird nach den durch das Genossenschaftsstatut zu bestimmenden Sätzen für den entgangenen Arbeitsverdienst Ersatz geleistet. Die Festsetzung erfolgt durch die Ortspolizeibehörde.

2. Von dem über die Untersuchung aufgenommenen Protokolle, sowie von den sonstigen Untersuchungsverhandlungen ist den Betheiligten auf ihren Antrag Einsicht und gegen Erstattung der Schreibgebühren Abschrift zu ertheilen.

*) Die in Anm. *) zu § 44 erwähnte formelle Modifikation bez. der Vergütungen für die Vertreter der Arbeiter findet auch hier (Abs. 1) Anwendung. § 5 A. G.

## Zu § 55.

Bei den Unfalluntersuchungen erhält der Bevollmächtigte der Krankenkasse (§ 45) aus der Genossenschaftskasse nur die durch das Statut (bezw. das Regulativ, § 5 A. G.) festgesetzte Vergütung für den entgangenen Arbeitsverdienst, nicht aber auch Ersatz der baaren Auslagen (Reisegelder, Zehrgelder ꝛc.). Der Grund für diese einschränkende Bestimmung liegt darin, daß die Krankenkassen genöthigt werden sollen, solche Personen zu Bevollmächtigten zu bestellen, die am Ort des Unfalls oder in möglichster Nähe desselben ihren Wohnsitz haben und denen demgemäß die persönlichen Verhältnisse des Verletzten und seiner Hinterbliebenen, sowie die technischen

Einrichtungen desjenigen Betriebes, in welchem der Unfall sich ereignet hat, bekannt sind. Außerdem aber soll auch ein gewerbsmäßiges Umherreisen vermieden werden, vgl. Komm.-Ber. S. 44. Vgl. auch Anm. zu § 45.

## §. 56.

Bei den im §. 51 Absatz 5 bezeichneten Betrieben bestimmt die vorgesetzte Dienstbehörde diejenige Behörde, welche die Untersuchung nach den Bestimmungen der §§. 53 bis 55 vorzunehmen und die Vergütung für den Bevollmächtigten der Krankenkasse (§. 45) festzusetzen hat.

### Entscheidung der Vorstände.

## §. 57.*)

Die Feststellung der Entschädigungen für die durch 1.
Unfall verletzten Versicherten und für die Hinterbliebenen der durch Unfall getödteten Versicherten erfolgt

1. sofern die Genossenschaft in Sektionen eingetheilt ist, durch den Vorstand der Sektion, wenn es sich handelt
   a) um den Ersatz der Kosten des Heilverfahrens,
   b) um die für die Dauer einer voraussichtlich vorübergehenden Erwerbsunfähigkeit zu gewährende Rente,
   c) um den Ersatz der Beerdigungskosten;
2. in allen übrigen Fällen durch den Vorstand der Genossenschaft.

Das Genossenschaftsstatut kann bestimmen, daß die 2.
Feststellung der Entschädigungen in den Fällen der

Ziffer 1 und 2 durch einen Ausschuß des Sektionsvorstandes oder durch eine besondere Kommission oder durch örtliche Beauftragte (Vertrauensmänner) und in den Fällen der Ziffer 2 auch durch den Sektionsvorstand oder durch einen Ausschuß des Genossenschaftsvorstandes zu bewirken ist.

3. Vor der Feststellung der Entschädigung ist dem Entschädigungsberechtigten durch Mittheilung der Unterlagen, auf Grund deren dieselbe zu bemessen ist, Gelegenheit zu geben, sich binnen einer Frist von einer Woche zu äußern.

*) Abs. 1, 2 sind für die einer Berufsgenossenschaft nicht zugewiesenen fiskalischen etc. Betriebe (Anm. * zu § 9) durch die besondere Bestimmung des § 7 A. G. ersetzt. Vgl. auch § 47 B.U.G.

## Zu § 57.

1. Nur wenn die Folgen der Verletzung derart sind, daß die Berufsgenossenschaften einzutreten haben, also nur, wenn der Tod oder eine (gänzliche oder theilweise) Erwerbsunfähigkeit von mehr als 13 Wochen eintritt, haben die Genossenschaftsorgane Entschädigungen festzusetzen. Anderenfalls ist der Verletzte auf seine Krankenkasse angewiesen, § 5.

2. „Die Feststellung der Entschädigungen soll ohne weiteren Antrag der Berechtigten durch die dazu berufenen Organe der Genossenschaften von Amtswegen eingeleitet werden, und zwar unverzüglich, sobald die Thatsachen, welche die Art und den Umfang des Entschädigungsanspruchs bedingen, feststehen (§ 58). Für diese Feststellung bieten die nach §§ 53 und 54 vorgenommenen Unfall-Untersuchungen werthvolle Grundlagen; soweit diese der Ergänzung bedürfen, können die Organe anderer Genossenschaften oder die Polizeibehörden wegen Vornahme der erforderlichen Ermittelungen in Anspruch genommen werden (§ 98). Aber eine

wesentliche oder nothwendige Voraussetzung für die Erlassung des Feststellungsbescheides oder eine nothwendige Erkenntnißquelle für die Beurtheilung des Unfalls und der Entschädigungspflicht bilden jene polizeilichen Verhandlungen nicht; die Organe der B.G. sind vielmehr sowohl berechtigt wie verpflichtet, ihrerseits die Festsetzungsverhandlungen einzuleiten, sobald die hierfür maßgebenden Thatsachen feststehen, auch wenn jene polizeilichen Verhandlungen noch nicht eingeleitet oder noch nicht abgeschlossen sein sollten.

3. „Der § 57 weist die Feststellung der Entschädigung in den weniger wichtigen und eiligeren Fällen den Sektionsvorständen, in den übrigen Fällen den Genossenschaftsvorständen zu. Dies entspricht dem Aufbau der Organisation auch für den Fall, wenn durch das Statut ein Theil der Last den Sektionen übertragen wird (§ 29). Dabei ist indessen der Genossenschaft unbenommen, durch das Statut die Feststellung der Entschädigungen je nach den besonderen Verhältnissen der Genossenschaft auch anderweitig zu regeln" (Mot. S. 69).

4. Man beachte: die Feststellung des Unfalls, welcher das Eintreten der Berufsgenossenschaft zur Folge hat, die Feststellung seiner Ursachen sowie die Ermittelung der entschädigungsberechtigten Personen erfolgt nach § 53 durch die Behörden nach Eintritt des Unfalls „sobald wie möglich". Die Feststellung der von der Berufsgenossenschaft zu leistenden Entschädigung erfolgt dagegen nach §§ 57, 58 durch die Organe der Genossenschaft „sofort" bezw. „sobald als möglich", wenn auch zunächst nur vorläufig (§ 58 Abs. 4). Bei allen vor die Genossenschaft gelangenden, in einem derselben zugehörigen Betriebe sich ereignenden Unfällen hat dann das zuständige Genossenschaftsorgan den in § 60 Abs. 3, § 61, § 62 Abs. 3 vorgeschriebenen formellen Bescheid zu erlassen und darin entweder die Entschädigung unter Begründung abzulehnen, oder die Höhe der Entschädigung festzusetzen. Der Bescheid muß den Bestimmungen des § 62 Abs. 3 genügen. Vgl. A. N. 86 S. 125, 87 S. 28 sowie Anm. 2 zu § 59. Das zuständige Genossenschaftsorgan hat die Rente vorbehaltlich etwaiger Abänderung gemäß

§ 65 „bis auf Weiteres" zu gewähren; eine Beschränkung auf bestimmte Zeit kann höchstens dann zugelassen werden, wenn der Endtermin zweifellos oder sonst kalendermäßig feststeht (z. B. Vollendung des 15. Jahres eines renteberechtigten Kindes). Vgl. Näheres, insbesondere auch wegen der auf „voraussichtlich vorübergehende" Erwerbsunfähigkeit beschränkten Zuständigkeit von Sektionsvorständen, im Kommentar d. Verf. 4. Aufl. Anm. 2, 4, 7 zu § 57. Entstehen im konkreten Fall zwischen den einzelnen Organen einer an sich unstreitig zuständigen B.G. Kompetenzstreitigkeiten, so darf die Entscheidung nicht formell abgelehnt, sondern muß der nächstvorgesetzten Stelle, im Allg. also dem Genossenschaftsvorstande, übertragen werden. (R.V.A.)

## §. 58.

1. Sind versicherte Personen in Folge des Unfalls getödtet, so haben die im §. 57 bezeichneten Genossenschaftsorgane sofort nach Abschluß der Untersuchung (§§. 53 bis 56) oder, falls der Tod erst später eintritt, sobald sie von demselben Kenntniß erlangt haben, die Feststellung der Entschädigung vorzunehmen.

2. Sind versicherte Personen in Folge des Unfalls körperlich verletzt, so ist sobald als möglich die ihnen zu gewährende Entschädigung festzustellen.

3. Für diejenigen verletzten Personen, für welche noch nach Ablauf von dreizehn Wochen eine weitere ärztliche Behandlung behufs Heilung der erlittenen Verletzungen nothwendig ist, hat sich die Feststellung zunächst mindestens auf die bis zur Beendigung des Heilverfahrens zu leistenden Entschädigungen zu erstrecken. Die weitere Entschädigung ist, sofern deren Feststellung früher nicht

möglich ist, nach Beendigung des Heilverfahrens unverzüglich zu bewirken.

In den Fällen des Absatzes 2 und 3 ist bis zur 4.
definitiven Feststellung der Entschädigung noch vor Beendigung des Heilverfahrens vorläufig eine Entschädigung zuzubilligen.

## Zu § 58.

1. Ueber die Zuständigkeit der einzelnen B.G. zur Feststellung von Unfallrenten bezw. über die Verpflichtung derselben zu dieser Feststellung vgl. Anm. 1 zu § 34, Anm. 3 zu § 37.

2. „Vorläufige" Zubilligung einer Entschädigung (Abs. 4) kann durch Rechtsmittel nicht angefochten werden, weil derartige Festsetzungen keine „Bescheide" im Sinne § 61 sind und nur gegen die letzteren die in diesem Gesetze vorgesehenen Rechtsmittel gegeben sind. (A. N. 87 S. 357.)

## §. 59.*)

Entschädigungsberechtigten, für welche die Entschä- 1.
digung nicht von Amtswegen festgestellt ist, haben ihren Entschädigungsanspruch bei Vermeidung des Ausschlusses vor Ablauf von zwei Jahren nach dem Eintritt des Unfalls bei dem zuständigen Vorstande anzumelden.

Nach Ablauf dieser Frist ist der Anmeldung nur 2.
dann Folge zu geben, wenn zugleich glaubhaft bescheinigt wird, daß die Folgen des Unfalls erst später bemerkbar geworden sind oder daß der Entschädigungsberechtigte von der Verfolgung seines Anspruchs durch außerhalb seines Willens liegende Verhältnisse abgehalten worden ist.

3. Wird der angemeldete Entschädigungsanspruch anerkannt, so ist die Höhe der Entschädigung sofort festzustellen; anderenfalls ist der Entschädigungsanspruch durch schriftlichen Bescheid abzulehnen.

4. Ereignete sich der Unfall, in Folge dessen der Entschädigungsanspruch erhoben wird, in einem Betriebe, für welchen ein Mitgliedschein von einer Genossenschaft nicht ertheilt war, so hat die Anmeldung des Entschädigungsanspruchs bei der unteren Verwaltungsbehörde zu erfolgen, in deren Bezirk der Betrieb belegen ist. Dieselbe hat den Entschädigungsanspruch mittelst Bescheides zurückzuweisen, wenn sie den Betrieb, in welchem der Unfall sich ereignet hat, für nicht unter den §. 1 fallend erachtet; anderenfalls hat sie die Feststellung der Genossenschaft, welcher der Betrieb angehört, nach Maßgabe der §§. 34 bis 37 herbeizuführen, und, nachdem diese Feststellung erfolgt ist, den angemeldeten Entschädigungsanspruch dem zuständigen Vorstande zur weiteren Veranlassung zu überweisen, auch dem Entschädigungsberechtigten hiervon schriftlich Nachricht zu geben.

*) Abs. 4 gilt nicht für die einer Berufsgenossenschaft nicht zugewiesenen fiskalischen etc. Betriebe (Anm.*) zu § 9), § 8 A. G., ebensowenig für Betriebsunfälle bei Bauarbeiten, §§ 37, 48 B.U.G.

## Zu § 59.

1. In der Regel müssen die Entschädigungen von Amtswegen festgestellt werden (Anm. 2 zu § 57). Die Fälle, in welchen ein Entschädigungsverfahren nicht von Amtswegen eingeleitet wird, bilden fortan nur seltene Ausnahmen (vgl. den Komm. d. Verf. Anm. 1 zu § 59). Auch in diesen Ausnahmefällen muß die Sache in absehbarer Zeit endgültig erledigt, die Berufsgenossenschaft gegen

frivole Ansprüche, die ja kostenlos erhoben werden können, geschützt werden. Es sollen daher aus Anlaß eines Unfalls Entschädigungsansprüche, die nicht von Amtswegen erledigt sind, im Allgemeinen nur noch binnen zwei Jahren nach dem Eintritt des Unfalls oder nach dem späteren Eintritt des Todes (§ 65) zulässig sein. Um nun aber denjenigen Personen, welche ohne ihre Schuld diese Frist haben verstreichen lassen, die Möglichkeit des Ersatzes nicht schlechtweg abzuschneiden, ist auch nach Ablauf jener zwei Jahre die Erhebung von Schadensansprüchen, aber doch nur dann für zulässig erklärt, wenn sich von vornherein erkennen läßt, daß der Anspruch nicht ohne Begründung ist oder daß die Verspätung dem Antragsteller nicht zur Last fällt. Es soll daher nach Ablauf von 2 Jahren ein Anspruch nur dann noch Berücksichtigung finden, wenn gleich bei Erhebung desselben glaubhafte Bescheinigungen beigebracht werden, und zwar:

a) entweder darüber, daß der Entschädigungsberechtigte an der Geltendmachung seiner Ansprüche durch außerhalb seines Willens liegende Verhältnisse verhindert worden ist (dahin gehören zwar nicht Rechtsunkenntniß oder ähnliche, in der Person des Verletzten bestehende Schwierigkeiten, wohl aber unter Umständen unrichtige Rechtsbelehrungen von Behörden oder sonst berufenen Stellen, sowie Rechtsunkenntniß berufener Richter, A. N. 91 S. 149; 96 S. 288);

b) oder darüber, daß die Verletzung mit einem Betriebsunfall ursächlichen Zusammenhang hat und erst nach Ablauf der 2 Jahre als Folge des Unfalls erkennbar geworden ist.

In letzterem Falle muß also gleich bei Anmeldung des Anspruchs dasjenige wahrscheinlich gemacht werden, was sonst erst in dem Verfahren zu erörtern ist. Die B.G. darf auf den Einwand der Verjährung verzichten; der Ablauf der Frist ist nicht von Amtswegen zu berücksichtigen, A. N. 91 S. 150.

Die bloße Unfallanzeige (§ 51) wahrt den Anspruch ebensowenig, wie die bloße Mittheilung des Unfalls an den vorgesetzten Beamten. Es muß vielmehr eine wirkliche Anmeldung eines Entschädigungsanspruchs durch den Verletzten oder auf seine Veranlassung vorliegen, A. N. 93 S. 178.

2. Für rechtzeitig angemeldete Ansprüche oder von Amtswegen eingeleitete, aber nicht abgeschlossene Verhandlungen gilt weder die hier gegebene, noch eine sonstige privatrechtliche Verjährungsfrist, A. N. 93 S. 177, 179.

3. Auch für die Fälle des Abs. 4 besteht die „für alle nicht von Amtswegen geprüften (bez. festgestellten) Ansprüche geltende Präklusivfrist" von 2 Jahren, vgl. Mot. S. 70. Das Verfahren nach Abs. 4 ist ein nur aushülfsweises; es gilt, wie der Wortlaut besagt, nur für diejenigen Fälle, in welchen für den Betrieb, in dem der Unfall sich ereignete, ein Mitgliedschein nicht ertheilt war und (nach R.V.A.) die B.G. auch nicht verpflichtet war, einen solchen zu ertheilen, also nur dann, wenn die Versicherungspflicht des betr. Betriebes in Zweifel gezogen wird. In allen anderen Fällen muß die Genossenschaft selbst einen berufungsfähigen Bescheid ertheilen. Vgl. Anm. 4 zu § 57.

4. Da nach dem Inkrafttreten des Bauunfallgesetzes Bauarbeiten aller Art versicherungspflichtig sind und entweder bei einer territorialen Hochbau-B.G. (Baugewerks-B.G.), oder bei der Tiefbau-B.G., oder bei den diesen angehängten Versicherungsanstalten, oder als Theile eines anderen versicherten Betriebes versichert sind (vgl. Anm. 6 zu § 1), so wird bei Bauarbeiten der Fall des Abs. 4 künftig nicht mehr vorkommen. Es kann sich dann nur noch um die Frage handeln, welche dieser Stellen im konkreten Fall entschädigungspflichtig ist; und diese Frage ist schon auf Grund der Bestimmungen der Absätze 1 und 3 zu entscheiden. Für Unfälle bei Bauarbeiten ist deshalb § 59 Abs. 4 durch §§ 37, 48 B.U.G. außer Kraft gesetzt.

## §. 60.*)

**Die Mitglieder der Genossenschaften sind verpflichtet, auf Erfordern der Behörden und Vorstände (Vertrauensmänner) (§. 57) binnen einer Woche diejenigen Lohn- und Gehaltsnachweisungen zu liefern, welche zur Feststellung der Entschädigungen erforderlich sind.**

*) Gilt nicht für die in Anm.*) zu § 9 erwähnten fiskalischen etc. Betriebe, § 3 A. G. Die in § 60 begründete Verpflichtung haben auch die Unternehmer von Regiebauten, §§ 37, 48 B.U.G.

## Zu § 60.

Ungehorsam ist strafbar nach § 104 Abs. 1; unrichtige Angaben sind straffällig nach § 103 Nr. 1. Ueber die Befugnisse der Vorstände zur Kontrole der Angaben vgl. § 82.

## §. 61.

**Ueber die Feststellung der Entschädigung hat der Vorstand (Ausschuß, Vertrauensmann), welcher dieselbe vorgenommen hat, dem Entschädigungsberechtigten einen schriftlichen Bescheid zu ertheilen, aus welchem die Höhe der Entschädigung und die Art ihrer Berechnung zu ersehen ist. Bei Entschädigungen für erwerbsunfähig gewordene Verletzte ist namentlich anzugeben, in welchem Maße die Erwerbsunfähigkeit angenommen worden ist.**

## Zu § 61.

1. „Als Abschluß der Verhandlungen ist dem Entschädigungsberechtigten ein schriftlicher (und zwar formeller) Bescheid zu ertheilen, welcher alle für die Berechnung der Höhe der Entschädigung maßgebend gewesenen Faktoren angiebt."

Auf Grund dieses Bescheides ist der Entschädigungsberechtigte in der Lage, zu prüfen, ob er bei der Festsetzung der Höhe der Entschädigung sich beruhigen, oder die schiedsgerichtliche Entscheidung anrufen will.

Außer diesem Bescheide empfängt der Entschädigungsberechtigte seitens der Genossenschaft eine Bescheinigung über die ihm zustehenden Bezüge unter Angabe der mit der Auszahlung beauftragten Postanstalt und der Zahlungstermine (§ 64). Auf Grund dieses „Berechtigungsausweises" kann er unbeschadet einer etwaigen Berufung an das Schiedsgericht die festgestellten Beträge erheben"

(Mot. S. 71), da die Berufung keine aufschiebende Wirkung hat, § 62 Abs. 4.

2. Ein solcher formeller Bescheid ist auch erforderlich, wenn die B.G. auf Grund des § 7 freie Kur und Verpflegung in einem Krankenhause gewähren, oder an deren Stelle wieder die Leistungen des § 5 treten lassen, oder gemäß § 67 Ausländer durch Kapital abfinden will. Ebenso bedarf es solchen formellen Bescheides in den Fällen des § 65.

3. Wegen der in den Bescheid aufzunehmenden Belehrungen vgl. § 62 Abs. 4.

4. Der Feststellungsbescheid bleibt zu Gunsten des Berechtigten solange in Kraft, als nicht auf Grund des § 65 eine anderweite Feststellung wegen „Veränderung der Verhältnisse" erfolgt ist, A. N. 86 S. 74.

5. Vgl. auch Anm. 4 zu § 57.

### Berufung gegen die Entscheidung der Behörden und Genossenschaftsorgane.

### §. 62.*)

1. Gegen den Bescheid der unteren Verwaltungsbehörde, durch welchen der Entschädigungsanspruch aus dem Grunde abgelehnt wird, weil der Betrieb, in welchem der Unfall sich ereignet hat, für nicht unter den §. 1 fallend erachtet wird (§. 59 Abs. 4), steht dem Verletzten und seinen Hinterbliebenen die Beschwerde an das Reichs-Versicherungsamt zu. Dieselbe ist binnen vier Wochen nach der Zustellung des ablehnenden Bescheides bei der unteren Verwaltungsbehörde einzulegen.

2. Gegen den Bescheid, durch welchen der Entschä-

digungsanspruch aus einem anderen als dem vorbezeichneten Grunde abgelehnt wird (§. 59 Abs. 3), sowie gegen den Bescheid, durch welchen die Entschädigung festgestellt wird (§. 61), findet die Berufung auf schiedsrichterliche Entscheidung statt.

Die Berufung ist bei Vermeidung des Ausschlusses 3.
binnen vier Wochen nach der Zustellung des Bescheides bei dem Vorsitzenden desjenigen Schiedsgerichts (§. 47) zu erheben, in dessen Bezirk der Betrieb, in welchem der Unfall sich ereignet hat, belegen ist.

Der Bescheid muß die Bezeichnung der für die 4.
Berufung zuständigen Stelle beziehungsweise des Vorsitzenden des Schiedsgerichts, sowie die Belehrung über die einzuhaltenden Fristen enthalten.

Die Berufung hat keine aufschiebende Wirkung. 5.

*) Abs. 1 ist für die unter das Ausdehnungsgesetz fallenden, einer Berufsgenossenschaft nicht zugewiesenen fiskalischen etc. Betriebe (Anm.*) zu § 9) durch die besondere Bestimmung des § 8 A. G. ersetzt und fällt für Unfälle bei Bauarbeiten fort, vgl. Anm. 3 zu § 59 sowie §§ 37 Abs. 2, 30, 48 B.U.G.

## Zu § 62.

1. An die Stelle des Reichs-Versicherungsamts tritt im Falle des § 92 das Landes-Versicherungsamt. Der Rechtsweg ist ausgeschlossen; der seltene Ausnahmefall des § 63 Abs. 2 ändert an dieser Regel nichts. Vgl. Anm. 2 zu § 63.

Ueber die Einlegung der Berufung und das Verfahren vgl. Anm. zu § 50 und die Kais. Verordnung v. 2. November 1885, betr. das Verfahren vor den auf Grund des Unfallversicherungsgesetzes errichteten Schiedsgerichten (R.G.Bl. S. 261). S. Anh.

2. Ueber die Berechnung der Fristen vgl. §§ 199, 200 Civ.-Pr.-Ordnung. Die Frist ist gewährt, wenn innerhalb derselben der Berufungsschriftsatz bei dem zuständigen Schiedsgerichtsvorsitzenden eingeht, wenn auch nur in dem Dienstraum, der zur Niederlegung der für ihn eingehenden Briefe bestimmt ist; auch genügt es, wenn die Schrift innerhalb der Frist in den an der Privatwohnung des Vorsitzenden angebrachten Privatbriefkasten gelegt wird, A. N. 91 S. 217; 92 S. 345.

3. Gegen die Versäumung der Frist kann das außerordentliche Rechtsmittel der Wiedereinsetzung in den vorigen Stand gewährt werden, aber nur, wenn ein störendes Naturereigniß, ein unabwendbarer Zufall oder ein ähnlicher, außerhalb des Willens der Partei liegender objektiver Hinderungsgrund, der die Versäumniß zu entschuldigen geeignet ist, nachgewiesen wird, A. N. 87 S. 357; 88 S. 280. Versäumniß eines mit Abfassung der Schrift Beauftragten ist nicht ausreichend.

**Entscheidung des Schiedsgerichts. Rekurs an das Reichs-Versicherungsamt.**

§. 63.

1. Die Entscheidung des Schiedsgerichts ist dem Berufenden und demjenigen Genossenschaftsorgane, welches den angefochtenen Bescheid erlassen hat, zuzustellen. Gegen die Entscheidung steht in den Fällen des §. 57 Ziffer 2 dem Verletzten oder dessen Hinterbliebenen, sowie dem Genossenschaftsvorstande binnen einer Frist von vier Wochen nach der Zustellung der Entscheidung der Rekurs an das Reichs-Versicherungsamt zu. Derselbe hat keine aufschiebende Wirkung.

2. Bildet in dem Falle des §. 6 Ziffer 2 die Anerkennung oder Nichtanerkennung des Rechtsverhältnisses

zwischen dem Getödteten und dem die Entschädigung Beanspruchenden die Voraussetzung des Entschädigungsanspruchs, so kann das Schiedsgericht den Betheiligten aufgeben, zuvörderst die Feststellung des betreffenden Rechtsverhältnisses im ordentlichen Rechtswege herbeizuführen. In diesem Falle ist die Klage bei Vermeidung des Ausschlusses des Entschädigungsanspruchs binnen einer vom Schiedsgericht zu bestimmenden, mindestens auf vier Wochen zu bemessenden Frist nach der Zustellung des hierüber ertheilten Bescheides des Schiedsgerichts zu erheben.

Nach erfolgter rechtskräftiger Entscheidung des Ge- 3.
richts hat das Schiedsgericht auf erneuten Antrag über den Entschädigungsanspruch zu entscheiden.

## Zu § 63.

1. In den Fällen des § 57 Ziffer 1 (Kosten des Heilverfahrens [nach Ablauf der ersten 13 Wochen]; Beerdigungskosten; „voraussichtlich" vorübergehende Erwerbsunfähigkeit) entscheidet das Schiedsgericht endgültig. Rekurs an das Reichs- (Landes-) Versicherungsamt ist also nur bei dauernder (völliger oder theilweiser) Erwerbsunfähigkeit des Verletzten oder bei Renten Hinterbliebener zulässig. Darüber, ob die Erwerbsunfähigkeit eine voraussichtlich vorübergehende oder eine voraussichtlich dauernde ist, entscheidet im Streitfall das über seine Kompetenz selbst entscheidende Reichs- (Landes-) Versicherungsamt.

2. Die Entscheidung des R.V.A. bezw. L.V.A. ist endgültig, § 88 U.V.G. Der Rechtsweg ist auch hier ausgeschlossen, vgl. Anm. zu § 62. Es handelt sich auch vor dem Reichs-Versicherungsamt wie vor dem Schiedsgericht überwiegend um solche Fragen, für welche sachverständige Verwaltungsgerichtsbehörden

geeigneter sind als die ordentlichen Gerichte (vgl. Komm.-Ber. S. 45) Auch eine weitere Beschwerde an den Bundesrath, den Reichskanzler oder die Landes-Centralbehörde ist ausgeschlossen.

Das Reichs- (Landes-) Versicherungsamt wird bei Entscheidungen dieser Art um 2 richterliche Beamte verstärkt (§ 90).

3. Die Einlegung des Rekurses steht (neben dem Verletzten) ausschließlich dem Genossenschaftsvorstande, nicht auch dem Sektionsvorstande zu, A. N. 87 S. 11; 90 S. 130. Anschlußrekurs nach Ablauf der Frist ist nicht zulässig, A. N. 87 S. 37; 91 S. 356. Das Rekursgericht ist bei seiner Entscheidung auf die von dem Schiedsgericht festgestellten Angriffs- und Vertheidigungsmittel nicht beschränkt, A. N. 92 S. 332.

4. Vgl. im Uebrigen Anm. 2 und 3 zu § 62 sowie über die Einlegung des Rekurses und das Verfahren die Kais. Verordnung, betr. die Formen des Verfahrens und den Geschäftsgang des Reichs-Versicherungsamts, vom 5. August 1885 (R.G.Bl. S. 255), nebst der dazu erlassenen Novelle vom 13. November 1887 (R.G.Bl. S. 523). S. Anh.

**Berechtigungsausweis.**

## §. 64.

1. Nach erfolgter Feststellung der Entschädigung (§. 57) ist dem Berechtigten von Seiten des Genossenschaftsvorstandes eine Bescheinigung über die ihm zustehenden Bezüge unter Angabe der mit der Zahlung beauftragten Postanstalt (§. 69) und der Zahlungstermine auszufertigen.

2. Wird in Folge des schiedsgerichtlichen Verfahrens der Betrag der Entschädigung geändert, so ist dem Entschädigungsberechtigten ein anderweiter Berechtigungsausweis zu ertheilen.

## Zu § 64.

Vgl. § 5 Abs. 2 der Geschäftsanweisung des Reichs-Versicherungsamts für die Vorstände der Berufsgenossenschaften, betr. die Auszahlungen durch die Post, vom 27. Dezember 1889 (Amtl. Nachr. 89 S. 399):

> .... In (dem Berechtigungsausweis) erfolgt die Angabe der mit der Zahlung beauftragten Postanstalt durch den Hinweis, daß die Zahlung durch diejenige Postanstalt werde geleistet werden, in deren Bezirk der Wohnort (die Wohnung) des Empfangsberechtigten (der Heimathshafen des Schiffs, zu dessen Besatzung der Verunglückte oder Vermißte gehörte) liegt. Von der Nennung des Namens dieser Postanstalt ist abzusehen.

(Die Anweisung ist im Anhang abgedruckt.)

### Veränderung der Verhältnisse.

### §. 65.

Tritt in den Verhältnissen, welche für die Fest- 1.
stellung der Entschädigung maßgebend gewesen sind, eine wesentliche Veränderung ein, so kann eine anderweitige Feststellung derselben auf Antrag oder von Amtswegen erfolgen.

Ist der Verletzte, für welchen eine Entschädigung 2.
auf Grund des §. 5 festgestellt war, in Folge der Verletzung gestorben, so muß der Antrag auf Gewährung einer Entschädigung für die Hinterbliebenen, falls deren Feststellung nicht von Amtswegen erfolgt ist, bei Vermeidung des Ausschlusses, vor Ablauf von zwei Jahren

nach dem Tode des Verletzten bei dem zuständigen Vorstande angemeldet werden. Nach Ablauf dieser Frist ist der Anmeldung nur dann Folge zu geben, wenn zugleich glaubhaft bescheinigt wird, daß der Entschädigungsberechtigte von der Verfolgung seines Anspruchs durch außerhalb seines Willens liegende Verhältnisse abgehalten worden ist. Im übrigen finden auf das Verfahren die Vorschriften der §§. 57 bis 64 entsprechende Anwendung.

3. Eine Erhöhung der im §. 5 bestimmten Rente kann nur für die Zeit nach Anmeldung des höheren Anspruchs gefordert werden.

4. Eine Minderung oder Aufhebung der Rente tritt von dem Tage ab in Wirksamkeit, an welchem der dieselbe aussprechende Bescheid (§. 61) den Entschädigungsberechtigten zugestellt ist.

## Zu § 65.

1. Die Feststellung, ob eine Veränderung wesentlich sei, ist Sache der Beurtheilung des Einzelfalls; es lassen sich für diese Beurtheilung nur allgemeine, keineswegs erschöpfende Anhaltspunkte geben. Die Motive erwähnen: (theilweise oder völlige) „Wiedergewinnung der Erwerbsfähigkeit, Eintritt völliger Erwerbsunfähigkeit bei einem nach scheinbarer Heilung der Verletzung für nur theilweis erwerbsunfähig Erachteten, nachträglicher Eintritt des Todes eines Verletzten u. s. w." Im Allgemeinen wird jede Veränderung als wesentlich anzusehen sein, welche auf das Maß der Erwerbsfähigkeit, soweit dieselbe durch den Unfall beeinträchtigt war, und dadurch auf die Höhe der Rente von Einfluß ist. Veränderungen der Verhältnisse in Folge solcher Ereignisse, welche mit dem Unfall keinen Zusammenhang haben, sondern einen

neuen Grund der Erwerbsunfähigkeit darstellen (z. B. selbständig sich entwickelnde Krankheit; auch Strafhaft soll nach dem R.V.A. hierher gehören), sollen dagegen die Anwendung des § 65 nicht begründen. Auch darf § 65 nicht angewendet werden, wenn es sich nur um eine veränderte Beurtheilung der thatsächlich unverändert gebliebenen Sach- und Rechtslage handelt oder um eine bloße Ergänzung oder Berichtigung der Kenntniß hinsichtlich der in Betracht kommenden, unverändert gebliebenen Verhältnisse, A. N. 91 S. 289.

„Die Fälle des Heranwachsens der Kinder über das fünfzehnte Lebensjahr hinaus oder des vorzeitigen Todes derselben, desgleichen die Fälle der Wiederverheirathung der Wittwe werden ohne eigentliche Wiederaufnahme des Entschädigungsverfahrens im Wege der Berechnung auf Grund der früher festgestellten Unterlagen und nach Maßgabe des § 6 durch die Organe der Genossenschaft erledigt. Ein Streit wird in solchen Fällen kaum entstehen. Eventuell steht aber auch hier den Entschädigungsberechtigten die Berufung an das Schiedsgericht offen" (Mot. S. 73).

2. Die Kontrole der Rentenempfänger dahin, ob derartige wesentliche Veränderungen der Verhältnisse eintreten, üben die Genossenschaften durch ihre Organe, insbesondere die Vertrauensmänner (§ 19), durch wiederholte ärztliche Untersuchungen rc.; sie können sich hierzu aber auch der Mitwirkung der Behörden bedienen, § 101. Wenn ein Rentenempfänger sich fortgesetzt der von der Genossenschaft angeordneten ärztlichen Untersuchung, durch welche die Fortdauer des bisherigen Grades der Erwerbsunfähigkeit konstatirt werden soll, grundlos entzieht, oder wenn eine derartige Untersuchung um deswillen, weil der Aufenthaltsort unbekannt ist, nicht vorgenommen werden kann, so darf die B.G. je nach Lage der Verhältnisse die für den Rentenempfänger ungünstigste Schlußfolgerung bezüglich der Aufbesserung seiner Erwerbsfähigkeit ziehen und demgemäß nach § 65 die Rente herabsetzen (A. N. 89 S. 138, 140).

3. Im Falle dieses § hat eine Wiederaufnahme des Entschädigungsverfahrens stattzufinden, welche sowohl den Verpflichteten,

wie den Berechtigten zusteht. Es bedarf dann von Neuem eines formellen, der Berufung auf schiedsgerichtliche Entscheidung unterliegenden Feststellungsbescheides (§ 62) des zuständigen Genossenschaftsorgans. A. N. 86 S. 292.

4. Unabhängig von den Voraussetzungen des § 65 hat R.V.A. im Anschluß an §§ 541 fg. Civ.-Pr.-Ordnung grundsätzlich die Wiederaufnahme des Verfahrens sowohl in Form der Nichtigkeitsklage wie in Form der Restitutionsklage zugelassen. Diese setzt aber voraus, daß die Partei ohne ihr Verschulden außer Stand gewesen ist, den Restitutionsgrund in dem früheren Verfahren geltend zu machen. Benennung neuer Zeugen oder sonstiger Beweismittel genügt nicht, A. N. 92 S. 341.

5. Die B.G. ist berechtigt, auch ohne daß der Fall des § 65 oder ein begründetes Restitutionsgesuch vorliegt, und trotz rechtskräftiger Entscheidung in einer Entschädigungssache zu Gunsten des Verletzten von Neuem Bescheid zu ertheilen, A. N. 89 S. 140; 95 S. 259.

**Fälligkeitstermine.**

§. 66.

1. Die Kosten des Heilverfahrens (§. 5 Ziffer 1) und die Kosten der Beerdigung (§. 6 Ziffer 1) sind binnen acht Tagen nach ihrer Feststellung (§. 57) zu zahlen.

2. Die Entschädigungsrenten der Verletzten und der Hinterbliebenen der Getödteten sind in monatlichen Raten im voraus zu zahlen. Dieselben werden auf volle fünf Pfennig für den Monat nach oben abgerundet.

**Ausländische Entschädigungsberechtigte.**

§. 67.*)

Die Genossenschaft kann Ausländer, welche dauernd das Reichsgebiet verlassen, durch eine Kapitalzahlung für ihren Entschädigungsanspruch abfinden.

*) Vgl. für Bauarbeiter die Anm.

## Zu § 67.

Für alle Bauarbeiter ist § 67 durch folgende Bestimmung des § 39 B.U.G. (vgl. § 48 a. a. O.) ersetzt: „Solange der Berechtigte nicht im Inlande wohnt, ist die Genossenschaft befugt, die Zahlung der Entschädigungsrenten einzustellen.“

„Ist der Berechtigte ein Ausländer, so kann ihn die Genossenschaft für seinen Entschädigungsanspruch mit dem dreifachen Betrage der Jahresrente abfinden.“

### Unpfändbarkeit der Entschädigungsforderungen.

### §. 68.

**Die den Entschädigungsberechtigten auf Grund dieses Gesetzes zustehenden Forderungen können mit rechtlicher Wirkung weder verpfändet, noch auf Dritte übertragen, noch für andere als die im §. 749 Absatz 4 der Civilprozeßordnung bezeichneten Forderungen der Ehefrau und ehelichen Kinder und die des ersatzberechtigten Armenverbandes gepfändet werden.**

## Zu § 68.

1. Im § 749 Abs. 4 der Civilprozeßordnung, welcher durch Art. 2 Ges. v. 29. März 1897 (R.G.Bl. S. 153) eine andere Fassung erhalten hat, sind die Forderungen „wegen solcher Unterhaltsbeiträge“ bezeichnet, „welche für die Zeit nach Erhebung der Klage und für das diesem Zeitpunkt vorausgehende letzte Vierteljahr kraft Gesetzes zu entrichten sind.“

Wegen des ersatzberechtigten Armenverbandes vgl. § 8 sowie d. Komm. d. Verf. Anm. 4 zu § 68.

2. Bei etwaigen Ueberzahlungen an Renten, welche die B.G. „unter dem Zwange des Gesetzes“, aber nicht etwa blos in Folge eines Versehens, um deswillen hat leisten müssen, weil in einer höheren Instanz (R.V.A.) die kraft Gesetzes sofort vollstreckbare Ent-

scheidung der niederen Instanz (Schiedsgericht) zu Gunsten der B.G. aufgehoben oder abgeändert ist, will das R.V.A. in mäßigen Beträgen eine Kürzung fernerer Rentenzahlungen, also eine Aufrechnung, zulassen (A. N. 88 S. 198; 89 S. 167).

**Auszahlungen durch die Post.**

## §. 69.

1. Die Auszahlung der auf Grund dieses Gesetzes zu leistenden Entschädigungen wird auf Anweisung des Genossenschaftsvorstandes vorschußweise durch die Postverwaltungen, und zwar in der Regel durch dasjenige Postamt, in dessen Bezirk der Entschädigungsberechtigte zur Zeit des Unfalls seinen Wohnsitz hatte, bewirkt.

2. Verlegt der Entschädigungsberechtigte seinen Wohnsitz, so hat er die Ueberweisung der Auszahlung der ihm zustehenden Entschädigung an das Postamt seines neuen Wohnortes bei dem Vorstande, von welchem die Zahlungsanweisung erlassen worden ist, zu beantragen †).

## Zu § 69.

1. Die Auszahlung der Entschädigungen erfolgt vorschußweise durch Vermittelung der Post (wegen der Knappschafts-Berufsgenossenschaften vgl. § 94), weil die Einrichtung von Zahlstellen der

---

†) Zur Ausführung dieser Vorschriften hat das Reichs-Versicherungsamt im Einvernehmen mit den Central-Postbehörden eine neue „Geschäftsanweisung für die Vorstände der Berufsgenossenschaften, betr. die Auszahlungen durch die Post" vom 7. Dezember 1889 erlassen (Amtl. Nachr. 89 S. 399), durch welche vom 1. Januar 1890 ab die ältere gleichartige Geschäftsanweisung v. 27./9. 85 mit ihren Nachträgen ersetzt worden ist. Siehe Anhang.

einzelnen Genossenschaften den Apparat derselben und dadurch die Verwaltungskosten unverhältnißmäßig vergrößern und für die Rentenempfänger wegen der räumlichen Entfernungen manche Unzuträglichkeiten im Gefolge haben würde, während die Postverwaltungen das Zahlungsgeschäft in der für alle Betheiligten bequemsten Weise zu erledigen im Stande sind (vgl. Mot. S. 74). Auch im Bereich der Eisenbahn- und der fiskalischen Verwaltungen erfolgt die Auszahlung der Entschädigungen durch die Post, nicht durch die Spezialkassen jener Verwaltungen.

Durch die Post werden nur die auf Grund der §§ 5, 6, 7 Abs. 2 zu gewährenden Entschädigungen ausgezahlt, ebenso Zahlungen zur Erstattung von Auslagen gemäß § 5 Abs. 8 und § 8, dagegen nicht andere Zahlungen, die die B.G. zu leisten haben, insbesondere nicht die Zurückzahlung zuviel erhobener Beiträge, die Begleichung der Vergütungen für Aerzte u. s. w., A. N. 87 S. 208.

2. Zinsen für ihre Vorschüsse darf die Post nicht berechnen; Entschädigungen für die Belastung mit dem Auszahlungsgeschäft erhält sie nicht. Man hat angenommen, daß schon wegen der großen Zahl der mit den Einzelzahlungen betrauten Postanstalten eine erhebliche Vermehrung der Arbeitslast bei den letzteren in ihrer Gesammtheit nicht eintreten und daß nur bei den Zentralstellen und Oberpostdirektionen allenfalls eine Vermehrung der Beamten erforderlich werden werde. Die Verstärkung des Betriebsfonds, deren die Postverwaltungen für die ihnen übertragene Auszahlung der Entschädigungen etwa bedürfen sollten, wird aus Reichsmitteln gewährt. Vgl. Komm.-Ber. S. 48 sowie den Komm. des Verf. 4. Aufl. Anm. 6 zu § 69.

3. Bei Zahlungen in das Ausland, die immer auf Gefahr und Kosten des Empfängers gehen, ist § 65 nicht maßgebend. Der B.G. bleibt überlassen, gemäß dem Landesrecht darüber zu befinden, in welcher Weise der Nachweis fortdauernder Empfangsberechtigung (Leben u. s. w.) geführt und die Quittung geleistet werden muß. Zulässig ist es, die Zahlung durch Vermittelung der Konsulate im Ausland, oder durch die Post an einen im Inlande bestellten Empfangsbevollmächtigten zu leisten, A. N. 93 S. 210.

**Liquidationen der Post.**

§. 70.

Binnen acht Wochen nach Ablauf jedes Rechnungsjahres haben die Zentral-Postbehörden den einzelnen Genossenschaftsvorständen Nachweisungen der auf Anweisung der Vorstände geleisteten Zahlungen zuzustellen und gleichzeitig die Postkassen zu bezeichnen, an welche die zu erstattenden Beträge einzuzahlen sind.

**Umlage- und Erhebungsverfahren.**

§. 71.*)

1. Die von den Zentral-Postverwaltungen zur Erstattung liquidirten Beträge sind von den Genossenschaftsvorständen gleichzeitig mit den Verwaltungskosten unter Berücksichtigung der auf Grund der §§. 29 und 30 etwa vorliegenden Verpflichtungen oder Berechtigungen nach dem festgestellten Vertheilungsmaßstab auf die Genossenschaftsmitglieder umzulegen und von denselben einzuziehen.

2. Zu diesem Zweck hat jedes Mitglied der Genossenschaft binnen sechs Wochen nach Ablauf des Rechnungsjahres dem Genossenschaftsvorstande eine Nachweisung einzureichen, welche enthält:

1. die während des abgelaufenen Rechnungsjahres im Betriebe beschäftigten versicherten Personen und die von denselben verdienten Löhne und Gehälter,
2. eine Berechnung der bei der Umlegung der Beiträge in Anrechnung zu bringenden Beträge der Löhne und Gehälter,

3. die Gefahrenklasse, in welche der Betrieb eingeschätzt worden ist (§. 28).

Für Genossenschaftsmitglieder, welche mit der recht- 3.
zeitigen Einsendung der Nachweisung im Rückstande sind, erfolgt die Feststellung der letzteren durch den Genossenschafts- beziehungsweise Sektionsvorstand auf Vorschlag des etwa bestellten Vertrauensmannes.

*) Gilt nicht für die in Anm.*) zu § 9 erwähnten fiskalischen etc. Betriebe. § 3 A. G. Ueber Modifikationen bei Baugewerks-B.G. durch §§ 41, 48 B.U.G. vgl. Anm. 3.

## Zu § 71.

1. Die nach diesem § für die Umlage erforderlichen jährlichen Nachweisungen müssen genaue (nicht summarische) Angaben über die im vergangenen Rechnungsjahr (§ 77) thatsächlich verdienten Löhne (einschließlich Tantièmen, Naturalbezügen, regelmäßig wiederkehrenden Trinkgeldern u. s. w., § 3), sowie eine Berechnung ihres anrechnungsfähigen Theils (wenn sie den Betrag von 4 Mark übersteigen, oder soweit es sich um jugendliche und nicht ausgebildete Arbeiter handelt), enthalten. Eine namentliche Aufführung sämmtlicher im Betrieb beschäftigter Personen bedarf es (nach R.V.A.) insbesondere dann nicht, wenn die Mitglieder statutarisch zur Führung eines der Kontrole unterliegenden Lohnbuchs verpflichtet sind. Ueber die Berechnung vgl. die Anm. 1 zu § 10.

2. Diese Nachweisung und Berechnung ist rechtzeitig und ohne besondere Aufforderung von jedem Genossenschaftsmitglied (§ 34) einzureichen. Versäumniß macht straffällig, § 104; auch muß sich der Säumige den betr. Feststellungen des Vorstandes unterwerfen (§ 71 Abs. 3) und verliert gegen dessen Feststellungen das Rechtsmittel der Beschwerde, soweit nicht lediglich Rechenfehler zu rügen sind (§ 73 Abs. 3).

Unrichtige thatsächliche Angaben sind strafbar, § 103 Abs. 1; die Kontrole erfolgt durch die Genossenschaft nach § 82.

3. Bei den Baugewerks-B.G. ist vor Ausführung der Umlage zunächst zu ermitteln, „welcher Theil der von den Zentral-Postbehörden liquidirten Beträge den Mitgliedern der Berufsgenossenschaft, und welcher Theil der Versicherungsanstalt zur Last fällt". Nur der erstere Theil ist auf die Genossenschaftsmitglieder umzulegen; der letztere ist, soweit er für kleine Bauarbeiten erwachsen ist, auf die Gemeinden zc. zu vertheilen, im Uebrigen aus den angesammelten Beständen an Prämien zu entnehmen. Vgl. §§ 41, 48 B.U.G. sowie Anm. 1 zu § 9, Anm. 1 zu § 10. In der unter das B.U.G. fallenden Tiefbau-B.G. wird die Umlage des Jahresbedarfs auf die Genossenschaftsmitglieder durch die Einziehung des Kapitalwerths der neu entstandenen Jahreslasten ersetzt, § 41 Abs. 2 B.U.G.

Bei Umlegung bezw. Einziehung der Jahreslasten sind in den Baugewerks-B.G. die im Voraus erhobenen Quartalsvorschüsse der Mitglieder (vgl. Anm. 4 zu § 10 U.B.G.) zu verrechnen, § 41 Abs. 2 B.U.G.

## §. 72.*)

1. Von dem Genossenschaftsvorstande wird auf Grund der ihm vorliegenden Nachweisungen (§. 71) eine summarische Gesammtnachweisung der im abgelaufenen Rechnungsjahre von den Mitgliedern der Genossenschaft beschäftigten versicherten Personen und der von denselben verdienten anrechnungsfähigen Gehälter und Löhne aufgestellt und demnächst für jedes Genossenschaftsmitglied der Beitrag berechnet, welcher auf dasselbe zur Deckung des Gesammtbedarfs (§. 71 Abs. 1) entfällt.

2. Jedem Genossenschaftsmitgliede ist ein Auszug aus der zu diesem Zweck aufzustellenden Heberolle mit der

Aufforderung zuzustellen, den festgesetzten Beitrag zur Vermeidung der zwangsweisen Beitreibung binnen zwei Wochen einzuzahlen. Der Auszug muß diejenigen Angaben enthalten, welche den Zahlungspflichtigen in den Stand setzen, die Richtigkeit der angestellten Beitragsberechnung zu prüfen.

*) Gilt nicht für die in Anm.*) zu § 9 erwähnten fiskalischen etc. Betriebe. § 3 A. G.

## §. 73.*)

Die Mitglieder der Genossenschaften können gegen 1. die Feststellung ihrer Beiträge binnen zwei Wochen nach Zustellung des Auszuges aus der Heberolle unbeschadet der Verpflichtung zur vorläufigen Zahlung Widerspruch bei dem Genossenschaftsvorstande erheben. Wird demselben entweder überhaupt nicht, oder nicht in dem beantragten Umfange Folge gegeben, so steht ihnen innerhalb zwei Wochen nach der Zustellung der Entscheidung des Genossenschaftsvorstandes die Beschwerde an das Reichs-Versicherungsamt zu.

Die Beschwerde ist nur zulässig, wenn dieselbe sich 2. entweder auf Rechenfehler, oder auf die unrichtige Feststellung des anrechnungsfähigen Betrages der Löhne und Gehälter, oder auf den irrthümlichen Ansatz einer anderen Gefahrenklasse, als wozu der Betrieb eingeschätzt ist, gründet.

Aus den letzteren beiden Gründen ist die Beschwerde 3. jedoch nicht zulässig, wenn die Feststellung in dem Falle der von dem Genossenschaftsmitgliede unterlassenen Einsendung der Nachweisung durch den Vorstand bewirkt worden war (§ 71 Abs. 3).

4. Tritt in Folge des erhobenen Widerspruchs oder der erhobenen Beschwerde eine Herabminderung des Beitrages ein, so ist der Ausfall bei dem Umlageverfahren des nächsten Rechnungsjahres zu decken.

*) Gilt nicht für die in Anm.*) zu § 9 erwähnten fiskalischen etc. Betriebe. § 3 A. G.

## Zu § 73.

An Stelle des Reichs-Versicherungsamts tritt event. das Landes-Versicherungsamt, § 92.

## §. 74.*)

1. Rückständige Beiträge, sowie die im Falle einer Betriebseinstellung etwa zu leistenden Kautionsbeträge (§. 17 Ziffer 7) werden in derselben Weise beigetrieben, wie Gemeindeabgaben. Dasselbe gilt von den Strafzuschlägen in dem Falle der Ablehnung von Wahlen (§. 24 Abs. 3).

2. Uneinziehbare Beiträge fallen der Gesammtheit der Berufsgenossen zur Last. Sie sind vorschußweise aus dem Betriebsfonds oder erforderlichenfalls aus dem Reservefonds der Berufsgenossenschaft zu decken und bei dem Umlageverfahren des nächsten Rechnungsjahres zu berücksichtigen.

*) Gilt nicht für die in Anm.*) zu § 9 erwähnten fiskalischen etc. Betriebe, § 3 A. G. Ergänzungen für Baugew.-B.G. vgl. in der Anm.

## Zu § 74.

Auch die vierteljährlichen Vorschüsse auf die Beiträge, welche in den Baugewerks=B.G. erhoben werden dürfen bezw. in der unter das B.U.G. fallenden Tiefbau-B.G. erhoben werden müssen (vgl. Anm. 4 zu § 10 U.B.G.), sind nach den Bestimmungen des Abs. 1 beizutreiben, §§ 10 Abs. 4, 46 B.U.G.

Dasselbe gilt von den Prämien, welche die Unternehmer von Regiebauten an die Versicherungsanstalten (Anm. 1 zu § 10) zu entrichten haben. Uneinziehbare Prämien sind bei Feststellung der revidirten Prämientarife zu berücksichtigen, einstweilen aber vorschußweise zu decken, §§ 42, 48 B.U.G.

### Abführung der Beträge an die Postkassen.

### §. 75.*)

Die Genossenschaftsvorstände haben die von den 1. Zentral=Postbehörden liquidirten Beträge innerhalb drei Monaten nach Empfang der Liquidationen an die ihnen bezeichneten Postkassen abzuführen.

Gegen Genossenschaften, welche mit der Erstattung 2. der Beträge im Rückstande bleiben, ist auf Antrag der Zentral=Postbehörden von dem Reichs=Versicherungsamt, vorbehaltlich der Bestimmungen des §. 33, das Zwangsbeitreibungsverfahren einzuleiten.

Das Reichs=Versicherungsamt ist befugt, zur Deckung 3. der Ansprüche der Postverwaltungen zunächst über bereite Bestände der Genossenschaftskassen zu verfügen. Soweit diese nicht ausreichen, hat dasselbe das Beitreibungsverfahren gegen die Mitglieder der Genossenschaft einzuleiten und bis zur Deckung der Rückstände durchzuführen.

*) Abs. 2 und 3 gelten nicht für die einer Berufsgenossenschaft nicht zugewiesenen fiskalischen etc. Betriebe (Anm.*) zu § 9). § 3 A. G.

### Zu § 75.

1. An die Stelle des Reichs-Versicherungsamts tritt event. das Landes-Versicherungsamt, § 92.

2. Die Abführung an die Postkasse (für die Reichs-Postverwaltung durch Einzahlung bei der Kais. Generalpostkasse in Berlin, entweder unmittelbar oder auf deren Girokonto bei der Reichsbank) muß spätestens bis zum 1. Juni jedes Jahres erfolgen. Zur rechtzeitigen Erfüllung dieser Verbindlichkeit ist nöthigenfalls eine Anleihe aufzunehmen; der Reservefonds aber darf hierzu nicht angegriffen werden, A. N. 87 S. 213.

### Rechnungsführung.

### §. 76.*)

1. Die Einnahmen und Ausgaben der Genossenschaften sind von allen den Zwecken der letzteren fremden Vereinnahmungen und Verausgabungen gesondert festzustellen und zu verrechnen; ebenso sind die Bestände gesondert zu verwahren. Verfügbare Gelder dürfen nur in öffentlichen Sparkassen oder wie Gelder bevormundeter Personen angelegt werden.

2. Sofern besondere gesetzliche Vorschriften über die Anlegung der Gelder Bevormundeter nicht bestehen, kann die Anlegung der verfügbaren Gelder in Schuldverschreibungen, welche von dem Deutschen Reich, von einem deutschen Bundesstaate oder dem Reichslande Elsaß-Lothringen mit gesetzlicher Ermächtigung ausgestellt sind, oder in Schuldverschreibungen, deren Verzinsung von dem Deutschen Reich, von einem deutschen Bundesstaate oder dem Reichslande Elsaß-Lothringen

gesetzlich garantirt ist, oder in Schuldverschreibungen, welche von deutschen kommunalen Korporationen (Provinzen, Kreisen, Gemeinden rc.) oder von deren Kreditanstalten ausgestellt und entweder seitens der Inhaber kündbar sind, oder einer regelmäßigen Amortisation unterliegen, erfolgen. Auch können die Gelder bei der Reichsbank verzinslich angelegt werden.

*) Gilt nicht für die in Anm.*) zu § 9 erwähnten fiskalischen etc. Betriebe. § 3 A. G. Für Baugewerks-B.G. vgl. die in Anm. 3 erörterte Modifikation der §§ 43, 48 B.U.G.

## Zu § 76.

1. Ueber die Anlegung der Gelder bezw. über die pupillarische Sicherheit entscheidet das Landes-Vormundschaftsrecht desjenigen Bundesstaates, in welchem das über die Anlegung verfügende Genossenschaftsorgan seinen Sitz hat. Für Preußen vgl. § 39 der Vormundschaftsordnung vom 5. Juli 1875 (G.S. S. 431), wonach außer den in Abs. 2 des vorliegenden § 76 aufgeführten Papieren rc. auch Hypotheken- und Grundschuldbriefe in bestimmten Sicherheitsgrenzen sowie Pfand- und Rentenbriefe zulässig sind; über die in Betracht kommenden Bayer. Partikularrechte siehe v. Roth, Bayer. Civilrecht, Bd. I, § 96.

Nur für diejenigen Landestheile, in denen gesetzliche Bestimmungen über die Anlegung von Geldern Bevormundeter nicht bestehen, also höchst subsidiär, gelten (wie in § 40 des Krankenversicherungsgesetzes) die Vorschriften im Abs. 2 dieses Paragraphen. Dieselben sind der Preußischen Vormundschaftsordnung nachgebildet, aber mit Rücksicht auf die praktischen Bedürfnisse der betheiligten Länder gekürzt.

Vom 1. Januar 1900 ab treten an die Stelle des partikularen Vormundschaftsrechts die Vorschriften der §§ 1806 fg. des Bürg. Gesetzbuchs in Verbindung mit Art. 212 des Einführungsgesetzes. Nach letzterem bleiben landesgesetzliche Vorschriften, wonach gewisse Werthpapiere zur Anlegung von Mündelgeld für geeignet erklärt sind, neben dem Bürg. Gesetzbuch auch ferner in Kraft. Damit wird dann Absatz 2 des § 76 U.V.G. hinfällig.

2. Darüber, daß die Vorstände für die ordnungsmäßige Anlegung der Gelder wie Vormünder haften, vgl. § 26.

3. Für Baugewerks-B.G., in denen jährlich neben den Beiträgen und Vorschüssen der Mitglieder erhebliche Beträge an Prämien zu verwalten sind (Anm. 1 zu § 10), ist durch § 43 B.U.G., welcher nach § 48 a. a. O. auch für die unter das Unf.-Vers.-Ges. fallenden Baubetriebe gilt, direkt vorgeschrieben:

> „Verfügbare Gelder und Werthpapiere sind bei einer zur Aufbewahrung von Geldern oder Werthpapieren befugten öffentlichen Behörde oder Kasse niederzulegen."

Diese Vorschrift soll sinngemäß auch für die übrigen Berufsgenossenschaften Anwendung finden (R.V.A.).

## §. 77.

1. Ueber die gesammten Rechnungsergebnisse eines Rechnungsjahres ist nach Abschluß desselben alljährlich dem Reichstag eine vom Reichs-Versicherungsamt aufzustellende Nachweisung vorzulegen.

2. Beginn und Ende des Rechnungsjahres wird für alle Genossenschaften übereinstimmend durch Beschluß des Bundesraths festgestellt†).

## Zu § 77.

1. Für die Aufstellung der Rechnungsergebnisse innerhalb der einzelnen Ber.-Gen. hat das R.V.A. obligatorische Formulare aufgestellt und dieselben ausführlich erläutert (A. N. 88 S. 260;

---

†) Bek. d. Reichskanzlers v. 23. Febr. 1885 (Centr.-Bl. S. 51): „Der Bundesrath hat in seiner Sitzung vom 22. Januar 1885 beschlossen,

> auf Grund des §. 77 Abs. 2 des Unfallversicherungsgesetzes vom 6. Juli 1884 (R.G.-Bl. S. 69) festzusetzen, dass das Rechnungsjahr für die Berufsgenossenschaften mit dem 1. Januar beginne und mit dem 31. Dezember schliesse."

90 S. 116; 92 S. 303; 95 S. 131, 173). Die Rechnungsergebnisse sind dem R.V.A. spätestens bis zum 15. September, von den Ausführungsbehörden bis zum 1. Juli mitzutheilen.

2. Als Rechnungsjahr gilt allgemein, auch für die übrigen Unfallversicherungsgesetze sowie für die Invaliditäts- und Altersversicherung (§ 130 Abs. 3 J.V.G., § 1 A. G., § 43 B.U.G., § 89 S.U.G., § 86 landw. U.V.G. in Verbindung mit der Bek. d. Reichskanzlers vom 2. November 1887, Centr.-Bl. S. 545), das Kalenderjahr. Vgl Anm. †).

# VII. Unfallverhütung. Ueberwachung der Betriebe durch die Genossenschaften.

### Unfallverhütungsvorschriften.

### §. 78.*)

Die Genossenschaften sind befugt, für den Umfang 1.
des Genossenschaftsbezirkes oder für bestimmte Industriezweige oder Betriebsarten oder bestimmt abzugrenzende Bezirke Vorschriften zu erlassen:

1. über die von den Mitgliedern zur Verhütung von Unfällen in ihren Betrieben zu treffenden Einrichtungen unter Bedrohung der Zuwiderhandelnden mit der Einschätzung ihrer Betriebe in eine höhere Gefahrenklasse, oder falls sich die letzteren bereits in der höchsten Gefahrenklasse befinden, mit Zuschlägen bis zum doppelten Betrage ihrer Beiträge.

   Für die Herstellung der vorgeschriebenen Einrichtungen ist den Mitgliedern eine angemessene Frist zu bewilligen;
2. über das in den Betrieben von den Versicherten zur Verhütung von Unfällen zu beobachtende Ver-

halten unter Bedrohung der Zuwiderhandelnden mit Geldstrafen bis zu sechs Mark.

2. Diese Vorschriften bedürfen der Genehmigung des Reichs-Versicherungsamts.

3. Dem Antrage auf Ertheilung der Genehmigung ist die gutachtliche Aeußerung der Vorstände derjenigen Sektionen, für welche die Vorschriften Gültigkeit haben sollen, oder, sofern die Genossenschaft in Sektionen nicht eingetheilt ist, des Genossenschaftsvorstandes beizufügen.

*) Gilt nicht für die einer Berufsgenossenschaft nicht zugewiesenen fiskalischen etc. Betriebe, Anm. *) zu § 9. Für diese Betriebe tritt an die Stelle dieses § die besondere Bestimmung des § 9 A. G. Für Baugewerks-B.G. vgl. die Modifikationen nach §§ 44, 48 B.U.G. in Anm. 5.

## Zu § 78.

1. „Bei der auf Gegenseitigkeit beruhenden Regelung der Unfallversicherung hat nicht nur jede Genossenschaft, sondern auch jedes einzelne Mitglied derselben ein Interesse daran, daß in den Betrieben der Genossenschaftsmitglieder möglichst wenig Unfälle vorkommen. Dieses Interesse ist gesetzlich zu schützen. Dasselbe bietet zugleich die geeignetste Grundlage für die der genossenschaftlichen Organisation anzupassende systematische Regelung der zur Verhütung von Unfällen zu ergreifenden Maßregeln“ (Mot. S. 76). Gegenwärtig haben von den 65 industr. B.G. 56 derartige Vorschriften erlassen.†) Vgl. d. Komm. d. Verf. 4. Aufl. Anm. 1, 9 zu § 78.

†) Vgl. E. Platz, die Unfallverhütungsvorschriften, herausgegeben vom Verbande der deutschen Berufsgenossenschaften. 2 Theile. Berlin, Carl Heymanns Verlag 1889, 1890.

Vgl. ferner das vom Kais. Gesundheitsamt „als Beitrag zur Förderung der Volkswohlfahrt“ herausgegebene „Gesundheitsbüchlein“.

2. Die Befugniß der Genossenschaften bezieht sich nicht auf individuelle Vorschriften für einzelne Betriebe, sondern nur auf generelle Verfügungen für einen Komplex gleichartiger Betriebe (Komm.-Ber. S. 50). Ungenügende Einrichtungen in einzelnen Betrieben können nur zu einer höheren Einschätzung (vgl. § 28) bezw. zur Anzeige bei den Polizeibehörden behufs Abstellung führen.

3. Die Kontrole über die Befolgung der Vorschriften üben die Genossenschaften nach Maßgabe des § 82. Die Befugniß des Bundesraths (§ 120e der Gewerbeordnung) und der Landesbehörden (§ 81) sowie die Befugniß der einzelnen Betriebsunternehmer zum Erlaß von Unfallverhütungsvorschriften bleibt unberührt.

4. An Stelle des Reichs-Versicherungsamts tritt event. das Landes-Versicherungsamt, § 92.

5. In Baugewerbe-B.G. können auch für Regiebauten Unfallverhütungsvorschriften von der Genossenschaft erlassen werden; die Befolgung derselben ist durch Zuschläge zur Prämie bezw. durch Exekutivstrafen zu erzwingen; die Vorschriften müssen von der höheren Verwaltungsbehörde veröffentlicht werden. § 44 Ziffer 1, § 48 B.U.G.

## §. 79.*)

Die im §. 41 bezeichneten Vertreter der Arbeiter sind zu der Berathung und Beschlußfassung der Genossenschafts- oder Sektionsvorstände über diese Vorschriften zuzuziehen. Dieselben haben dabei volles Stimmrecht. Das über die Verhandlungen aufzunehmende Protokoll, aus welchem die Abstimmung der Vertreter der Arbeiter ersichtlich sein muß, ist dem Reichs-Versicherungsamt vorzulegen. 1.

Die genehmigten Vorschriften sind den höheren Verwaltungsbehörden, auf deren Bezirke dieselben sich erstrecken, durch den Genossenschaftsvorstand mitzutheilen. 2.

*) Gilt nicht für die einer Berufsgenossenschaft nicht zu-

**gewiesenen fiskalischen etc. Betriebe (Anm.*) zu § 9). Für diese Betriebe tritt an die Stelle dieses § die besondere Bestimmung des § 9. A. G.**

**Ferner gilt § 79 nicht für Unfallverhütungsvorschriften, welche sich auf die Sicherheit des Eisenbahnbetriebes beziehen, § 14 A. G.**

## §. 80.*)

1\. Die im §. 78 Ziffer 1 vorgesehene höhere Einschätzung des Betriebes, sowie die Festsetzung von Zuschlägen erfolgt durch den Vorstand der Genossenschaft, die Festsetzung der im §. 78 Ziffer 2 vorgesehenen Geldstrafen durch den Vorstand der Betriebs- (Fabrik-) Krankenkasse, oder wenn eine solche für den Betrieb nicht errichtet ist, durch die Ortspolizeibehörde. In beiden Fällen findet binnen zwei Wochen nach der Zustellung der bezüglichen Verfügung die Beschwerde statt. Ueber dieselbe entscheidet im ersten Falle das Reichs-Versicherungsamt, im zweiten Falle die der Ortspolizeibehörde unmittelbar vorgesetzte Aufsichtsbehörde.

2\. Die Geldstrafen (§. 78 Ziffer 2) fließen in die Krankenkasse, welcher der zu ihrer Zahlung Verpflichtete zur Zeit der Zuwiderhandlung angehört.

***) Gilt nicht für die in Anm.*) zu § 9 erwähnten fiskalischen etc. Betriebe. § 3 A. G. Für Baugewerks-B.G. vgl. eine Modifikation aus §§ 44, 48 B.U.G. in Anm. 3.**

## Zu § 80.

1. Vgl. Anm. 4 zu § 78.
2. Auf die Strafgelder hat jede Kasseneinrichtung Anspruch

welcher der Kontravenient behufs Erfüllung seiner Versicherungspflicht zur Zeit der Zuwiderhandlung angehörte, also auch eingeschriebene Hülfskassen (wenn sie dem § 75 K.V.G. genügen), Innungs-Krankenkassen, Bau-Krankenkassen, sowie die Gemeinde-Krankenversicherung. Eine Theilung unter mehrere Kassen liegt nicht im Sinne des Gesetzes. Vgl. d. Komm. d. Verf. Anm. 8 zu § 80. Ueber die Gründe, aus welchen neben der Ortspolizeibehörde nur den Vorständen von Betriebs- (Fabrik-) Krankenkassen (vgl. jedoch Anm. 3) die Festsetzung der Strafen hat übertragen werden können, vgl. den Komm. d. Verf. Anm. 2 zu § 80.

3. Bei Bauarbeiten sind die Vorstände der Bau-Krankenkassen zur Straffestsetzung in demselben Umfange befugt, wie im Uebrigen die Vorstände der Betriebs- (Fabrik-) Krankenkassen, § 44 Ziffer 2, § 48 B.U.G.

§. 81.*)

Die von den Landesbehörden für bestimmte Industriezweige oder Betriebsarten zur Verhütung von Unfällen zu erlassenden Anordnungen sollen, sofern nicht Gefahr im Verzuge ist, den betheiligten Genossenschaftsvorständen oder Sektionsvorständen zur Begutachtung nach Maßgabe des §. 78 vorher mitgetheilt werden. Dabei findet der §. 79 entsprechende Anwendung.

*) Gilt nicht für die einer Berufsgenossenschaft nicht zugewiesenen fiskalischen etc. Betriebe (Anm.*) zu § 9), § 3 A. G., ferner nicht für Unfallverhütungsvorschriften, welche sich auf die Sicherheit des Eisenbahnbetriebes beziehen, § 14 A. G.

## Ueberwachung der Betriebe.

§. 82.*)

Die Genossenschaften sind befugt, durch Beauftragte die Befolgung der zur Verhütung von Unfällen erlassenen Vorschriften zu überwachen, von den Einrichtungen der 1.

Betriebe, soweit sie für die Zugehörigkeit zur Genossenschaft oder für die Einschätzung in den Gefahrentarif von Bedeutung sind, Kenntniß zu nehmen und behufs Prüfung der von den Betriebsunternehmern auf Grund gesetzlicher oder statutarischer Bestimmungen eingereichten Arbeiter- und Lohnnachweisungen diejenigen Geschäftsbücher und Listen einzusehen, aus welchen die Zahl der beschäftigten Arbeiter und Beamten und die Beträge der verdienten Löhne und Gehälter ersichtlich werden.

2. Die einer Genossenschaft angehörenden Betriebsunternehmer sind verpflichtet, den als solchen legitimirten Beauftragten der betheiligten Genossenschaft auf Erfordern den Zutritt zu ihren Betriebsstätten während der Betriebszeit zu gestatten und die bezeichneten Bücher und Listen an Ort und Stelle zur Einsicht vorzulegen. Sie können hierzu, vorbehaltlich der Bestimmungen des §. 83, auf Antrag der Beauftragten von der unteren Verwaltungsbehörde durch Geldstrafen im Betrage bis zu dreihundert Mark angehalten werden.

*) Gilt nicht für die in Anm.*) zu § 9 erwähnten fiskalischen etc. Betriebe, § 3 A. G., dagegen analog auch für die in den Versicherungsanstalten der Baugewerks-B.G. versicherten Regiebauten, § 44 Ziffer 3, § 48 B.U.G.

## Zu § 82.

1. Die Revisionsbefugniß der Beauftragten erstreckt sich nur soweit, als die Interessen der Genossenschaft in Frage kommen. Das Recht, sämmtliche Betriebsanlagen und Geschäftsbücher in Augenschein zu nehmen, steht ihnen nicht zu. Sollten im Einzelfall über

den Umfang der Revisionsbefugniß Zweifel entstehen, so entscheiden darüber zunächst die Organe der Genossenschaft, eventuell das Reichs-(Landes-)Versicherungsamt, §§ 89, 92. In dieser einschränkenden Bestimmung liegt neben den schweren Strafbestimmungen der §§ 107, 108 und neben der Ablehnungsbefugniß in den Fällen des § 83 ein ausreichender Schutz der Industrie gegen unberechtigtes Eindringen in Betriebsverhältnisse.

2. Wegen der Baugewerbs-B.G. vgl. auch Zusatz*).

3. Die Beauftragten der Genossenschaften (Revisionsingenieure) sind bezahlte Beamte der B.G.; z. Th. sind ihre Funktionen den Vertrauensmännern übertragen worden. Die Beauftragten müssen unter allen Umständen mit den staatlichen Gewerbeaufsichtsbeamten (§ 139 b der Gewerbeordnung) Hand in Hand gehen, A. N. 87 S. 139; 89 S. 134, 362; 95 S. 144.

## §. 83.*)

Befürchtet der Betriebsunternehmer die Verletzung eines Fabrikgeheimnisses oder die Schädigung seiner Geschäftsinteressen in Folge der Besichtigung des Betriebes durch den Beauftragten der Genossenschaft, so kann derselbe die Besichtigung durch andere Sachverständige beanspruchen. In diesem Falle hat er dem Genossenschaftsvorstande, sobald er den Namen des Beauftragten erfährt, eine entsprechende Mittheilung zu machen und einige geeignete Personen zu bezeichnen, welche auf seine Kosten die erforderliche Einsicht in den Betrieb zu nehmen und dem Vorstande die für die Zwecke der Genossenschaft nothwendige Auskunft über die Betriebseinrichtungen zu geben bereit sind. In Ermangelung einer Verständigung zwischen dem Betriebsunternehmer und dem Vorstande entscheidet auf Anrufen des letzteren das Reichs-Versicherungsamt.

*) Gilt nicht für die in Anm.*) zu § 9 erwähnten fiskalischen etc. Betriebe. § 3 A. G.

## Zu § 83.

1. Die Bestimmung, daß der Unternehmer, welcher aus Konkurrenzrücksichten oder zur Wahrung von Betriebsgeheimnissen den von den Genossenschaftsvorständen bestimmten Revisor beanstandet und an dessen Stelle für die Ausführung der Revision seinerseits Vertrauenspersonen in Vorschlag bringt, welche Sachverständige sein müssen, aber nicht Genossenschaftsmitglieder (Konkurrenten) zu sein brauchen, — die Kosten der Besichtigung durch dieselben tragen soll, wird eine zu ausgiebige Ausnützung der Ablehnungsbefugniß verhindern. Vgl. auch die Anm. zu § 82.

2. An die Stelle des Reichs-Versicherungsamts tritt event. das Landes-Versicherungsamt, § 92.

## §. 84.*)

Die Mitglieder der Vorstände der Genossenschaften, sowie deren Beauftragte (§§. 82, 83) und die nach §. 83 ernannten Sachverständigen haben über die Thatsachen, welche durch die Ueberwachung und Kontrole der Betriebe zu ihrer Kenntniß kommen, Verschwiegenheit zu beobachten und sich der Nachahmung der von den Betriebsunternehmern geheim gehaltenen, zu ihrer Kenntniß gelangten Betriebseinrichtungen und Betriebsweisen, solange als diese Betriebsgeheimnisse sind, zu enthalten. Die Beauftragten der Genossenschaften und Sachverständigen sind hierauf von der unteren Verwaltungsbehörde ihres Wohnortes zu beeidigen.

*) Gilt nicht für die in Anm.*) zu § 9 erwähnten fiskalischen etc. Betriebe. § 3 A. G.

## Zu § 84.

Vgl. Anm. 1 zu § 83. Strafvorschriften siehe in §§ 107, 108.

## §. 85.*)

Namen und Wohnsitz der Beauftragten sind von dem Genossenschaftsvorstande den höheren Verwaltungsbehörden, auf deren Bezirke sich ihre Thätigkeit erstreckt, anzuzeigen. 1.

Die Beauftragten sind verpflichtet, den nach Maßgabe des §. 139 b der Gewerbeordnung bestellten staatlichen Aufsichtsbeamten auf Erfordern über ihre Ueberwachungsthätigkeit und deren Ergebnisse Mittheilung zu machen, und können dazu von dem Reichs-Versicherungsamt durch Geldstrafen bis zu einhundert Mark angehalten werden. 2.

*) Gilt nicht für die in Anm.*) zu § 9 erwähnten fiskalischen etc. Betriebe. § 3 A. G.

## Zu § 85.

Vgl. Anm. zu § 84.

## §. 86.*)

Die durch die Ueberwachung und Kontrole der Betriebe entstehenden Kosten gehören zu den Verwaltungskosten der Genossenschaft. Soweit dieselben in baaren Auslagen bestehen, können sie durch den Vorstand der Genossenschaft dem Betriebsunternehmer auferlegt werden, wenn derselbe durch Nichterfüllung der ihm obliegenden Verpflichtungen zu ihrer Aufwendung Anlaß gegeben hat. Gegen die Auferlegung der Kosten findet binnen zwei Wochen nach Zustellung des Beschlusses die Beschwerde an das Reichs-Versicherungsamt statt. Die Beitreibung derselben erfolgt in derselben Weise, wie die der Gemeindeabgaben.

*) Gilt nicht für die in Anm.*) zu § 9 erwähnten fiskalischen etc. Betriebe. § 3 A. G.

## VIII. Das Reichs-Versicherungsamt.

### Organisation.

§. 87.*)

1. Die Genossenschaften unterliegen in Bezug auf die Befolgung dieses Gesetzes der Beaufsichtigung des Reichs-Versicherungsamts.

2. Das Reichs-Versicherungsamt hat seinen Sitz in Berlin. Es besteht aus mindestens drei ständigen Mitgliedern, einschließlich des Vorsitzenden, und aus acht nichtständigen Mitgliedern.

3. Der Vorsitzende und die übrigen ständigen Mitglieder werden auf Vorschlag des Bundesraths vom Kaiser auf Lebenszeit ernannt. Von den nichtständigen Mitgliedern werden vier vom Bundesrath aus seiner Mitte, und je zwei mittelst schriftlicher Abstimmung von den Genossenschaftsvorständen und von den Vertretern der versicherten Arbeiter (§. 41) aus ihrer Mitte in getrennter Wahlhandlung unter Leitung des Reichs-Versicherungsamts gewählt. Die Wahl erfolgt nach

relativer Stimmenmehrheit; bei Stimmengleichheit entscheidet das Loos. Die Amtsdauer der nichtständigen Mitglieder währt vier Jahre. Das Stimmenverhältniß der einzelnen Wahlkörper bei der Wahl der nichtständigen Mitglieder bestimmt der Bundesrath unter Berücksichtigung der Zahl der versicherten Personen.

Für **die nichtständigen Mitglieder des** 4.
**Reichs-Versicherungsamts sind in der gleichen Weise nach Bedürfniß Stellvertreter zu bestellen, welche die Mitglieder** †) in Behinderungsfällen zu vertreten haben. Scheidet ein solches Mitglied während der Wahlperiode aus, so haben für den Rest derselben die Stellvertreter in der Reihenfolge ihrer Wahl als Mitglied einzutreten.

Die übrigen Beamten des Reichs-Versicherungs- 5.
amts werden vom Reichskanzler ernannt.

*) Abs. 1 gilt nicht für die einer Berufsgenossenschaft nicht zugewiesenen fiskalischen etc. Betriebe (Anm.*) zu § 9), § 3 A. G.

## Zu § 87.

1. „Das Reichs-Versicherungsamt ist eine mit selbständigen Entscheidungs- und Zwangsbefugnissen ausgerüstete Reichsbehörde, welche unbeschadet gewisser, dem Bundesrath übertragener Funktionen die Durchführung des Gesetzes in organisatorischer, administrativer, verwaltungsgerichtlicher und disziplinarischer Beziehung in letzter Instanz in der Hand hat. Eine oberste Reichsbehörde wie das Reichsamt des Innern, das Reichsjustizamt und das Reichsschatzamt ist das Reichs-Versicherungsamt indessen nicht. Aehnlich wie die „Reichskommission" und „das Bundesamt für das Heimath-

†) Die durch fetten Druck hervorgehobenen Worte beruhen auf dem Gesetz vom 16. Mai 1892.

wesen" gehört das Reichs-Versicherungsamt zum Ressort des Reichsamts des Innern, dessen geschäftlicher Aufsicht es untersteht."

„Das Gesetz gewährt Niemandem und namentlich auch nicht der erwähnten Aufsichtsbehörde die Befugniß, in die Instanzentscheidungen des Reichs-Versicherungsamts einzugreifen oder statt seiner selbst zu entscheiden" (Komm.-Ber. S. 52).

2. „Bei der Zusammensetzung des Reichs-Versicherungsamts ist lediglich die Rücksicht maßgebend gewesen, die Behörde unabhängig und vertrauenswürdig zu gestalten. Dasselbe soll in der Weise gebildet werden, daß es ein verwaltungsgerichtliches Gepräge hat. Deshalb soll neben den Mitgliedern, welche die unmittelbar betheiligten Körperschaften zu wählen haben, auch aus der Mitte des Bundesraths eine Anzahl von Mitgliedern des Reichs-Versicherungsamts gewählt werden. Der Bundesrath erhält dadurch unmittelbare Fühlung mit den Verhältnissen, auf deren Gestaltung und Regelung ihm ein maßgebender Einfluß zusteht" (Mot. S. 80). Bei der Entscheidung über die besonders wichtigen vermögensrechtlichen Streitigkeiten in den Fällen der §§ 32, 63 treten zwei richterliche Beamte hinzu, § 90.

Die Zahl der nichtständigen Mitglieder ist inzwischen durch das Hinzutreten von je zwei Arbeitgebern und Vertretern der Versicherten sowohl aus der Land- und Forstwirthschaft, wie aus der Rhederei vergrößert worden. Ebenso sind auch die ständigen Mitglieder (Beamten) neben dem Vorsitzenden (Präsidenten) nach Maßgabe des steigenden Geschäftsumfanges inzwischen auf 2 Direktoren sowie 17 Mitglieder in gehobener und 24 Mitglieder in anderer Stellung vermehrt worden und werden, wenn nicht bald eine Geschäftsentlastung eintritt, sicherlich noch weiter vermehrt werden müssen.

3. Neben dem Reichs-Versicherungsamt sind für diejenigen Berufsgenossenschaften, welche sich nicht über das Gebiet eines Bundesstaates hinaus (vgl. Anm. 2 zu § 92) erstrecken, Landes-Versicherungsämter (§ 92) durch den Reichstag zugelassen worden, welche für die ihnen unterstellten Genossenschaften unter Aufsicht der Landesregierung wesentliche, aber nicht sämmtliche Funktionen des Reichs-Versicherungsamts wahrzunehmen haben, hierbei aber in sachlicher Uebereinstimmung mit dem Reichs-Versicherungs-

amt bleiben sollen. Die Landes-Versicherungsämter haben die bei ihnen anhängigen Sachen an das Reichs-Versicherungsamt abzugeben, sobald sich herausstellt, daß dabei das Interesse auch solcher Berufsgenossenschaften mit betheiligt ist, die einem anderen Landes-Versicherungsamt oder dem Reichs-Versicherungsamt unterstellt sind. Vgl. Zusatz zu § 92 und den Kommentar des Verfassers 4. Aufl. Anm. 1, 4 zu § 92.

4. Landes-Versicherungsämter bestehen zur Zeit in Bayern, Kgr. Sachsen, Württemberg, Baden, Hessen, Mecklenburg-Schwerin, Mecklenburg-Strelitz, Reuß ä. L. Seit der Errichtung land- und forstwirthschaftlicher Berufsgenossenschaften, welche sich in der großen Mehrzahl auf das Gebiet je eines Bundesstaates beschränken, hat die Bedeutung des L.V.A. erheblich zugenommen.

5. In gleichem Umfange, wie die Genossenschaft selbst, unterliegen auch die den Baugewerks-B.G. angehängten Versicherungsanstalten der Beaufsichtigung des Reichs- (Landes-)Versicherungsamts (vgl. §§ 45, 48 B.U.G.). Auch für die Durchführung der Invaliditäts- und Altersversicherung bilden das R.V.A. und die L.V.A. die Aufsichtsinstanz (§§ 131, 134 J.V.G.). Revisionsinstanz in Angelegenheiten der Inv.- und Alt.-Vers. ist ausschließlich das R.V.A. (§§ 80, 134 J.V.G.); in demselben ist für die Zwecke der Inv.- und Alt.-Vers. eine besondere Abtheilung sowie ein besonderes Rechnungsbüreau errichtet worden. (§ 97 J.V.G.)

### Zuständigkeit.

### §. 88.*)

Die Aufsicht des Reichs-Versicherungsamts über 1.
den Geschäftsbetrieb der Genossenschaften hat sich auf die Beobachtung der gesetzlichen und statutarischen Vorschriften zu erstrecken. Alle Entscheidungen†) desselben

†) Die grundsätzlich wichtigsten Entscheidungen des R.V.A. werden in den „Amtlichen Nachrichten“ dieser Behörde veröffentlicht. Im Übrigen vgl. „Handbuch der Unfallversicherung“ 2. Aufl. 1897. (S. Anm.*) auf S. 1).

sind endgültig, soweit in diesem Gesetze nicht ein Anderes bestimmt ist.

2. Das Reichs-Versicherungsamt ist befugt, jederzeit eine Prüfung der Geschäftsführung der Genossenschaften vorzunehmen.

3. Die Vorstandsmitglieder, Vertrauensmänner und Beamten der Genossenschaften sind auf Erfordern des Reichs-Versicherungsamts zur Vorlegung ihrer Bücher, Beläge und ihrer auf den Inhalt der Bücher bezüglichen Korrespondenzen, sowie der auf die Festsetzung der Entschädigungen und Jahresbeiträge bezüglichen Schriftstücke an die Beauftragten des Reichs-Versicherungsamts oder an das letztere selbst verpflichtet. Dieselben können hierzu durch Geldstrafen bis zu eintausend Mark angehalten werden.

*) Gilt nicht für die in Anm.*) zu § 9 erwähnten fiskalischen etc. Betriebe. § 3 A. G.

## Zu § 88.

1. Beschwerde an den Bundesrath ist zugelassen wegen Nichtbestätigung der Genossenschaftsstatuten oder deren Abänderung, § 20.

2. Ueber die Zuständigkeit des Reichs-Versicherungsamts vgl. im Einzelnen d. Komm. d. Verf. 4. Aufl. Anm. 2 zu § 87.

3. Die in diesem Paragraphen geregelten Aufsichtsfunktionen gelten event. auch für das Landes-Versicherungsamt (§ 92), aber nicht für die einer Berufsgenossenschaft nicht zugewiesenen fiskalischen oder kommunalen Betriebe. Diese unterstehen vielmehr nur der Aufsicht der dienstpragmatischen Vorgesetzten. Spruchbehörde aber bleibt das Reichs- (Landes-) Versicherungsamt auch für diese Betriebe; ebenso entscheidet dasselbe auch bei ihnen Streitig-

keiten über die Gültigkeit der Wahlen (§ 89), sowie Beschwerden darüber, daß ein Entschädigungsanspruch abgelehnt ist, weil der Betriebstheil, in welchem der Unfall sich ereignete, nicht unter den § 1 falle (§ 59 Abs. 4, §§ 3, 5, 8 A. G., §§ 4, 46, 47 B.U.G.).

§. 89.*)

Das Reichs-Versicherungsamt entscheidet, unbeschadet der Rechte Dritter, über Streitigkeiten, welche sich auf die Rechte und Pflichten der Inhaber der Genossenschaftsämter, auf die Auslegung der Statuten und die Gültigkeit der vollzogenen Wahlen beziehen. Dasselbe kann die Inhaber der Genossenschaftsämter zur Befolgung der gesetzlichen und statutarischen Vorschriften durch Geldstrafen bis zu eintausend Mark anhalten.

*) Gilt nicht für die einer Berufsgenossenschaft nicht zugewiesenen fiskalischen etc. Betriebe (Anm. *) zu § 9), § 3 A. G. Vgl. aber für diese die besondere Bestimmung des § 5 Abs. 3 A. G.

## Zu § 89.

Dieselben Bestimmungen gelten für die Landes-Versicherungsämter, § 92.

### Geschäftsgang.

§. 90.

1. Die Beschlußfassung des Reichs-Versicherungsamts ist durch die Anwesenheit von mindestens fünf Mitgliedern (einschließlich des Vorsitzenden), unter denen sich je ein Vertreter der Genossenschaftsvorstände und der Arbeiter befinden müssen, bedingt, wenn es sich handelt

a) um die Vorbereitung der Beschlußfassung des Bundesraths bei der Bestimmung, welche Betriebe mit einer Unfallgefahr nicht verbunden und deshalb nicht versicherungspflichtig sind (§. 1) bei der Genehmigung von Veränderungen des Bestandes der Genossenschaften (§. 31), bei der Auflösung einer leistungsunfähigen Genossenschaft (§. 33), bei der Bildung von Schiedsgerichten (§. 46);

b) um die Entscheidung vermögensrechtlicher Streitigkeiten bei Veränderungen des Bestandes der Genossenschaften (§. 32);

c) um die Entscheidung auf Rekurse gegen die Entscheidungen der Schiedsgerichte (§. 63);

d) um die Genehmigung von Vorschriften zur Verhütung von Unfällen (§. 78);

e) um die Entscheidung auf Beschwerden gegen Strafverfügungen der Genossenschaftsvorstände (§. 106).

2. Solange die Wahl der Vertreter der Genossenschaftsvorstände und der Arbeiter nicht zu Stande gekommen ist, genügt die Anwesenheit von fünf anderen Mitgliedern (einschließlich des Vorsitzenden).

3. In den Fällen zu b und c erfolgt die Beschlußfassung unter Zuziehung von zwei richterlichen Beamten.

4. Im übrigen werden die Formen des Verfahrens und der Geschäftsgang des Reichs-Versicherungsamts durch Kaiserliche Verordnung unter Zustimmung des Bundesraths geregelt.†)

---

†) **Kaiserliche Verordnung, betreffend die Formen des Verfahrens und den Geschäftsgang des Reichs-Versicherungsamts, vom 5. August 1885 (RGBl. S. 255), sowie die Novelle zu derselben**

*) Abs. 1 litt. a, d, e gilt nicht für die einer Berufsgenossenschaft nicht zugewiesenen fiskalischen etc. Betriebe (Anm.*) zu § 9). § 3 A. G.

### Kosten.

### §. 91.

Die Kosten des Reichs-Versicherungsamts und seiner Verwaltung trägt das Reich. 1.

Die nichtständigen Mitglieder erhalten für die Theilnahme an den Arbeiten und Sitzungen des Reichs-Versicherungsamts eine nach dem Jahresbetrage festzusetzende Vergütung, und diejenigen, welche außerhalb Berlin wohnen, außerdem Ersatz der Kosten der Hin- und Rückreise nach den für die vortragenden Räthe der obersten Reichsbehörden geltenden Sätzen (Verordnung vom 21. Juni 1875, Reichs-Gesetzbl. S. 249). Die Bestimmungen im §. 16 des Gesetzes, betreffend die Rechtsverhältnisse der Reichsbeamten, vom 31. März 1873 (Reichs-Gesetzbl. S. 61) finden auf sie keine Anwendung. 2.

### Landes-Versicherungsämter.

### §. 92.

In den einzelnen Bundesstaaten können für das Gebiet und auf Kosten derselben Landes-Versicherungsämter von den Landesregierungen errichtet werden. 1.

Der Beaufsichtigung des Landes-Versicherungsamts unterstehen diejenigen Berufsgenossenschaften, welche sich 2.

vom 13. November 1887 (R.G.Bl. S. 523). Die erstere ist mit den aus der letzteren sich ergebenden Abänderungen im Anhang abgedruckt.

nicht über das Gebiet des betreffenden Bundesstaates hinaus erstrecken. In den Angelegenheiten dieser Berufsgenossenschaften gehen die in den §§. 16, 18, 20, 27, 28, 30, 32, 33, 37, 38, 39, 40, 62, 63, 73, 75, 78, 80, 83, 85, 86, 88, 89, 106 dem Reichs-Versicherungsamt übertragenen Zuständigkeiten auf das Landes-Versicherungsamt über.

3. Soweit jedoch in den Fällen der §§. 30, 32, 37 und 38, **62, 63** eine der Aufsicht **eines anderen Landes-Versicherungsamts oder** des Reichs-Versicherungsamts unterstellte Berufsgenossenschaft mitbetheiligt ist, entscheidet das Reichs-Versicherungsamt. **Das Landes-Versicherungsamt hat in derartigen Fällen die Akten an das Reichs-Versicherungsamt zur Entscheidung abzugeben.†)**

4. Treten für eine der im Absatz 2 genannten, der Aufsicht eines Landes-Versicherungsamts unterstellten Berufsgenossenschaften die Voraussetzungen des §. 33 ein, so gehen die Rechtsansprüche und Verpflichtungen auf den betreffenden Bundesstaat über.

---

†) Die durch fetten Druck hervorgehobenen Erweiterungen dieses § beruhen auf den Vorschriften des § 101 Abs. 2 bis 4 des Gesetzes, betreffend die Unfall- und Krankenversicherung der in land- und forstwirthschaftlichen Betrieben beschäftigten Personen, vom 5. Mai 1886 (Reichs-Gesetzbl. S. 132). Dieses letztere Gesetz enthält in Folge der hierin vorgesehenen Erweiterung der Kompetenz des R.V.A., welche ausdrücklich auch für das Gebiet des Gewerbe-Unfallversicherungsgesetzes mit ausgesprochen ist, eine Novelle zu dem letzteren.

## Zu § 92.

1. Ueber die Gründe, welche zur Zulassung von Landes-Versicherungsämtern geführt haben, und über die Zuständigkeiten, welche bei Einrichtung derselben auch bezüglich der ihrer Aufsicht unterstellten Berufsgenossenschaften dem Reichs-Versicherungsamt verbleiben, vgl. d. Komm. d. Verf. 4. Aufl. Anm. 1, 4, 7, zu § 92. Vgl. auch oben Anm. 3 bis 5 zu § 87.

2. Außer den Berufsgenossenschaften, welche sich nicht über das Gebiet des betreffenden Bundesstaates hinaus erstrecken (d. h. welche nur solche Betriebe umfassen, deren Sitz in dem Gebiet des betreffenden Bundesstaates belegen ist), stehen auch die fiskalischen 2c. Ausführungsbehörden des betreffenden Bundesstaates rücksichtlich der durch sie verwalteten Unfallversicherung unter der Zuständigkeit des Landes-Vers.-Amts. Dies gilt jedoch nur, soweit es sich um Rechtsprechung 2c., nicht, soweit es sich um die Aufsicht handelt. Vgl. Anm. 3 zu § 88.

3. Ueber die jetzt bestehenden Landes-Versicherungsämter vgl. Anm. 4 zu § 87. Für Preußen wird ein Landes-Versicherungsamt nicht errichtet werden.

## §. 93.

Das Landes-Versicherungsamt besteht aus mindestens drei ständigen Mitgliedern, einschließlich des Vorsitzenden, und aus vier nichtständigen Mitgliedern. 1.

Die ständigen Mitglieder werden von dem Landesherrn des betreffenden Bundesstaates auf Lebenszeit ernannt; die nichtständigen Mitglieder werden von den Genossenschaftsvorständen derjenigen Genossenschaften, welche sich nicht über das Gebiet des betreffenden Bundesstaates hinaus erstrecken, und von den Vertretern der versicherten Arbeiter (§. 41) aus ihrer Mitte mittelst schriftlicher Abstimmung unter Leitung des Landes-Ver- 2.

sicherungsamts gewählt. Das Stimmenverhältniß der einzelnen Wahlkörper bestimmt die Landesregierung unter Berücksichtigung der Zahl der in den betreffenden Genossenschaften versicherten Personen. Im übrigen finden die Bestimmungen des §. 87 über die Wahl, die Amtsdauer und die Stellvertretung dieser nichtständigen Mitglieder gleichmäßig Anwendung. Solange eine Wahl der Vertreter der Genossenschaftsvorstände und der Arbeiter nicht zu Stande kommt, werden Vertreter der Betriebsunternehmer und der Versicherten von der Landes-Zentralbehörde ernannt.

3. Die Beschlußfassung des Landes-Versicherungsamts in den im §. 90 unter b bis e bezeichneten Angelegenheiten ist durch die Anwesenheit von drei ständigen und zwei nichtständigen Mitgliedern bedingt, zu welchen in den Fällen zu b und c außerdem zwei richterliche Beamte zuzuziehen sind.

4. Die Formen des Verfahrens und der Geschäftsgang bei dem Landes-Versicherungsamt, sowie die den nichtständigen Mitgliedern zu gewährende Vergütung werden durch die Landesregierung geregelt.

## Zu § 93.

In solchen Landes-Versicherungsämtern, denen nur land- und forstwirthschaftliche Berufsgenossenschaften unterstellt sind, erfolgt die Zusammensetzung nach den Bestimmungen des § 100 des Ges., betr. die Unfall- und Krankenversicherung der in land- und forstwirthschaftlichen Betrieben beschäftigten Personen, vom 5. Mai 1886 (Reichs-Gesetzbl. S. 132).

# IX. Schluß- und Strafbestimmungen.

### Knappschafts-Berufsgenossenschaften.

§. 94.

Unternehmer von Betrieben, welche landesgesetzlich 1.
bestehenden Knappschaftsverbänden angehören, können
auf Antrag der Vorstände der letzteren nach Maßgabe
der §§. 12 ff. vom Bundesrath zu Knappschafts-Berufsgenossenschaften vereinigt werden.

Die Knappschafts-Berufsgenossenschaften können 2.
durch Statut bestimmen:

a) daß die Entschädigungsbeträge auch über fünfzig Prozent hinaus (§. 29) von denjenigen Sektionen zu tragen sind, in deren Bezirken die Unfälle eingetreten sind;

b) daß den Knappschaftsältesten die Funktionen der im §. 41 bezeichneten Vertreter der Arbeiter übertragen werden;

c) daß Knappschaftsälteste stimmberechtigte Mitglieder des Genossenschaftsvorstandes oder, sofern die Knappschafts-Berufsgenossenschaft in Sektionen getheilt ist, der Sektionsvorstände sind;

d) daß die Auszahlung der Entschädigungen durch die Knappschaftskassen bewirkt wird (§. 69).

## Zu § 94.

1. Um den Wünschen der Betheiligten wegen Aufrechterhaltung der althergebrachten und mit der Bergwerksindustrie enge verwachsenen Knappschaftskassen nach Möglichkeit zu entsprechen, ist der Bundesrath ermächtigt worden, diejenigen Betriebe, welche

landesgesetzlich bestehenden Knappschaftskassen angehören, nach Maßgabe der §§ 12 ff. zu Knappschafts-Berufsgenossenschaften, welche gewisse Besonderheiten aufweisen, zu vereinigen. Die hierbei zulässigen Modifikationen sollen den Fortbestand der einzelnen Knappschaftskassen und derjenigen Einrichtungen in denselben ermöglichen, welche mit diesem Gesetz vereinbar sind. Man ging davon aus, daß einzelne Knappschaftskassen besondere Sektionen der Knappschafts-Berufsgenossenschaft bilden würden, und glaubte dann diesen, vorbehaltlich der Rückdeckung bei der Knappschafts-Berufsgenossenschaft, ihre gesammte Unfalllast (nicht blos 50%, cf. § 29) belassen zu können. In der Knappschaftsberufsgenossenschaft waren dann gleichzeitig diejenigen breiten Schultern gewonnen, welche die Last der Unfallversicherung dauernd und zuverlässig übernehmen können.

2. Soweit dieser Paragraph nicht Abweichungen gestattet, finden die Bestimmungen des Gesetzes über die Bildung, Organisation und Verwaltung der Berufsgenossenschaften auch auf die Knappschafts-Berufsgenossenschaften Anwendung. Die Betriebsunternehmer von Bergwerken ꝛc. sind also verpflichtet, ihre Betriebe nach §§ 11, 35 anzumelden; es müssen Vertreter der Arbeiter gewählt werden (wozu auf Grund des Statuts Knappschaftsälteste berufen sind); es müssen Schiedsgerichte errichtet, Unfälle gemeldet und untersucht, ein nach § 18 zu dotirender Reservefonds sowie Gefahrenklassen gebildet, der Jahresbedarf nach § 28, also ohne Heranziehung der Arbeiter, umgelegt werden ꝛc.

3. Für alle knappschaftspflichtigen Betriebe ist eine einzige, das Gebiet des Reichs umfassende Knappschafts-Berufsgenossenschaft gebildet worden.

4. Nebenbetriebe folgen dem Hauptbetriebe (§ 9), gehören also mit zur Knappschafts-Berufsgenossenschaft, auch wenn sie nicht in dem Knappschaftsverbande stehen (A. N. 85 S. 4).

### Haftpflicht der Betriebsunternehmer und Betriebsbeamten.

### §. 95.*)

1. Die nach Maßgabe dieses Gesetzes versicherten Personen und deren Hinterbliebene können einen An-

spruch auf Ersatz des in Folge eines Unfalls erlittenen Schadens nur gegen diejenigen Betriebsunternehmer, Bevollmächtigten oder Repräsentanten, Betriebs- oder Arbeiteraufseher geltend machen, gegen welche durch strafgerichtliches Urtheil festgestellt worden ist, daß sie den Unfall vorsätzlich herbeigeführt haben.

In diesem Falle beschränkt sich der Anspruch auf 2. den Betrag, um welchen die den Berechtigten nach den bestehenden gesetzlichen Vorschriften gebührende Entschädigung diejenige übersteigt, auf welche sie nach diesem Gesetze Anspruch haben.

*) Für Arbeiter bei Regiebauten modificirt durch § 49 B.U.G.

## Zu § 95.

1. „Neben der Sicherung der Arbeiter gegen die wirthschaftlichen Folgen der Unfälle verfolgt der Entwurf das Ziel, alle Streitigkeiten zwischen Arbeitgebern und Arbeitern über Entschädigungsansprüche, welche den letzteren aus Unfällen erwachsen, zu beseitigen und zu dem Ende alle Entschädigungsansprüche, welche in Veranlassung eines Unfalles gegen den Arbeitgeber nach bisherigem Rechte (Gemeines Recht, Haftpflichtgesetz vom 7. Juni 1871, code civil, u. s. w.) erhoben werden konnten, aufzuheben. Die Berechtigung hierzu liegt in dem Ersatz, welchen die Arbeiter für die ihnen nach dem bisher geltenden Rechte zustehenden, in ihrer Realisirung höchst unsicheren Entschädigungsansprüche dadurch erhalten sollen, daß ihnen für jeden aus einem Unfall entstehenden Schaden selbst in dem Falle eigenen Verschuldens eine zwar begrenzte, aber vollkommen sichere Entschädigung gewährt wird“ (Mot. S. 81). Hierfür hat bei „Betriebsunfällen“ Jeder, welcher aus der Unfallversicherung Fürsorge zu erwarten hat, seine eventuellen Ansprüche aus bisherigen Gesetzen (Haftpflichtgesetz ꝛc.) unbedingt aufzugeben; nur für eigenen Vorsatz

bleiben ihm die Unternehmer sowie die Betriebsbeamten des betreffenden Betriebes auch ferner verhaftet. Auf Unfälle, welche sich nicht als „Unfälle bei dem Betriebe" darstellen, bezieht sich dagegen das Unfallversicherungsgesetz überhaupt nicht; rücksichtlich etwaiger Entschädigungsansprüche für solche Unfälle verbleibt es daher bei dem bisherigen Recht (Erk. d. Reichsgerichts). Freilich fallen derartige Unfälle fortan unter das Invaliditätsgesetz vom 22. Juni 1889 (Reichs-Gesetzbl. S. 97), indessen läßt dieses die aus dem bisherigen Recht sich etwa ergebenden Entschädigungsansprüche des Verunglückten unverändert (§§ 35, 39 Inv.-Ges.).

Die §§ 95, 96 werden übrigens nur auf die gesetzlichen Ansprüche derjenigen Personen bezogen, welchen in diesem Zusatz überhaupt ein Entschädigungsanspruch beigelegt ist, also auf Ansprüche der Verletzten (§ 5), der Wittwen, (ehelichen) Kinder und solcher bedürftigen Ascendenten, deren einziger Ernährer der Verstorbene gewesen ist (§ 6); nicht auch z. B. auf Ansprüche anderer Ascendenten (Erk. d. Reichsgerichts). Ferner beziehen sich die §§ 95, 96 nur auf die Ansprüche gegen die Unternehmer und die Betriebsbeamten desjenigen Betriebes, in welchem der Verletzte zur Zeit des Unfalls beschäftigt war. Andere Betriebsunternehmer oder Betriebsbeamte eines anderen Betriebes sind im Verhältniß zu dem Verletzten Dritte, haften also im vollen Umfange nach Maßgabe der bisherigen Gesetze, cf. Anm. 3.

2. Vom Standpunkt der Arbeitgeber aus stellt sich das Rechtsverhältniß folgendermaßen:

Bei Betriebsunfällen haftet der Unternehmer oder dessen Betriebsbeamter 2c. a) dem verletzten Versicherten oder seinen nach diesem Gesetz entschädigungsberechtigten Hinterbliebenen nur dann und zwar auf die Differenz gegen die Entschädigung aus der Unfallfürsorge, wenn er selbst den Unfall durch Vorsatz im strafrechtlichen Sinne, also durch ein doloses verübtes Verbrechen oder Vergehen, herbeigeführt hat (§ 95), b) den Krankenkassen und Berufsgenossenschaften außerdem auch dann, wenn er wegen qualifizirter Fahrlässigkeit kriminell für den Unfall verantwortlich gemacht ist (§ 96). Im Fall des Vorsatzes haftet der Unternehmer für das Ganze, und zwar zur Höhe der nach diesem Gesetz und dem Krankenversicherungsgesetz gewährten Kranken- und Unfallentschädigung den Krankenkassen und Berufsgenossenschaften, zur Höhe des Restes dem Verletzten und dessen Hinterbliebenen. Die Regreßpflicht im Prinzip, d. h. die Frage, ob dolus beziehungsweise vertretbares Versehen vorliegt, muß durch den Strafrichter festgestellt werden, falls nicht die strafrechtliche Verfolgung aus Gründen, die in der Person des Haftpflichtigen liegen, unmöglich ist, § 97; der Civilanspruch betrifft nur noch die Höhe des Regresses.

Jeder haftet nur für die Folgen seiner eigenen Handlungen; die Haftbarkeit des Unternehmers für die Nachlässigkeit 2c. seiner Betriebsbeamten 2c. fällt fort.

3. Dritte, d. h. Alle, welche zu dem Verletzten nicht im Verhältniß des Betriebsunternehmers oder eines Betriebsbeamten desjenigen Betriebes, in welchem der Verletzte beschäftigt war, stehen, bleiben (für Vorsatz und Versehen) nach den bisherigen Gesetzen verantwortlich und sind (ebenso wie die Unternehmer bei dolus) theils den Krankenkassen und Genossenschaften, theils den Verletzten und deren Hinterbliebenen regreßpflichtig, § 98.

4. Für die bei Regiebauten von Privatpersonen beschäftigten, gegen Krankheit nicht versicherten Bauarbeiter finden die Bestimmungen des § 95 U.V.G. während der Karenzzeit keine Anwendung. Für diese Personen bewendet es vielmehr während der Karenzzeit bei den landesrechtlichen Schadensansprüchen, weil man angenommen hat, daß die letzteren durch die für die Karenzzeit bewilligte freie Kur nicht genügend ausgeglichen werden, § 49 B.U.G. Vgl. Anm. 3 zu § 5.

## §. 96.

Diejenigen Betriebsunternehmer, Bevollmächtigten oder Repräsentanten, Betriebs- oder Arbeiteraufseher, gegen welche durch strafgerichtliches Urtheil festgestellt worden ist, daß sie den Unfall vorsätzlich oder durch Fahrlässigkeit mit Außerachtlassung derjenigen Aufmerk- 1.

samkeit, zu der sie vermöge ihres Amtes, Berufes oder Gewerbes besonders verpflichtet sind, herbeigeführt haben, haften für alle Aufwendungen, welche in Folge des Unfalls auf Grund dieses Gesetzes oder des Gesetzes, betreffend die Krankenversicherung der Arbeiter, vom 15. Juni 1883 (Reichs-Gesetzbl. S. 73) von den Genossenschaften oder Krankenkassen gemacht worden sind.

2. In gleicher Weise haftet als Betriebsunternehmer eine Aktiengesellschaft, eine Innung oder eingetragene Genossenschaft für die durch ein Mitglied ihres Vorstandes, sowie eine Handelsgesellschaft, eine Innung oder eingetragene Genossenschaft für die durch einen der Liquidatoren herbeigeführten Unfälle.

3. Als Ersatz für die Rente kann in diesen Fällen deren Kapitalwerth gefordert werden.

4. Der Anspruch verjährt in achtzehn Monaten von dem Tage, an welchem das strafrechtliche Urtheil rechtskräftig geworden ist.

## Zu § 96.

1. Vgl. Anm. zu § 95. Zu den Krankenkassen im Sinne dieses Gesetzes gehört auch die Gemeinde-Krankenversicherung (Mot. S. 78).

2. Die Vorstände können von dem Rückgriff unter Umständen Abstand nehmen, wenn sie es mit Rücksicht auf den verurtheilten Unternehmer oder, um die B.G. bei dessen Zahlungsunfähigkeit vor Kosten zu bewahren, für zweckmäßig halten. Die Vorstände sollen aber in solchen Fällen rechtzeitig (§ 96 Abs. 4) die Zustimmung der Genossenschaftsversammlung einholen, A. N. 87 S. 352; 95 S. 264.

## §. 97.

Die in den §§. 95, 96 bezeichneten Ansprüche können, auch ohne daß die daselbst vorgesehene Feststellung durch strafgerichtliches Urtheil stattgefunden hat, geltend gemacht werden, falls diese Feststellung wegen des Todes oder der Abwesenheit des Betreffenden oder aus einem anderen in der Person desselben liegenden Grunde nicht erfolgen kann.

**Haftung Dritter.**

## §. 98.

Die Haftung dritter, in den §§. 95 und 96 nicht bezeichneter Personen, welche den Unfall vorsätzlich herbeigeführt oder durch Verschulden verursacht haben, bestimmt sich nach den bestehenden gesetzlichen Vorschriften. Jedoch geht die Forderung der Entschädigungsberechtigten an den Dritten auf die Genossenschaft insoweit über, als die Verpflichtung der letzteren zur Entschädigung durch dieses Gesetz begründet ist.

### Zu § 98.

Vgl. Anm. 1, 3 zu § 95. Die vorstehenden Bestimmungen sind ohne Beschränkung auf vorsätzliche oder schuldhafte Herbeiführung des Unfalls auf alle Fälle anzuwenden, in welchen dem Entschädigungsberechtigten nach den bestehenden gesetzlichen Vorschriften ein Schadensersatzanspruch gegen Dritte zusteht. Dies gilt insbesondere auch für die Verpflichtungen der Eisenbahnverwaltungen aus § 1 des Haftpflichtgesetzes, wenn letztere im Verhältniß zu dem (gegen Unfall versicherten) Verletzten „Dritte" sind, d. h. wenn der bei dem Betriebe einer Eisenbahn Verletzte (Passagier, auf dem Bahnhof beschäftigter Arbeiter anderer Personen 2c.) nicht im Dienste des Eisenbahnunternehmers beschäftigt war. Vgl. den Komm. d. Verf. 4. Aufl. Anm. 4 zu § 95 und Anm. 3 zu § 98, sowie § 10 des Unfallfürsorge-Gesetzes für Reichsbeamte v. 15. März 86 (R.G.Bl. S. 53); insbesondere auch Erk. des Reichsgerichts v. 26. 11. 89 (Entsch. Bd. 24 S. 126).

**Verbot vertragsmäßiger Beschränkungen.**

§. 99.

Den Berufsgenossenschaften sowie den Betriebsunternehmern ist untersagt, die Anwendung der Bestimmungen dieses Gesetzes zum Nachtheil der Versicherten durch Verträge (mittelst Reglements oder besonderer Uebereinkunft) auszuschließen oder zu beschränken. Vertragsbestimmungen, welche diesem Verbote zuwiderlaufen, haben keine rechtliche Wirkung.

**Zu § 99.**

Auf Grund dieses § 99 ist es den Betriebsunternehmern verboten, ihren Arbeitern einen Beitrag zur Unfallversicherung, deren Kosten die Unternehmer grundsätzlich allein tragen sollen, in Anrechnung zu bringen, A. N. 85 S. 238.

**Aeltere Versicherungsverträge.**

§. 100.

Die Rechte und Pflichten aus Versicherungsverträgen, welche von Unternehmern der unter §. 1 fallenden Betriebe oder von den in denselben beschäftigten versicherten Personen gegen die Folgen der in diesem Gesetze bezeichneten Unfälle mit Versicherungsanstalten abgeschlossen sind, gehen nach dem Inkrafttreten dieses Gesetzes auf die Berufsgenossenschaft, welcher der Betrieb angehört, über, wenn die Versicherungsnehmer dieses bei dem Vorstande der Genossenschaft beantragen. Die der Genossenschaft hieraus erwachsenden Zahlungsverbindlichkeiten werden durch Umlage auf die Mitglieder derselben (§§. 10, 28) gedeckt.

## Zu § 100.

Dieser § bezieht sich auch auf die Gegenseitigkeitsgesellschaften, welche Nachschußzahlungen erheben. Streitigkeiten über die auf Berufsgenossenschaften übergegangenen Rechte und Pflichten aus Privatversicherungsverträgen gehören vor die ordentlichen Gerichte. Rechte und Pflichten aus derartigen Verträgen verbleiben, soweit sie sich auf die Zeit vor dem 1. Oktober 1885 (vgl. § 111) beziehen, lediglich den einzelnen Versicherten, nach diesem Zeitpunkt, falls die Uebernahme beantragt ist, lediglich der Genossenschaft. Die Genossenschaft tritt in letzterem Falle an die Stelle des Versicherungsnehmers; dieselben Rechte und Pflichten, welche dem letzteren nach dem Vertrage zustanden, hat fortan die erstere. Die Genossenschaft hat also dem bei einer Privatversicherungsanstalt versicherten Verletzten dasjenige zu zahlen, was der letztere über die nach diesem Gesetze von der Genossenschaft geschuldeten Bezüge aus dem Vertrage zu fordern hat, insbesondere auch versicherte Beträge für die Karenzzeit (Erk. des Reichsgerichts v. 14. Mai 87, Entsch. Bd. 19 S. 77). Der Uebergang der Verpflichtungen des Versicherungsnehmers bezieht sich nicht blos auf die pekuniären, sondern auch auf die persönlichen Verpflichtungen (Erk. des Reichsgerichts v. 22. Jan. 87, Entsch. Bd. 19 S. 43); die Genossenschaft aber wird ihrerseits die Vermittelung des bisherigen Versicherungsnehmers in Anspruch nehmen können.

Erhebliche praktische Bedeutung hat der § 100 nicht mehr, da derartige Verträge seither meist gelöst worden sind.

**Rechtshülfe.**

## §. 101.

Die öffentlichen Behörden sind verpflichtet, den im 1.
Vollzuge dieses Gesetzes an sie ergehenden Ersuchen des Reichs-Versicherungsamts, anderer öffentlicher Behörden,

sowie der Genossenschafts- und Sektionsvorstände und der Schiedsgerichte zu entsprechen und den bezeichneten Vorständen auch unaufgefordert alle Mittheilungen zukommen zu lassen, welche für den Geschäftsbetrieb der Genossenschaften von Wichtigkeit sind. Die gleiche Verpflichtung liegt den Organen der Genossenschaften untereinander ob.

2. Die durch die Erfüllung dieser Verpflichtungen entstehenden Kosten sind von den Genossenschaften als eigene Verwaltungskosten (§. 10) insoweit zu erstatten, als sie in Tagegeldern und Reisekosten von Beamten oder Genossenschaftsorganen, sowie in Gebühren für Zeugen und Sachverständige oder in sonstigen baaren Auslagen bestehen.

### Gebühren- und Stempelfreiheit.

### §. 102.

Alle zur Begründung und Abwickelung der Rechtsverhältnisse zwischen den Berufsgenossenschaften einerseits und den Versicherten andererseits erforderlichen schiedsgerichtlichen und außergerichtlichen Verhandlungen und Urkunden sind gebühren- und stempelfrei. Dasselbe gilt für die behufs Vertretung von Berufsgenossen ausgestellten privatschriftlichen Vollmachten.

### Strafbestimmungen.

### §. 103.*)

Die Genossenschaftsvorstände sind befugt, gegen Betriebsunternehmer Ordnungsstrafen bis zu fünfhundert Mark zu verhängen:

1. wenn die von denselben auf Grund gesetzlicher oder

statutarischer Bestimmung eingereichten Arbeiter- und Lohnnachweisungen unrichtige thatsächliche Angaben enthalten;

2. wenn in der von ihnen gemäß §. 35 erstatteten Anzeige als Zeitpunkt der Eröffnung oder des Beginnes der Versicherungspflicht des Betriebes ein späterer Tag angegeben ist als der, an welchem dieselbe stattgefunden hat.

*) Gilt nicht für die in Anm.*) zu § 9 erwähnten fiskalischen etc. Betriebe. § 3 A. G.

## Zu § 103.

Die §§ 103 bis 108 finden auch auf Regiebauten, insbesondere bezüglich der Einreichung und Richtigkeit solcher Nachweisungen von Regiebauten, welche für die Berechnung der Prämien maßgebend sind, entsprechende Anwendung. § 49 B.U.G.

## §. 104.*)

Betriebsunternehmer, welche den ihnen obliegenden Verpflichtungen in Betreff der Anmeldung der Betriebe und Betriebsänderungen (§§. 11, 35, 38 und 39), in Betreff der Einreichung der Arbeiter- und Lohnnachweisungen (§§. 60 und 71) oder in Betreff der Erfüllung der für Betriebseinstellungen gegebenen statutarischen Vorschriften (§. 17 Ziffer 7) nicht rechtzeitig nachkommen, können von dem Genossenschaftsvorstande mit einer Ordnungsstrafe bis zu dreihundert Mark belegt werden. 1.

Die gleiche Strafe kann, wenn die Anzeige eines Unfalls in Gemäßheit des §. 51 nicht rechtzeitig erfolgt 2.

ist, gegen denjenigen verhängt werden, welcher zu der Anzeige verpflichtet war.

*) Gilt nicht für die in Anm.*) zu § 9 erwähnten fiskalischen etc. Betriebe. § 3 A. G.

## Zu § 104.

Vgl. Anm. zu § 103.

### §. 105.*)

Die Strafvorschriften der §§. 103 und 104 finden auch gegen die gesetzlichen Vertreter handlungsunfähiger Betriebsunternehmer, desgleichen gegen die Mitglieder des Vorstandes einer Aktiengesellschaft, Innung oder eingetragenen Genossenschaft, sowie gegen die Liquidatoren einer Handelsgesellschaft, Innung oder eingetragenen Genossenschaft Anwendung.

*) Gilt nicht für die in Anm.*) zu § 9 erwähnten fiskalischen etc. Betriebe. § 3 A. G.

## Zu § 105.

Vgl. Anm. zu § 103.

### §. 106.*)

1. Zum Erlaß der in den §§. 103 bis 105 bezeichneten Strafverfügungen ist der Vorstand derjenigen Genossenschaft zuständig, zu welcher der Betriebsunternehmer gemäß §. 34 gehört.
2. Gegen die Strafverfügung des Genossenschaftsvorstandes steht den Betheiligten binnen zwei Wochen, von deren Zustellung an, die Beschwerde an das Reichs-Versicherungsamt zu.
3. Die Strafen fließen in die Genossenschaftskasse.

*) Gilt nicht für die in Anm *) zu § 9 erwähnten fiskalischen etc. Betriebe. § 3 A. G.

## Zu § 106.

1. Vgl. Anm. zu § 103.

2. An die Stelle des Reichs-Versicherungsamts tritt event. das Landes-Versicherungsamt, § 92.

## §. 107.*)

Die Mitglieder der Vorstände der Genossenschaften, deren Beauftragte (§§. 82 und 83) und die nach §. 83 ernannten Sachverständigen werden, wenn sie unbefugt Betriebsgeheimnisse offenbaren, welche kraft ihres Amtes oder Auftrages zu ihrer Kenntniß gelangt sind, mit Geldstrafe bis zu eintausendfünfhundert Mark oder mit Gefängniß bis zu drei Monaten bestraft. 1.

Die Verfolgung tritt nur auf Antrag des Betriebs- 2. unternehmers ein.

*) Gilt nicht für die in Anm.*) zu § 9 erwähnten fiskalischen etc. Betriebe. § 3 A. G.

## Zu § 107.

Vgl. Anm. zu § 103.

## §. 108.*)

Die Mitglieder der Vorstände der Genossenschaften, 1. die Beauftragten derselben (§§. 82 und 83) und die nach §. 83 ernannten Sachverständigen werden mit Gefängniß, neben welchem auf Verlust der bürgerlichen Ehrenrechte erkannt werden kann, bestraft, wenn sie absichtlich zum Nachtheile der Betriebsunternehmer Betriebsgeheimnisse, welche kraft ihres Amtes oder Auftrages zu ihrer Kenntniß gelangt sind, offenbaren, oder geheim gehaltene Betriebseinrichtungen oder Betriebsweisen, welche kraft ihres Amtes oder Auftrages zu ihrer Kenntniß gelangt sind, solange als diese Betriebsgeheimnisse sind, nachahmen.

2. Thun sie dies, um sich oder einem Anderen einen Vermögensvortheil zu verschaffen, so kann neben der Gefängnißstrafe auf Geldstrafe bis zu dreitausend Mark erkannt werden.

*) Gilt nicht für die in Anm.*) zu § 9 erwähnten fiskalischen etc. Betriebe. § 3 A. G.

## Zu § 108.

Vgl. Anm. zu § 103.

**Zuständige Landesbehörden. Verwaltungsexekution.**

§. 109.

1. Die Zentralbehörden der Bundesstaaten bestimmen, von welchen Staats- oder Gemeindebehörden die in diesem Gesetze den höheren Verwaltungsbehörden, den unteren Verwaltungsbehörden und den Ortspolizeibehörden zugewiesenen Verrichtungen wahrzunehmen sind und zu welchen Kassen die in §§. 11 Absatz 3, 35 Absatz 2, 82 Absatz 2 und 85 Absatz 2 bezeichneten Strafen fließen. Diese, sowie die auf Grund der §§. 49 Absatz 3, 103 bis 105 erkannten Strafen, desgleichen die von den Vorständen der Betriebs- (Fabrik-) Krankenkassen verhängten Strafen (§. 80 Abs. 1) werden in derselben Weise beigetrieben, wie Gemeindeabgaben.

2. Die von den Zentralbehörden der Bundesstaaten in Gemäßheit vorstehender Vorschrift erlassenen Be-

stimmungen sind durch den Deutschen Reichsanzeiger bekannt zu machen.

## Zu § 109.

1. Die Zentralbehörden haben darin, welcher Behörde sie die Funktionen der „Ortspolizeibehörde" im Sinne dieses Gesetzes übertragen wollen, freie Hand und sind dabei nicht auf diejenigen Behörden beschränkt, welche nach der Behördenorganisation der einzelnen Bundesstaaten die örtliche Polizei wahrzunehmen haben. Vgl. Mot. S. 68.

2. Einzeln sind die höheren und unteren Verwaltungsbehörden von Neuem aufgeführt in A. N. 95 S. 266 fg.

In Preußen sind im Allg. die Regierungspräsidenten als höhere Verwaltungsbehörden, die Landräthe bezw. in Städten von mehr als 10000 Einwohnern die Ortspolizeibehörden, für Hannover z. Th. die Magistrate, als untere Verwaltungsbehörden, die für die örtliche Polizeiverwaltung zuständigen Behörden und Beamten als Ortspolizeibehörden bestimmt.

3. Die im § 109 aufgeführten Strafen fließen in Preußen zur Staatskasse.

### Zustellungen.

### §. 110.*)

Zustellungen, welche den Lauf von Fristen bedingen, erfolgen durch die Post mittelst eingeschriebenen Briefes gegen Empfangsschein.

## Zu § 110.

1. Andere Formen der Zustellung sind nicht ausgeschlossen sofern dabei nur zuverlässig die Thatsache und der Tag der Zustellung an inempfangsberechtigte Personen ermittelt wird.

2. Die Zustellung ist von Amtswegen zu betreiben. Ist Adressat unbekannt wohin verzogen, so soll der Bescheid u. s. w. lediglich in einem eingeschriebenen Brief unter Angabe der letzten

bekannten Wohnung des Empfängers abgesandt und hierdurch der Versuch einer dem § 110 entsprechenden Zustellung gemacht werden. Kommt der Brief dann als unbestellbar zurück, so hat die B.G. immerhin Alles gethan, um eine nach § 110 gültige Zustellung zu erzielen (R.V.A.).

3. Für Bauarbeiter gilt folgende, dem § 132 des landw. Unfallvers.-Ges. vom 5. Mai 1886 (R.G.Bl. S. 132) nachgebildete Bestimmung der §§ 50, 48 B.U.G.:

> Zustellungen, welche den Lauf von Fristen bedingen, erfolgen durch die Post mittelst eingeschriebenen Briefes. Der Beweis der Zustellung kann auch durch behördliche Beglaubigung geführt werden.

### Gesetzeskraft.

### §. 111.

1. Die Bestimmungen der Abschnitte II, III, IV, V und VIII, die auf diese Abschnitte bezüglichen Strafbestimmungen, sowie diejenigen Vorschriften, welche zur Durchführung der in diesen Abschnitten getroffenen Anordnungen dienen, treten mit dem Tage der Verkündung dieses Gesetzes in Kraft.

2. Im übrigen wird der Zeitpunkt, mit welchem das Gesetz in Kraft tritt, mit Zustimmung des Bundesraths durch Kaiserliche Verordnung bestimmt †).

---

†) Kais. Verordnung vom 25. Sept. 1885 (Reichs-Gesetzblatt S. 271):

> § 1. Das Unfallversicherungsgesetz vom 6. Juli 1884 (Reichs-Gesetzbl. S. 69) tritt mit dem 1. Oktober 1885 seinem vollen Umfange nach in Kraft.

(Siehe den vollen Text dieser Verordnung unten bei § 17 A. G.)

Für Helgoland gilt das Gesetz seit 1. Januar 1893 (Kais. Verordnung v. 14. Dezember 1892 (Reichs-Gesetzbl. S. 1052).

Urkundlich unter Unserer Höchsteigenhändigen Unterschrift und beigedrucktem Kaiserlichen Insiegel.

Gegeben Coblenz, den 6. Juli 1884.

(L. S.) **Wilhelm.**

Fürst von Bismarck.

## Zu § 111.

Rückwirkende Kraft hat das Gesetz nicht; Unfälle, welche vor demjenigen Termine sich ereignet haben, mit welchem nach Kaiserl. Verordnung der materielle Theil des Gesetzes in Kraft getreten ist (1. Oktober 1885), sind also nach dem bisherigen Recht (Haftpflicht ꝛc.) zu beurtheilen.

# Gesetz über die Ausdehnung der Unfall- und Krankenversicherung†).

## Vom 28. Mai 1885.

(R.G.Bl. S. 159.)

---

**Wir Wilhelm**, von Gottes Gnaden Deutscher Kaiser, König von Preußen ꝛc.

verordnen im Namen des Reichs, nach erfolgter Zustimmung des Bundesraths und des Reichstags, was folgt:

## I. Unfallversicherung.

**Ausdehnung der Unfallversicherung.**

§. 1.

Das Unfallversicherungsgesetz vom 6. Juli 1884 (Reichs-Gesetzbl. S. 69) findet mit den aus nachstehenden Bestimmungen sich ergebenden Abänderungen Anwendung auf

---

†) sog. Ausdehnungsgesetz.

1. den gesammten Betrieb der Post-, Telegraphen- und Eisenbahnverwaltungen, sowie sämmtliche Betriebe der Marine- und Heeresverwaltungen, und zwar einschließlich der Bauten, welche von diesen Verwaltungen für eigene Rechnung ausgeführt werden;
2. den Baggereibetrieb;
3. den gewerbsmäßigen Fuhrwerks-, Binnenschifffahrts-, Flößerei-, Prahm- und Fährbetrieb, sowie den Gewerbebetrieb des Schiffsziehens (Treidelei);
4. den gewerbsmäßigen Speditions-, Speicher- und Kellereibetrieb;
5. den Gewerbebetrieb der Güterpacker, Güterlader, Schaffer, Bracker, Wäger, Messer, Schauer und Stauer.

## Zu § 1.

1. Die Ausdrücke: „der gesammte Betrieb der Post-, Telegraphen- und Eisenbahnverwaltungen" und „die sämmtlichen Betriebe der Marine- und Heeresverwaltungen" sind mit Rücksicht darauf einander gegenübergestellt, daß bei der Marine und dem Heere eine Summe von Einzelbetrieben der verschiedensten Art, welche für die Zwecke der Marine oder des Heeres betrieben werden, bei der Post und den Eisenbahnen aber ein einheitlicher Betrieb mit verschiedenen Ausflüssen in Frage kommen. Bei den Eisenbahnen steht der Betriebsdienst als solcher, bei den Marine- und Heeresverwaltungen aber stehen „nicht die Kriegführung oder die Ausbildung der im Dienst befindlichen Soldaten, sondern nur die in der Verwaltung des Heeres und der Marine vorhandenen technischen, Magazin- und sonstigen

Einzelbetriebe in Frage" (Mot.), also solche, in denen bürgerliche Arbeiter beschäftigt werden. Vgl. Anm. 5, außerdem § 4 sowie die Ausführungsvorschriften v. 19./9. 85 (Centr.Bl. S. 475).

2. Bei der Post- und Telegraphenverwaltung fallen insbesondere alle im Post-Bestellungs- und Beförderungsdienst, im Packetannahmedienst, im Telegraphenbetriebe, bei Post- oder Telegraphenbauten oder bei der Bedienung von Dampfkesseln, Gaskraftmaschinen und anderen durch elementare Kraft bewegten Triebwerken beschäftigten Arbeiter (vgl. Anm. 5) unter dies Gesetz. Vgl. Regulativ für die Reichs-Post- und -Telegraphenverwaltung vom 30./9. 85 (Centr.Bl. S. 484). Der Fuhrwerksbetrieb der Post gehört, soweit er in Regie betrieben wird, zum „gesammten Betrieb der Postverwaltungen", und soweit er von Unternehmern (Posthaltern) betrieben wird, „zum gewerbsmäßigen Fuhrwerksbetrieb".

3. Zu den Eisenbahnen gehören auch die kleineren Straßen-, Pferde-, elektrischen Bahnen und ähnliche Unternehmungen (Mot.), auch wenn sie durch thierische Kraft oder (bei geneigter Bahn) nach dem Gesetz der eigenen Schwere betrieben werden, ebenso Rutsch- und Luftbahnen (R.V.A.), sofern nur „auf Schienensträngen ein eisenbahnartiger Betrieb stattfindet". Es sind zwei Berufsgenossenschaften für Eisenbahnen gebildet, die Privatbahn-B.G. und die Straßenbahn-B.G. Zur ersteren gehören diejenigen Eisenbahnen, welche der „Betriebsordnung für die Haupteisenbahnen Deutschlands" v. 5./7. 92 (R.G.Bl. S. 691) oder der „Bahnordnung für Nebeneisenbahnen Deutschlands" v. 5./7. 92 (R.G.Bl. S. 764) bezw. den analogen Bestimmungen in Bayern unterliegen, soweit sie nicht für Reichs- bezw. Staatsrechnung verwaltet werden (vgl. § 2) oder wesentliche Bestandtheile eines anderen unfallversicherungspflichtigen Betriebes sind (dann bleiben sie in der bisherigen Genossenschaft, vgl. § 12 Abs. 2). Zur Straßenbahn-B.G. gehören mit der gleichen Beschränkung alle anderen Eisenbahnen. Vgl. aber Anm. 9.

4. Zu den Betrieben der Heeresverwaltung gehört auch die Vorspannleistung sowie Leistungen auf Grund des Natural-

leistungsgesetzes vom 13. Febr. 75 bezw. 21. Juni 87 (A. N. 90 S. 491), ebenso der Menagebetrieb (A. N. 95 S. 170), dagegen nicht die nach §§ 25 fg. Ges. v. 13. Juni 73 allen Pferdebesitzern obliegende Vorführung ihrer Pferde zur Vormusterung (A. N. 95 S. 208).

5. Zur Binnenschifffahrt gehören alle Schiffe, welche nicht Seeschiffe sind. Ein „Seefahrzeug" aber ist nach § 2 des Seeunfallvers.=Ges. v. 13./7. 87 (R.G.Bl. S. 329) „jedes ausschließlich oder vorzugsweise zur Seefahrt benutzte Fahrzeug . . ." Als Seefahrt gilt „nicht nur der Verkehr auf See außerhalb der durch § 1 der Vorschriften über die Registrirung und die Bezeichnung der Kauffahrteischiffe vom 13./11. 73 (R.G.Bl. S. 367) festgesetzten Grenzen, sondern auch die Fahrt auf Buchten, Haffen und Watten der See, nicht aber auf anderen mit der See in Verbindung stehenden Gewässern, auch wenn sie von Seeschiffen befahren werden". Ein Fahrzeug, welches nicht „ausschließlich oder vorzugsweise zur Seefahrt benutzt" wird, ist ein Binnenschiff, auch wenn es gelegentlich über See geht oder wenn ein Theil seiner regelmäßigen Fahrten eine Seefahrt ist. Auch hier entscheidet die Hauptsache bezw. der Hauptbetrieb. Ausgenommen sind auch hier Fischerfahrzeuge.

6. Versichert sind „die in diesen Betrieben, also im Betriebsdienst, als Arbeiter oder Betriebsbeamte beschäftigten Personen" (Mot.) nach Maßgabe des § 1 U.V.G., aber nicht Personen des Soldatenstandes (§ 4), ebensowenig Betriebsbeamte des Reichs (für diese und für Militärpersonen ist inzwischen das eine gleichartige Fürsorge gewährende dienstpragmatische Reichsgesetz vom 15./3. 86 (R.G.Bl. S. 53) erlassen); ebensowenig Betriebsbeamte von Bundesstaaten oder Kommunalverbänden, für welche durch Dienstgesetze eine der Unfallversicherung gleiche Fürsorge getroffen ist (§§ 1, 11 Ges. v. 15./3. 86); ebensowenig die mit Gehalt und Pensionsberechtigung angestellten Beamten solcher Bundesstaaten und Kommunalverbände, welche eine derartige Unfallfürsorge noch nicht eingeführt haben (§ 4 U.V.G.). Vgl. die Anm. zu §§ 1, 4 U.V.G.

7. Das Wort „Betrieb" ist bei den Eisenbahnen nicht etwa

nur in dem beschränkten Sinne des Haftpflichtgesetzes, sondern „im weitesten Sinne" zu verstehen. „Im Eisenbahnbetriebe" beschäftigt und deshalb nach Maßgabe des Gesetzes versichert ist also Jeder, welcher bei „technischen Verrichtungen" (irgendwelcher Art), „die zu dem Eisenbahnbetriebsdienst als solchem gehören (im Gegensatz zu der gefahrlosen Beschäftigung in den Büreaus, beim Reinigen der Zimmer 2c.)" beschäftigt ist (Mot.), z. B. auch der Kofferträger. Vgl. Komm.-Ber. S. 5.

8. Als „gewerbsmäßig" wird der Betrieb dann anzusehen sein, wenn eine gewisse Kontinuität des Betriebes die Absicht erkennen läßt, denselben für einige Dauer zu Zwecken des Erwerbes fortzusetzen" (Mot.), d. h. „als unmittelbare Erwerbsquelle" (Anl. d. R.V.A. v. 5./6. 85, s. Anh.). Die zum Gewerbebetriebe benutzten Fuhrwerke, Magazine, Speicher und Kellereien der Kaufleute und Gewerbtreibenden fallen also nur dann unter dieses Gesetz, wenn sie gewerbsmäßig „betrieben" werden, aus ihrem Betriebe eine selbständige Einnahmequelle gemacht wird; denn andernfalls handelt es sich nur um ein im Besitz eines Kaufmanns 2c. befindliches Fuhrwerk 2c. (a. a. O.). Hotelwagen sind versicherungspflichtig, aber nicht die dem Komfort dienenden Kutschfuhrwerke von Privatpersonen (Mot.).

9. Ein gewerbsmäßiger Speicherei- oder Kellereibetrieb liegt dann vor, wenn aus der Lagerung ein selbständiges Gewerbe gemacht wird oder wenn die Lagerung als Hauptsache oder doch als ein sehr wesentlicher Theil eines Gesammtbetriebes erscheint. Eine Behandlung und Bearbeitung der gelagerten Waare ändert an dem Charakter dieses Betriebes nichts, wenn dieselbe in ihrer Bedeutung zurücktritt, insbesondere wenn damit der Zweck verfolgt wird, die Waare in guten marktgängigen Zustand zu setzen oder darin zu erhalten. Ueberwiegt dagegen die Bearbeitung der gelieferten Waare in einer für den Gesammtbetrieb charakteristischen Weise, so erscheint der Gesammtbetrieb als ein unter § 1 Abs. 1 oder 4 U.V.G. fallender Fabrikations- bezw. Bearbeitungsbetrieb (A. N. 87 S. 323). Offene Lagerplätze unter freiem Himmel sieht R.V.A. nicht als „Speicher" an (A. N. 87 S. 38).

10. Die als Nebenbetriebe der Land- und Forstwirthschaft betriebenen Anlagen der unter § 1 A. G. fallenden Art, z. B. Feldeisenbahnen, Abflößungen selbstgeschlagenen Holzes, Fuhrwerksbetriebe rc. fallen gemäß § 1 Abs. 2 des landw. Unf.-Ges. v. 5./5. 86 (R.G.Bl. S. 132) seit dem Inkrafttreten des letzteren unter die Unfallversicherung in der Land- und Forstwirthschaft, vgl. d. Komm. d. Verf. zu dem letzteren Gesetz Anm. 13 zu § 1.

### Reichs- und Staatsbetriebe.

§. 2.

1. Für die Post-, Telegraphen-, Marine- und Heeresverwaltungen, sowie für die vom Reich oder von einem Bundesstaate für Reichs- beziehungsweise Staatsrechnung verwalteten Eisenbahnbetriebe, sämmtlich einschließlich der Bauten, welche von denselben für eigene Rechnung ausgeführt werden, tritt an die Stelle der Berufsgenossenschaft das Reich beziehungsweise der Staat, für dessen Rechnung die Verwaltung geführt wird.

2. Dasselbe gilt hinsichtlich der vom Reich oder von einem Bundesstaate für Reichs- beziehungsweise Staatsrechnung verwalteten Baggerei-, Binnenschiffahrts-, Flößerei-, Prahm- und Fährbetriebe, sofern nicht die Reichs- beziehungsweise Landesregierung vor der Beschlußfassung des Bundesraths über die Bildung der Berufsgenossenschaften (§§. 12 ff. des Unfallversicherungsgesetzes) erklärt, daß diese Betriebe denselben angehören sollen.

3. Soweit hiernach das Reich oder ein Bundesstaat an die Stelle der Berufsgenossenschaft tritt, werden die Befugnisse und Obliegenheiten der Genossenschaftsversammlung und des Vorstandes der Genossenschaft durch

Ausführungsbehörden wahrgenommen, welche für die Heeresverwaltungen von der obersten Militärverwaltungsbehörde des Kontingents, im Uebrigen für die Reichsverwaltungen vom Reichskanzler, für die Landesverwaltungen von der Landes-Zentralbehörde zu bezeichnen sind. Dem Reichs-Versicherungsamt ist mitzutheilen, welche Behörden als Ausführungsbehörden bezeichnet worden sind.

## Zu § 2.

1. Für die vorstehend aufgeführten fiskalischen Betriebe sind Berufsgenossenschaften im Allg. nicht zweckmäßig, weil Reich bezw. Staat für sich allein leistungsfähig genug ist, weil ferner der Verwaltungsapparat der einzelnen Reichs- und Staatsbetriebe für die Uebernahme der Unfallversicherung durchaus geeignet ist und weil endlich bei Einbeziehung dieser Betriebe in Berufsgenossenschaften das Reich bezw. der Staat vermöge des Umfangs und der Bedeutung seiner Betriebe ein ausschlaggebendes Uebergewicht erlangen und dadurch das genossenschaftliche Leben beeinträchtigen würde.

2. Die einzelnen Ausführungsbehörden siehe A. N. 95 S. 266 fg. Hervorzuheben sind folgende Ausführungsbehörden:

a) für die Reichs-Post- und -Telegraphen-Verwaltung die bei dem Reichs-Postamt bestehende Kais. Post-Versicherungs-Kommission in Berlin. Vgl. Ausf. Vorschriften v. 21./3. 86, Centr.Bl. S. 66;

b) für die Reichs-Eisenbahnverwaltung die Generaldirektion der Eisenbahnen in Elsaß-Lothringen. Bek. v. 20./9. 85. Centr.Bl. S. 469;

c) für die Betriebe der Heeresverwaltungen die Intendantur der militärischen Institute in Berlin sowie die Korps-Intendanturen, Ausf. Vorschriften des Preuß. Kriegsministers vom 19./9. 85. Centr.Bl. S. 475, Ausf. Vorschriften des Sächs. Kriegsministers v. 14./9. 85, R. A. Nr. 240;

d) für die Betriebe der Marineverwaltung die Werftverwaltungen in den drei Versicherungsbezirken Wilhelmshaven, Kiel und Danzig. Ausf. Vorschriften vom 2./9. 85 und 3./12. 89;

e) für die Kgl. Preuß. Staats-Eisenbahnverwaltung die Eisenbahn-Direktionen. V. v. 18./9. 85, R. A. Nr. 220.

## §. 3.

Soweit das Reich oder ein Bundesstaat an die Stelle der Berufsgenossenschaft tritt, finden die §§. 10 bis 31, 33 bis 40, 59 Absatz 4, 60, 62 Absatz 1, 71 bis 74, 75 Absatz 2 und 3, 76, 78 bis 86, 87 Absatz 1, 88, 89, 90 Absatz 1 lit. a, d, e, 94, 103 bis 108 des Unfallversicherungsgesetzes keine Anwendung.

## Zu § 3.

Auch im Bereich dieser Verwaltungen (§ 2) lehnt sich die Unfallversicherung materiell durchweg an die grundlegenden Bestimmungen des Unfallversicherungsgesetzes an.

Dies gilt insbesondere von dem Umfang, der Feststellung und der Auszahlung der Entschädigungen, von der hierbei erforderlichen Mitwirkung eines Schiedsgerichts, des Reichs-(Landes-)Versicherungsamts und der Post, von der Zusammensetzung des Schiedsgerichts, der Wahl und den Befugnissen der Vertreter der Arbeiter sowie von den Schlußbestimmungen des Unfallversicherungsgesetzes (excl. der Strafbestimmungen).

Nicht anwendbar sind die Bestimmungen über die Bildung, Veränderung (cf. jedoch § 32) und Auflösung der Genossenschaften, über das Statut, die Gefahrenklassen und den Reservefonds, die Bestimmungen über Mitgliedschaft und Betriebsveränderungen sowie über die Aufsichtsführung. An die Stelle des Statuts treten vielmehr Ausführungsvorschriften (§ 10 A. G.), an die Stelle der Beaufsichtigung durch das Reichs- (Landes-) Versicherungsamt die Beaufsichtigung durch die dienstpragmatischen Vorgesetzten.

Diejenigen Bestimmungen des Unfallversicherungsgesetzes, welche hiernach grundsätzlich in Geltung bleiben, erfordern, weil sie die Bildung von Berufsgenossenschaften zur Voraussetzung haben, für die Reichs- und Staatsbetriebe gewisse Modifikationen. Die hierdurch bedingten Aenderungen des Unfallversicherungsgesetzes ergeben sich aus den §§ 4 bis 10 des vorliegenden Gesetzes, während alle übrigen Vorschriften des ersteren nach § 1 des letzteren ohne Weiteres entsprechende Anwendung finden sollen, soweit deren Anwendbarkeit nicht durch § 3 oder die Natur der Sache ausgeschlossen ist (vgl. Mot. u. Komm. d. Verf. 4. Aufl. Anm. 1 zu § 3 A. G.).

Anwendbar ist hiernach insbesondere auch § 67 U.V.G. Nachdem derselbe aber für Bauarbeiter durch die abweichende Bestimmung des § 39 B.U.G. ersetzt worden ist (vgl. Anm. zu § 67 U.V.G.), ist diese Abweichung durch § 48 Abs. 2 B.U.G. ausdrücklich auch auf den Bereich des Ausdehnungsgesetzes, soweit es sich dabei um Regiebauten der in § 1 Ziffer 1 bezeichneten Verwaltungen handelt, ausgedehnt worden.

## §. 4.

Personen des Soldatenstandes sind von der Versicherung ausgeschlossen. 1.

Die Erstreckung der Versicherungspflicht auf Betriebsbeamte mit einem zweitausend Mark übersteigenden Jahresarbeitsverdienst (§. 2 Absatz 1 des Unfallversicherungsgesetzes) kann durch die Ausführungsvorschriften erfolgen, soweit diese Beamten nicht nach §. 4 a. a. Orte von der Anwendung des Gesetzes ausgeschlossen sind. 2.

## Zu § 4.

1. Dieser § hat für Personen des Soldatenstandes, für Reichsbeamte, Preuß. Betriebsbeamte und Betriebsbeamte anderer Bundesstaaten und Kommunalverbände, für welche die Unfallfürsorge dienst-

pragmatisch geregelt ist, keine Bedeutung mehr. Vgl. Anm. 5 zu § 1 A. G.

2. Zu den Personen des Soldatenstandes gehören auch die Militärpersonen der Kaiserl. Marine, vgl. § 4 Militär-Strafgesetzbuch v. 26./6. 72 (R.G.Bl. S. 174) sowie die Anlagen zu demselben (R.G.Bl. S. 204).

## §. 5.

1. Die Wahl der Vertreter der Arbeiter (§. 41 a. a. O.) erfolgt für den Geschäftsbereich jeder Ausführungsbehörde.

2. Das Regulativ (§. 43 a. a. O.) wird durch die für den Erlaß der Ausführungsvorschriften zuständige Behörde erlassen. In demselben sind die Zahl der Vertreter und die denselben zu gewährenden Vergütungssätze (§§. 44 Absatz 4, 49 Absatz 2, 55 Absatz 1 a. a. O.) festzustellen.

3. Ueber Streitigkeiten, welche sich auf die Gültigkeit der vollzogenen Wahlen beziehen, entscheidet das Reichs-Versicherungsamt beziehungsweise das Landes-Versicherungsamt.

## Zu § 5.

1. Der Geschäftsbereich der Ausführungsbehörde (§ 2) entspricht dem Sektionsbezirk; an die Stelle des Genossenschaftsstatuts treten die Ausführungsvorschriften, von denen das Regulativ ein integrirender Theil ist (vgl. Mot.).

2. Die Zahl der Arbeitervertreter muß wegen der Bestimmung des § 9 mindestens drei betragen (vgl. Mot.).

3. Die Bestimmung des Abs. 3 enthält dasjenige, was aus dem § 92 U.V.G. in das vorliegende Gesetz zu übernehmen war.

§. 6.

Für den Geschäftsbereich jeder Ausführungsbehörde ist mindestens ein Schiedsgericht (§. 46 a. a. O.) zu errichten. Die im §. 47 Abs. 3 a. a. O. bezeichneten Beisitzer werden von der Ausführungsbehörde ernannt.

## Zu § 6.

Vgl. Anm. 1 zu § 5.

§. 7.

Die Feststellung der Entschädigungen (§. 57 a. a. O.). erfolgt durch die in den Ausführungsvorschriften zu bezeichnende Behörde.

§. 8.

Gegen den Bescheid der zuständigen Behörde, durch welchen ein Entschädigungsanspruch aus dem Grunde abgelehnt wird, weil der Betrieb, in welchem der Unfall sich ereignet hat, für nicht unter den §. 1 fallend erachtet wird, steht dem Verletzten und seinen Hinterbliebenen die Beschwerde an das Reichs-Versicherungsamt beziehungsweise Landes-Versicherungsamt zu, welche bei demselben binnen vier Wochen nach der Zustellung des ablehnenden Bescheides einzulegen ist.

## Zu § 8.

Die Bestimmung entspricht dem § 63 Abs. 1 in Verbindung mit § 92 Abs. 2 U.V.G. Es soll durch diese Bestimmung ein Rechtsmittel gegeben werden, wenn die zur Festsetzung berufene Behörde

(§ 7) die Entschädigung um deswillen ablehnt, weil der Betrieb oder derjenige Theil der Verwaltung, in welchem der Unfall sich ereignet hatte, nicht unter dies Gesetz falle (vgl. Mot.). Da es sich hierbei um prinzipielle Fragen der Unfallversicherung handeln wird, so mußte die Entscheidung dem Reichs- (Landes-)Versicherungsamt übertragen werden.

## §. 9.

1. Vorschriften der Ausführungsbehörden über das in den Betrieben von den Versicherten zur Verhütung von Unfällen zu beobachtende Verhalten sind, sofern sie Strafbestimmungen enthalten sollen, vor dem Erlaß mindestens drei Vertretern der Arbeiter zur Berathung und gutachtlichen Aeußerung vorzulegen. Die Berathung findet unter Leitung eines Beauftragten der Ausführungsbehörde statt. Der Beauftragte darf kein unmittelbarer Vorgesetzter der Vertreter der Arbeiter sein.

2. Die auf Grund solcher Vorschriften verhängten Geldstrafen fließen in die Krankenkasse, welcher der zu ihrer Zahlung Verpflichtete zur Zeit der Zuwiderhandlung angehört.

## Zu § 9.

1. Andere Dienstbehörden können Unfallverhütungsvorschriften auch ohne Anhörung der Vertreter der Arbeiter erlassen. Auch die gleichartigen Bestimmungen des Unfallversicherungsgesetzes (§ 78 a. a. O.) beziehen sich nur auf Anordnungen der Genossenschaften, nicht der einzelnen Betriebsunternehmer.

2. Vgl. die für alle Eisenbahnbetriebe (Privat- und Reichs- bezw. Staatsbetriebe) geltende Vorschrift des § 14 A. G. Vgl. auch Anm. zu § 96 U.V.G.

§. 10.

Die zur Durchführung der Bestimmungen in §§. 2 bis 9 erforderlichen Ausführungsvorschriften sind für die Heeresverwaltungen von der obersten Militärverwaltungsbehörde des Kontingents, im Uebrigen für die Reichsverwaltungen vom Reichskanzler, für die Landesverwaltungen von der Landes-Zentralbehörde zu erlassen.

## Zu § 10.

Vgl. Anm. 1 zu § 5. Dieselben Zentralinstanzen, welche die an die Stelle der Vorstände tretenden Ausführungsbehörden bezeichnen (§ 2), erlassen auch die an die Stelle des Statuts tretenden Ausführungsvorschriften. Vgl. Anm. 2 zu § 2 A. G. Die Zulässigkeit einer Delegation der Befugnisse der Zentralinstanzen auf nachgeordnete Behörden richtet sich nach allgemeinen Regeln.

**Privatbetriebe.**

§. 11.

Soweit nicht die §§. 2 bis 10 Anwendung finden, erfolgt die Versicherung durch Berufsgenossenschaften nach den Bestimmungen des Unfallversicherungsgesetzes. Bei der Errichtung von Berufsgenossenschaften für Eisenbahnen oder die im §. 1 Ziffer 3 bezeichneten Betriebe kann von der Bestimmung des §. 9 des Unfallversicherungsgesetzes abgesehen werden, wonach die für einen bestimmten Bezirk gebildeten Berufsgenossenschaften innerhalb desselben alle Betriebe desjenigen Industriezweiges umfassen müssen, für welchen sie errichtet sind.

## Gemeinsame Bestimmungen.

### §. 12.

1. Soweit Betriebe der Post-, Telegraphen- und Eisenbahnverwaltungen, sowie Betriebe der Marine- und Heeresverwaltungen bereits auf Grund des Unfallversicherungsgesetzes einer Berufsgenossenschaft zugetheilt sind, scheiden dieselben aus der letzteren mit den aus §. 32 a. a. O. sich ergebenden Rechtswirkungen aus. Dasselbe gilt von Anlagen, welche Bestandtheile eines Binnenschiffahrtsbetriebes sind.

2. Auf die im §. 1 Absatz 6 a. a. O. bezeichneten Eisenbahn- und Schiffahrtsbetriebe findet diese Bestimmung keine Anwendung.

### Zu § 12.

Nach Abs. 1 findet also auf Fabriken, Werkstätten ꝛc., welche Pertinenzen eines militärischen, Eisenbahn- ꝛc. Betriebes sind, nicht das Unfallversicherungsgesetz, sondern das Ausdehnungsgesetz Anwendung.

Abs. 2 betrifft den umgekehrten Fall, nämlich daß ein Eisenbahn- oder Binnenschiffahrtsbetrieb selbst Pertinenz (Nebenbetrieb) einer Fabrik, eines Bergwerks ꝛc. ist und deshalb nach § 6 Abs. 6, § 9 Abs. 3 U.V.G. derjenigen Berufsgenossenschaft zugewiesen ist, welcher die Fabrik, das Bergwerk ꝛc. angehört. In diesem Falle verbleibt die Eisenbahn oder der Binnenschiffahrtsbetrieb in dem Verbande dieser Berufsgenossenschaft „nach dem Grundsatz, daß der Nebenbetrieb dem Hauptbetriebe folgt" (Mot.). Vgl. Anm. 3 zu § 1 A. G.

### §. 13.

1. Ereignet sich ein Unfall auf der Fahrt, so ist die nach §. 51 Absatz 1 a. a. O. zu erstattende Anzeige an

diejenige Ortspolizeibehörde im Inlande zu richten, in deren Bezirk sich der Unfall ereignet hat oder der erste Aufenthalt nach demselben genommen wird. Die Untersuchung des Unfalls (§. 53 a. a. O.) erfolgt durch diejenige Ortspolizeibehörde, an welche die Anzeige erstattet ist. Auf Antrag Betheiligter (§. 54 a. a. O.) kann jedoch die der Ortspolizeibehörde vorgesetzte Behörde die Untersuchung durch eine andere Ortspolizeibehörde herbeiführen. Die zur Führung der Untersuchung berufene Ortspolizeibehörde hat der Krankenkasse, welcher der Verletzte angehört, rechtzeitig von dem Zeitpunkte, in welchem die Untersuchung vorgenommen werden wird, Kenntniß zu geben. Der Vorstand hat das Recht, zum Zweck der Theilnahme an den Untersuchungsverhandlungen einen Vertreter für die im §. 54 des Unfallversicherungsgesetzes bezeichneten Bevollmächtigten zu bestellen und ist hierbei nicht auf den Kreis der Kassenmitglieder beschränkt.

Hinsichtlich der unter Reichs- oder Staatsverwaltung 2.
stehenden Betriebe bewendet es bei den Vorschriften in §§. 51 Absatz 5, 52, 56 a. a. O.

## Zu § 13.

Dieselbe Ortspolizeibehörde im Inlande, an welche die Unfallanzeige erstattet ist, hat in der Regel auch die Untersuchung des Unfalls zu führen. Bei dieser Untersuchung soll einem auf der Fahrt befindlichen Schiff ꝛc. nicht ohne Noth, d. h. nicht ohne daß es das Interesse der Untersuchung selbst gebieterisch erheischt, Aufenthalt verursacht werden.

Die Krankenkasse, welcher der Verletzte angehört, kann zur

Theilnahme an den Untersuchungsverhandlungen einen beliebigen ad hoc bestellten Vertreter der für andere Unfalluntersuchungen gewählten Bevollmächtigten (§ 45 U.V.G.) deputiren. Sie wird daher an demjenigen, vielleicht weit von ihrem Sitz entfernten Ort, an welchem die Untersuchung eines auf der Fahrt vorgekommenen Unfalls geführt wird, eine an dem Ort der Untersuchung wohnende Person, etwa durch Vermittelung seiner Krankenkasse oder der Ortspolizeibehörde, mit Wahrnehmung ihrer Interessen beauftragen können. Ein solcher Fall kann z. B. eintreten, wenn in Cöln der Betriebsunfall eines Rheindampfers untersucht wird, bei welchem ein Mitglied einer in Mannheim domicilirten Krankenkasse verletzt ist.

Vgl. im Uebrigen die Anm. im Komm. d. Verf. 4. Aufl.

## §. 14.

**Auf Unfallverhütungsvorschriften, welche sich auf die Sicherheit des Eisenbahnbetriebes beziehen, finden die Bestimmungen des §. 9 dieses Gesetzes, sowie der §§. 79, 81 des Unfallversicherungsgesetzes keine Anwendung.**

### Zu § 14.

Vertreter der Arbeiter haben in Eisenbahnbetrieben nur bei solchen Unfallverhütungsvorschriften mitzuwirken, welche von Ausführungsbehörden (vgl. Anm. 1 zu § 9) oder Genossenschaftsvorständen speziell für den Schutz der Arbeiter und Beamten gegen Unfälle beabsichtigt werden, ohne sich auf die Sicherheit des Eisenbahnbetriebes im Allgemeinen zu beziehen.

# II. Krankenversicherung†).

†) Die §§ 15 und 16 sowie § 17 Abs. 2 sind durch Art. 32 der Novelle zum Krankenversicherungsgesetz (vom 10. April 1892, R.G.Bl. S. 379) ausser Wirksamkeit gesetzt worden.

# III. Schlußbestimmungen.

### Gesetzeskraft.

§. 17.

Mit den aus diesem Gesetze sich ergebenden Abänderungen treten die Bestimmungen der Abschnitte II, III, IV, V und VIII des Unfallversicherungsgesetzes, die auf diese Abschnitte bezüglichen Strafbestimmungen und diejenigen Vorschriften, welche zur Durchführung der in diesen Abschnitten getroffenen Anordnungen dienen, in Betreff der im §. 1 bezeichneten Betriebe mit dem Tage der Verkündigung dieses Gesetzes in Kraft. 1.

Abs. 2 ist aufgehoben. (Vgl. Anm. † zu § 15 B.G.)

Im Uebrigen wird der Zeitpunkt, mit welchem die 3.
Bestimmungen dieses Gesetzes ganz oder theilweise in Kraft treten, mit Zustimmung des Bundesraths durch Kaiserliche Verordnung bestimmt †).

†) I. V. v. 25./9. 85, betr. die Inkraftsetzung des Unfallversicherungsgesetzes vom 6. Juli 1884 (Reichs-Gesetzbl. S. 69) und die theilweise Inkraftsetzung des Gesetzes über die Ausdehnung der Unfall- und Krankenversicherung vom 28. Mai 1885 (Reichs-Gesetzbl. S. 159). R.G.Bl. S. 271.

Wir Wilhelm, von Gottes Gnaden Deutscher Kaiser, König von Preussen etc.

verordnen auf Grund des §. 111 Absatz 2 des Unfallversicherungsgesetzes vom 6. Juli 1884 (Reichs-Gesetzbl. S. 69) und des §. 17 Absatz 3 des Gesetzes über die Ausdehnung der Unfall- und Krankenversicherung vom 28. Mai 1885 (Reichs-Gesetzbl. S. 159) mit Zustimmung des Bundesraths, was folgt:

§. 1.

Das Unfallversicherungsgesetz vom 6. Juli 1884 (Reichs-

Urkundlich unter Unserer Höchsteigenhändigen Unterschrift und beigedrucktem Kaiserlichen Insiegel.

Gegeben Berlin, den 28. Mai 1885.

(L. S.) **Wilhelm,**

Fürst von Bismarck.

---

Gesetzbl. S. 69) tritt mit dem 1. Oktober 1885 seinem vollen Umfange nach in Kraft.

§. 2.

Mit demselben Zeitpunkte tritt das Gesetz über die Ausdehnung der Unfall- und Krankenversicherung vom 28. Mai 1885 (Reichs-Gesetzbl. S. 159) für die im §. 1 Ziffer 1 a. a. O. bezeichneten Betriebe, nämlich:

den gesammten Betrieb der Post-, Telegraphen- und Eisenbahnverwaltungen, sowie sämmtliche Betriebe der Marine- und Heeresverwaltungen, und zwar einschliesslich der Bauten, welche von diesen Verwaltungen für eigene Rechnung ausgeführt werden.

in Kraft.

Urkundlich unter Unserer Höchsteigenhändigen Unterschrift und beigedrucktem Kaiserlichen Insiegel.

Gegeben Baden-Baden, den 25. September 1885.

(L. S.) Wilhelm

von Boetticher.

II. V. v. 24./6. 1886, betr. die Inkraftsetzung des Gesetzes über die Ausdehnung der Unfall- und Krankenversicherung vom 28. Mai 1885. R.G.Bl. S. 205.

Wir Wilhelm, von Gottes Gnaden Deutscher Kaiser, König von Preussen etc.

verordnen auf Grund des §. 17 Absatz 3 des Gesetzes über die Ausdehnung der Unfall- und Krankenversicherung vom 28. Mai 1885 (Reichs-Gesetzbl, S. 159) mit Zustimmung des Bundesraths, was folgt:

---

Einziger Paragraph.

Das Gesetz über die Ausdehnung der Unfall- und Krankenversicherung vom 28. Mai 1885 (Reichs-Gesetzbl. S. 159) tritt mit dem 1. Juli 1886 für die im §. 1 Ziffer 2 bis 5 a. a. O. bezeichneten Betriebe, nämlich:

den Baggereibetrieb;

den gewerbsmässigen Fuhrwerks-, Binnenschiffahrts-, Flösserei-, Prahm- und Fährbetrieb, sowie den Gewerbebetrieb des Schiffsziehens (Treidelei);

den gewerbsmässigen Speditions-, Speicher- und Kellereibetrieb;

den Gewerbebetrieb der Güterpacker, Güterlader, Schaffer, Bracker, Wäger, Messer, Schauer und Stauer

seinem vollen Umfange nach in Kraft.

Urkundlich unter Unserer Höchsteigenhändigen Unterschrift und beigedrucktem Kaiserlichen Insiegel.

Gegeben Bad Ems, den 24. Juni 1886.

(L. S.) Wilhelm.

von Boetticher.

# Anlagen.

## A. Gesetz,*)

## betreffend die Unfallversicherung der bei Bauten beschäftigten Personen.

Vom 11. Juli 1887. (Reichs-Gesetzbl. S. 287.)

Wir **Wilhelm**, von Gottes Gnaden Deutscher Kaiser, König von Preußen ꝛc.

verordnen im Namen des Reichs, nach erfolgter Zustimmung des Bundesraths und des Reichstags, was folgt:

### I. Allgemeine Bestimmungen.

§. 1.

Arbeiter, welche bei der Ausführung von Bauarbeiten beschäftigt und nicht schon auf Grund des Unfallversicherungsgesetzes vom 6. Juli 1884 (Reichs-Gesetzbl. S. 69), des Gesetzes, betreffend die Ausdehnung der Unfall- und Krankenversicherung, vom 28. Mai 1885 (Reichs-Gesetzbl. S. 159), des Gesetzes, betreffend die Unfall- und Krankenversicherung der in land- und forstwirthschaftlichen Betrieben beschäftigten Personen, vom 5. Mai 1886 (Reichs-Gesetzbl. S. 132), oder der auf Grund des §. 1 Absatz 8 des Unfallversicherungsgesetzes von dem Bundesrath erlassenen Bestimmungen gegen Unfall versichert sind, werden gegen die Folgen der bei diesen Bauarbeiten sich ereignenden Unfälle nach Maßgabe der Bestimmungen dieses Gesetzes versichert. Umfang der Versicherung

*) Vgl. die ebenfalls in J. Guttentags Verlage (Berlin, Wilhelmstr. 119/120) als Nr. 28 der Sammlung erschienene Textausgabe (mit Anmerkungen) zum Bau-Unfallversicherungsgesetz, 2. Aufl., von K. Chrzescinski, Reg.-Rath im Reichs-Vers.-Amt. (Die erste Auflage war von Stadtrath Mugdan bearbeitet worden.)

2. Dasselbe gilt von den bei derartigen Bauarbeiten beschäftigten Betriebsbeamten, sofern ihr Jahresarbeitsverdienst an Lohn oder Gehalt zweitausend Mark nicht übersteigt.

3. Auf die im §. 1 des Gesetzes, betreffend die Fürsorge für Beamte und Personen des Soldatenstandes in Folge von Betriebsunfällen, vom 15. März 1886 (Reichs-Gesetzbl. S. 53) bezeichneten Personen, auf Beamte, welche in Betriebsverwaltungen eines Bundesstaates oder eines Kommunalverbandes mit festem Gehalt und Pensionsberechtigung angestellt sind, sowie auf andere Beamte eines Bundesstaates oder eines Kommunalverbandes, für welche die im §. 12 a. a. O. vorgesehene Fürsorge in Kraft getreten ist, findet dieses Gesetz keine Anwendung. Die Ausführung von Bauarbeiten gilt als Betrieb im Sinne des Gesetzes vom 15. März 1886.

4. Die laufenden Reparaturen an den zum Betriebe der Land- und Forstwirthschaft dienenden Gebäuden und die zum Wirthschaftsbetriebe gehörenden Bodenkultur- und sonstigen Bauarbeiten, insbesondere die diesem Zweck dienende Herstellung oder Unterhaltung von Wegen, Dämmen, Kanälen und Wasserläufen, gelten als Theile des land- und forstwirthschaftlichen Betriebes, wenn sie von Unternehmern land- und forstwirthschaftlicher Betriebe ohne Uebertragung an andere Unternehmer auf ihren Grundstücken ausgeführt werden.

§. 2.

1. Unternehmer von Bauarbeiten (§. 1 Absatz 1) sind berechtigt, andere nach §. 1 nicht versicherte, bei der Bauausführung beschäftigte Personen und, sofern ihr Jahresarbeitsverdienst zweitausend Mark nicht übersteigt, sich selbst zu versichern. Diese letztere Berechtigung kann durch Statut auf Unternehmer mit einem zweitausend Mark übersteigenden Jahresarbeitsverdienste erstreckt werden.

2. Auch kann durch Statut die Versicherungspflicht auf Betriebsbeamte mit einem zweitausend Mark übersteigenden Jahresarbeitsverdienste und auf Gewerbetreibende ausgedehnt werden, welche nicht regelmäßig wenigstens einen Lohnarbeiter beschäftigen.

3. Die Höhe des der Versicherung der Unternehmer zu Grunde zu legenden Jahresarbeitsverdienstes bestimmt das Statut. Bei der

Versicherung von Betriebsbeamten ist der volle Jahresarbeitsverdienst zu Grunde zu legen.

§. 3.

Als Unternehmer im Sinne dieses Gesetzes gilt

Unternehmer.

1. bei Bauarbeiten, welche in einem gewerbsmäßigen Baubetriebe ausgeführt werden, der Baugewerbtreibende, für dessen Rechnung dieser Betrieb erfolgt;
2. bei anderen Bauarbeiten derjenige, für dessen Rechnung dieselben ausgeführt werden.

§. 4.

Die Versicherung erfolgt:

Träger der Versicherung

1. bei der gewerbsmäßigen Ausführung von Eisenbahn-, Kanal-, Wege-, Strom-, Deich- und anderen Bauarbeiten, welche nicht unter die Bestimmungen des Unfallversicherungsgesetzes oder unter die nach §. 1 Absatz 8 a. a. O. vom Bundesrath erlassenen Anordnungen fallen, unbeschadet der Bestimmungen in den Ziffern 2 und 3, auf Gegenseitigkeit durch die Unternehmer. Die Letzteren werden zu diesem Zweck in eine Berufsgenossenschaft vereinigt (§§. 9 bis 15);
2. bei Bauarbeiten, welche von dem Reich oder von einem Bundesstaate als Unternehmer (§. 3) ausgeführt werden und nicht zu den Bauten der im §. 2 Absatz 1 des Gesetzes über die Ausdehnung der Unfall- und Krankenversicherung vom 28. Mai 1885 aufgeführten Reichs- und Staatsverwaltungen gehören, vorbehaltlich der Bestimmung des §. 5 Absatz 1 durch das Reich beziehungsweise den Staat, für dessen Rechnung die Bauarbeit erfolgt (§§. 46, 47);
3. bei Bauarbeiten, welche in anderen als Eisenbahnbetrieben von einem Kommunalverbande oder einer anderen öffentlichen Korporation als Unternehmer (§ 3) ausgeführt werden, vorbehaltlich der Bestimmung des §. 5 Absatz 3 durch den Kommunalverband beziehungsweise die Korporation, sofern die Landes-Zentralbehörde auf deren Antrag erklärt, daß dieser Kommunalverband beziehungsweise diese Korporation zur Uebernahme der durch die Versicherung entstehenden Lasten für leistungsfähig zu erachten ist (§§. 46, 47);

4. bei Bauarbeiten, deren Ausführung entweder von anderen als den in Ziffer 2 und 3 bezeichneten Verbänden und Korporationen, oder deren Ausführung nicht gewerbsmäßig erfolgt, auf Kosten der Unternehmer (§. 3) beziehungsweise Gemeindeverbände nach näherer Bestimmung der §§. 16 ff. durch die Berufsgenossenschaften der Baugewerbetreibenden (§. 1, §. 4 Ziffer 1, §. 9 ff. dieses Gesetzes, §§. 1, 9 ff. des Unfallversicherungsgesetzes).

Bezüglich der Bauten, welche von Eisenbahnverwaltungen für eigene Rechnung ausgeführt werden, sowie bezüglich solcher Bauarbeiten, welche als Nebenbetriebe oder Theile eines anderen Betriebes anderweit versicherungspflichtig sind, behält es bei den bisherigen Bestimmungen sein Bewenden.

§. 5.

1. Das Reich und die Bundesstaaten sind berechtigt, bezüglich aller oder einzelner Arten der unter §. 4 Ziffer 2 fallenden, von ihnen als Unternehmer ausgeführten Bauarbeiten derjenigen Berufsgenossenschaft, welche in dem betreffenden Bezirke für die Gewerbetreibenden der betreffenden Art errichtet ist, durch eine von dem Reichskanzler beziehungsweise der Landes-Zentralbehörde abzugebende entsprechende Erklärung als Mitglied beizutreten.

2. Diese Erklärung ist, auch soweit es sich um die Ausführung von Maurer-, Zimmer- und ähnlichen Bauarbeiten (§. 1 Absatz 2 des Unfallversicherungsgesetzes) handelt, vor der Genehmigung des Genossenschaftsstatuts für die nach §. 4 Ziffer 1 Absatz 1 zu errichtende Berufsgenossenschaft abzugeben.

3. Dieselbe Berechtigung steht den Kommunalverbänden und anderen öffentlichen Korporationen zu. Die Erklärung ist von dem Vorstande derselben abzugeben und darf auch nach dem in dem vorstehenden Absatze bestimmten Termine erfolgen.

§. 6.

Jahresarbeitsverdienst, Gegenstand der

Die Ermittelung des Jahresarbeitsverdienstes, der Gegenstand der Versicherung, der Umfang der Entschädigung und das Verhältniß der Unfallversicherung zu den eingeschriebenen Hülfskassen, zu den sonstigen Kranken-, Sterbe-, Invaliden- und anderen Unterstützungs-kassen, zu den Leistungen der zur Unterstützung hülfsbedürftiger Personen verpflichteten Gemeinden oder Armenverbände, sowie der Unternehmer und Kassen, welche die den Gemeinden und Armenverbänden obliegende Verpflichtung zur Unterstützung auf Grund gesetzlicher Vorschrift erfüllt haben, bestimmt sich, vorbehaltlich der Vorschriften der §§. 7 und 8 dieses Gesetzes, nach den §§. 3, 5 bis 8 des Unfallversicherungsgesetzes. Versicherung. Umfang der Entschädigung, Verhältniß zu Krankenkassen 2c.

2. Ueber die Ermittelung des Jahresarbeitsverdienstes der Unternehmer hat das Statut Bestimmungen zu treffen.

§. 7.

1. Bei Unfällen eines Arbeiters, welche sich bei Bauarbeiten der im §. 4 Ziffer 4 Absatz 1 bezeichneten Art ereignen, finden die Bestimmungen des §. 5 Absatz 9 bis 11 des Unfallversicherungsgesetzes keine Anwendung.

2. Bei derartigen Unfällen hat die Gemeinde, in deren Bezirk der verletzte Arbeiter beschäftigt war, demselben während der ersten dreizehn Wochen nach dem Unfalle die Kosten des Heilverfahrens in dem im §. 6 Absatz 1 Ziffer 1 des Krankenversicherungsgesetzes vom 15. Juni 1883 (Reichs-Gesetzbl. S. 73) bezeichneten Umfange zu gewähren, sofern nicht der verletzte Arbeiter sich im Auslande aufhält oder auf Grund der Krankenversicherung oder anderer Rechtsverhältnisse Anspruch auf eine mindestens gleiche Fürsorge hat. Soweit aber solchen Personen die im §. 6 Absatz 1 Ziffer 1 des Krankenversicherungsgesetzes bezeichneten Leistungen von dem zunächst Verpflichteten nicht gewährt werden, hat die Gemeinde dieselben mit Vorbehalt des Ersatzanspruchs zu übernehmen. Die zu diesem Zweck gemachten Aufwendungen sind von den Verpflichteten zu erstatten.

3. Für außerhalb des Gemeindebezirks wohnhafte versicherte Personen hat auf Verlangen der verpflichteten Gemeinde die Gemeinde ihres Wohnortes die im Absatz 2 bezeichneten Leistungen unter Vorbehalt des Anspruchs auf Ersatz der Kosten zu übernehmen.

4. Die Versicherungsanstalt (§. 16) ist befugt, die im Absatz 2 bezeichneten Leistungen selbst zu übernehmen.

5. Als Ersatz der Kosten des Heilverfahrens gilt die Hälfte des nach dem Krankenversicherungsgesetze zu gewährenden Mindestbetrages des Krankengeldes, sofern nicht höhere Aufwendungen nachgewiesen werden.

§. 8.

1. Streitigkeiten über Unterstützungsansprüche, welche aus der Bestimmung des §. 7 zwischen den Verletzten einerseits und den Gemeinden andererseits entstehen, werden von der Aufsichtsbehörde entschieden. Die Entscheidung ist vorläufig vollstreckbar. Dieselbe kann im Verwaltungsstreitverfahren, wo ein solches nicht besteht, im Wege des Rekurses nach Maßgabe der Vorschriften der §§. 20, 21 der Gewerbeordnung angefochten werden.

2. Streitigkeiten über Ersatzansprüche, welche aus den Bestimmungen des §. 7 entstehen, werden im Verwaltungsstreitverfahren, wo ein solches nicht besteht, von der Aufsichtsbehörde der in Anspruch genommenen Gemeinde, Gemeindekrankenversicherung oder Krankenkasse entschieden. Gegen die Entscheidung der letzteren findet der Rekurs nach Maßgabe der Vorschriften der §§. 20, 21 der Gewerbeordnung statt.

3. Der Landes-Zentralbehörde bleibt überlassen, vorzuschreiben, daß anstatt des Rekursverfahrens die Berufung auf den Rechtsweg mittelst Erhebung der Klage stattfindet.

## II. Berufsgenossenschaft.

§. 9.

Umfang. Die Berufsgenossenschaft (§. 4 Ziffer 1) umfaßt, unbeschadet der Bestimmungen des §. 5, alle Baubetriebe der im §. 4 Ziffer 1 bezeichneten Art.

2. Bei Baubetrieben, welche sich auf verschiedene Arten von Bauarbeiten erstrecken, entscheidet für die Zugehörigkeit zur Berufsgenossenschaft der Hauptbetrieb. Auch im Uebrigen folgen Nebenbetriebe den Hauptbetrieben.

3. Unternehmer, deren Hauptbetrieb unter das vorliegende Gesetz fällt, welche aber mit Rücksicht auf Nebenbetriebe bereits einer

anderen Berufsgenossenschaft angehören, scheiden aus der letzteren mit den aus §. 32 des Unfallversicherungsgesetzes sich ergebenden Rechtswirkungen zu dem Zeitpunkte aus, mit welchem dieses Gesetz für die im §. 4 Ziffer 1 bezeichneten Betriebe seinem ganzen Umfange nach in Kraft tritt.

§. 10.

Die Mittel zur Deckung der von der Berufsgenossenschaft zu leistenden Entschädigungsbeträge und der Verwaltungskosten werden, vorbehaltlich der Bestimmungen der §§. 21 ff., von den Mitgliedern durch Beiträge aufgebracht. Die Beiträge sind so zu berechnen, daß durch dieselben außer den sonstigen Leistungen der Berufsgenossenschaft der Kapitalwerth der ihr im abgelaufenen Rechnungsjahre zur Last gefallenen Renten gedeckt wird. Die Grundsätze für die Berechnung des Kapitalwerthes werden durch das Reichs-Versicherungsamt festgestellt. Die Ausschreibung der Beiträge erfolgt nach Maßgabe der in den Betrieben der Mitglieder von den Versicherten verdienten Löhne und Gehälter, beziehungsweise des Jahresarbeitsverdienstes jugendlicher und nicht ausgebildeter Arbeiter (§. 3 Absatz 3 des Unfallversicherungsgesetzes), sowie des statutenmäßigen Gefahrentarifs (§. 28 a. a. O.). Aufbringung der Mittel.

2. Auf die Beiträge sind von den Genossenschaftsmitgliedern vierteljährliche Vorschüsse zu leisten. Dieselben bemessen sich für die einzelnen Mitglieder nach der Höhe der für das letztvergangene Rechnungsjahr auf sie vertheilten Beiträge und betragen jedesmal den vierten Theil der letzteren, solange nicht die Genossenschaftsversammlung einen niedrigeren Betrag festgesetzt hat. Für neu eintretende Mitglieder sind die Vorschüsse nach demjenigen Betrage zu bemessen, welchen diese Mitglieder nach Maßgabe der Anmeldung ihrer Betriebe (§. 11) zu den Jahreslasten des letztvergangenen Rechnungsjahres hätten beitragen müssen, wenn sie in demselben schon Mitglied der Berufsgenossenschaft gewesen wären. Diesen letzteren Mitgliedern hat der Vorstand die Höhe des von ihnen zu entrichtenden Vorschusses mitzutheilen.

3. Für die Zeit bis zum Abschluß der ersten Jahresrechnung wird der Betrag der Vorschüsse der einzelnen Mitglieder durch den

Vorstand mit Genehmigung des Reichs-Versicherungsamts festgesetzt und durch das zu den Bekanntmachungen der Genossenschaft bestimmte Blatt veröffentlicht. In gleicher Weise sind Beschlüsse der Genossenschaftsversammlung wegen Ermäßigung der Vorschüsse zur Kenntniß der Betheiligten zu bringen.

4. Die Vorschüsse sind binnen zwei Wochen nach den durch das Statut oder die Genossenschaftsversammlung bestimmten Fälligkeitsterminen von den Mitgliedern an den Genossenschaftsvorstand einzuzahlen. Auf die Beitreibung der Vorschüsse findet §. 74 Absatz 1 des Unfallversicherungsgesetzes Anwendung.

§. 11.

Anmeldung der Betriebe.

Die Betriebe der im §. 4 Ziffer 1 bezeichneten Art sind nach den Bestimmungen des §. 11 des Unfallversicherungsgesetzes innerhalb einer von dem Reichs-Versicherungsamt zu bestimmenden und öffentlich bekannt zu machenden Frist anzumelden.

2. Bei Unternehmern von Betrieben dieser Art, welche schon gegenwärtig einer Berufsgenossenschaft angehören, ist in der Anmeldung anzugeben, ob der angemeldete Betrieb den Hauptbetrieb oder den Nebenbetrieb bildet und welcher Berufsgenossenschaft der Betrieb bereits angehört.

§. 12.

Organisation.

Auf die Berufsgenossenschaft finden die Bestimmungen des §. 9 Absatz 4 und 5, des §. 10 Absatz 3 und der §§. 16, 17, 19 bis 33 des Unfallversicherungsgesetzes Anwendung, und zwar die des §. 31 Ziffer 2 und 4 mit der Maßgabe, daß der Bundesrath auch ohne Beschluß der Genossenschaftsversammlungen die im §. 1 Absatz 8 a. a. O. bezeichneten Betriebe aus der nach §. 4 Ziffer 1 des gegenwärtigen Gesetzes gebildeten Berufsgenossenschaften ausscheiden und einer anderen Berufsgenossenschaft zutheilen kann.

2. Das Genossenschaftsstatut muß auch über die Anmeldung und das Ausscheiden der nach §. 2 versicherten Unternehmer Vorschriften enthalten, sofern nicht von der Bestimmung des §. 16 Absatz 3 Gebrauch gemacht wird.

§. 13.

Die Berufsgenossenschaft hat einen Reservefonds anzusammeln. 1.
Zur Bildung desselben sind den nach §. 10 Absatz 1 aufzubringenden Beträgen fünf Prozent derselben solange zuzuschlagen, bis der Reservefonds unter Hinzurechnung der Zinsen seines Bestandes die Höhe der erforderlichen Jahresbeiträge erreicht. Ist das letztere der Fall, so können die Zinsen, soweit der Bestand des Reservefonds nicht niedriger ist als der Gesammtbetrag der aufzubringenden Jahresbeiträge, zur Deckung der Genossenschaftslasten verwendet werden.

Auf Antrag des Genossenschaftsvorstandes kann die Genossen- 2.
schaftsversammlung jederzeit weitere Zuschläge zum Reservefonds beschließen, sowie bestimmen, daß derselbe über den Gesammtbetrag der Jahresbeiträge hinaus erhöht werde. Derartige Beschlüsse bedürfen der Genehmigung des Reichs-Versicherungsamts.

In dringenden Bedarfsfällen kann die Genossenschaft mit 3.
Genehmigung des Reichs-Versicherungsamts schon vorher die Zinsen und erforderlichenfalls auch den Kapitalbestand des Reservefonds angreifen. Die Wiederergänzung erfolgt alsdann nach näherer Anordnung des Reichs-Versicherungsamts.

§. 14.

Mitgliedschaft.

Mitglied der Genossenschaft ist jeder Unternehmer eines Betriebes der in §. 9 bezeichneten Art, sowie das Reich, die Bundesstaaten, Kommunalverbände und andere öffentliche Korporationen, soweit diese auf Grund der Bestimmungen des §. 5 der Berufsgenossenschaft beigetreten sind.

Die Mitgliedschaft beginnt für das Reich und die Bundes- 2.
staaten, für Kommunalverbände und andere öffentliche Korporationen (§. 4 Ziffer 2 und 3), sowie für die Unternehmer der zur Zeit der Genehmigung des Genossenschaftsstatuts versicherungspflichtigen Betriebe der im §. 4 Ziffer 1 bezeichneten Art mit diesem Zeitpunkte beziehungsweise im Falle des §. 5 Absatz 3 mit der späteren Beitrittserklärung, für die Unternehmer später entstehender Betriebe der im §. 4 Ziffer 1 gedachten Art mit der Eröffnung des Betriebes.

§. 15.

Jedes Mitglied der Genossenschaft, welches seinen Betrieb nicht bereits nach §. 11 angemeldet hat, ist verpflichtet, binnen einer Woche nach dem Beginn der Mitgliedschaft (§. 14) der unteren Verwaltungsbehörde, in deren Bezirk der Betrieb belegen ist, über denselben Anzeige zu erstatten. Auf die Anzeige und die Ueberweisung des Betriebes finden die Bestimmungen der §§. 35, 36 des Unfallversicherungsgesetzes entsprechende Anwendung. Dasselbe gilt von den Bestimmungen der §§. 37 bis 40 a. a. O. über die Genossenschaftskataster, die Betriebsveränderungen und das Mitgliederverzeichniß.

## III. Unfallversicherungsanstalt.

§. 16.

Bildung, Umfang und Organisation.

In jeder Berufsgenossenschaft von Baugewerbetreibenden wird für die Versicherung derjenigen Personen, welche von den im §. 4 Ziffer 4 Absatz 1 bezeichneten Unternehmern bei Bauarbeiten derjenigen Art, für welche die Berufsgenossenschaft errichtet ist, in deren Bezirken beschäftigt werden, einschließlich der selbstversicherten Unternehmer dieser Art, unbeschadet der Bestimmungen des §. 1 Absatz 4 eine Versicherungsanstalt errichtet.

2. Den Versicherungsanstalten der auf Grund des Unfallversicherungsgesetzes errichteten Berufsgenossenschaften von Baugewerbetreibenden werden außer denjenigen Kategorien von Bauarbeiten, für welche sie errichtet sind, die Eisenbahn-, Kanal-, Strom-, Deich- und andere Bauarbeiten (vgl. §. 4 Ziffer 1), zu deren Ausführung, einzeln genommen, nicht mehr als sechs Arbeitstage thatsächlich verwendet worden sind (vgl. §. 21 lit. b), sofern diese Bauarbeiten von den im §. 4 Ziffer 4 Absatz 1 bezeichneten Unternehmern ausgeführt werden, innerhalb ihrer Bezirke zugewiesen.

3. Durch das Genossenschaftsstatut kann bestimmt werden, daß auch die Versicherung von Unternehmern (§. 2), welche als Baugewerbetreibende Mitglieder der Genossenschaft sind, sowie anderer von diesen Baugewerbetreibenden bei der Bauausführung beschäftig-

ten, nach §. 1 nicht versicherten Personen (§. 2) bei der Versicherungsanstalt zu erfolgen hat.

Träger der Versicherungsanstalt ist die Berufsgenossenschaft. 4.
Der Genossenschaftsvorstand und die Genossenschaftsversammlung, sowie die sonstigen Organe der Berufsgenossenschaft führen die Verwaltung der Versicherungsanstalt, unbeschadet der Bestimmungen des §. 19 dieses Gesetzes, nach Maßgabe der §§. 22, 23, 26, 27 des Unfallversicherungsgesetzes.

§. 17.

Die Einnahmen und Ausgaben der Versicherungsanstalt sind 1.
besonders zu verrechnen und ihre Bestände gesondert zu verwahren.

Für die Versicherungsanstalt ist ein besonderer Reservefonds 2.
anzusammeln. Die Verwendung desselben zu Zwecken der Berufsgenossenschaft ist unstatthaft.

Das für die Zwecke der Versicherungsanstalt bestimmte sonstige 3.
Vermögen darf für die übrigen Zwecke der Genossenschaft nicht verwendet werden, sofern nicht das Reichs-Versicherungsamt auf den Antrag des Genossenschaftsvorstandes eine solche Verwendung genehmigt. Die Genehmigung darf nur ertheilt werden, wenn der Nachweis erbracht ist, daß der für die Zwecke der Versicherungsanstalt verbleibende Theil dieses Vermögens zur dauernden Befriedigung der bisher festgestellten, von der letzteren zu zahlenden Renten und der sonstigen Verbindlichkeiten der Versicherungsanstalt voraussichtlich ausreichen wird.

Die für den Geschäftsbetrieb der Versicherungsanstalt etwa 4.
erforderlichen Mittel hat die Berufsgenossenschaft, soweit nöthig aus ihrem Reservefonds, vorzuschießen.

Die Versicherungsanstalt darf andere als die im §. 16 bezeich- 5.
neten Versicherungen nicht übernehmen.

Die von der Versicherungsanstalt aufzubringenden Ver- 6.
waltungskosten bestimmen sich nach den durch die besondere Verwaltung derselben thatsächlich erforderlich gewesenen Aufwendungen; neben denselben kann nach näherer Bestimmung des Reichs-Versicherungsamts als Ersatz des auf die Versicherungsanstalt entfallen-

den Antheils an den gemeinsamen Verwaltungskosten ein Pauschbetrag erhoben werden.

§. 18.

1. Für die Versicherungsanstalt hat die Genossenschaftsversammlung ein Nebenstatut zu errichten. Dasselbe muß Bestimmungen treffen:

1. über die Erfordernisse der An- und Abmeldung der im §. 4 Ziffer 4 Absatz 1 bezeichneten Unternehmer, welche von der Befugniß des §. 2 Absatz 1 Gebrauch machen wollen;
2. über die Abgrenzung der Befugnisse des Vorstandes und der Genossenschaftsversammlung bei der Verwaltung der Versicherungsanstalt;
3. über die Ansammlung des vorgeschriebenen Reservefonds;
4. über die Aufstellung, Prüfung und Abnahme der Jahresrechnung;
5. über die Veröffentlichung der Rechnungsabschlüsse;
6. über die Voraussetzungen einer Abänderung des Nebenstatuts.

2. Sofern von der Bestimmung des §. 16 Absatz 3 Gebrauch gemacht ist, muß das Nebenstatut über die An- und Abmeldung der demnach versicherten Personen, sowie über die Einzahlung der für dieselben zu entrichtenden Prämien Vorschriften enthalten.

§. 19.

1. Durch das Nebenstatut können für die Verwaltung der Versicherungsanstalt besondere Organe bestimmt werden. Enthält dasselbe Vorschriften dieser Art, so ist zugleich über den Sitz dieser Organe, über ihre Zusammensetzung, über die Abgrenzung ihrer Bezirke, sowie über den Umfang ihrer Befugnisse Bestimmung zu treffen.

2. Die Abgrenzung der Bezirke dieser Organe und die Wahl ihrer Mitglieder kann von der Genossenschaftsversammlung dem Genossenschaftsvorstande übertragen werden.

3. Die Bezirke und die Zusammensetzung dieser besonderen Organe hat der Genossenschaftsvorstand durch den Reichsanzeiger bekannt zu machen.

§. 20.

Das Nebenstatut, sowie die Abänderungen desselben bedürfen 1.
der Genehmigung des Reichs-Versicherungsamts.

Gegen die Entscheidung desselben, durch welche die Genehmigung 2.
versagt wird, findet binnen einer Frist von vier Wochen vom Tage der Zustellung der Entscheidung an den Genossenschaftsvorstand ab die Beschwerde an den Bundesrath statt.

Wird innerhalb dieser Frist Beschwerde nicht erhoben, oder 3.
wird die Versagung der Genehmigung des Nebenstatuts vom Bundesrath aufrecht erhalten, so hat das Reichs-Versicherungsamt binnen einer von ihm zu bestimmenden Frist eine anderweite Beschlußfassung der Genossenschaftsversammlung über das Nebenstatut herbeizuführen. Kommt binnen einer von dem Reichs-Versicherungsamt zu bestimmenden Frist eine Beschlußfassung über das Nebenstatut nicht zu Stande, oder wird den über dasselbe gefaßten Beschlüssen die Genehmigung wiederum endgültig versagt, so wird das Nebenstatut von dem Reichs-Versicherungsamt erlassen.

Die Berathungen der Genossenschaftsversammlungen über das 4.
Nebenstatut finden in Gegenwart eines Vertreters des Reichs-Versicherungsamts statt, welcher auf sein Verlangen jederzeit gehört werden muß.

§. 21.

In der Versicherungsanstalt erfolgt die Unfallversicherung:

a) bei Bauarbeiten, zu deren Ausführung, einzeln genommen, mehr als sechs Arbeitstage thatsächlich verwendet worden sind, auf Kosten des Unternehmers (§. 3 Ziffer 2) gegen feste, im Voraus bemessene Prämien nach Maßgabe eines Prämientarifs (§§. 22 ff.);

b) bei Bauarbeiten von geringerer Dauer auf Kosten der Verbände (§. 30), über deren Bezirke die Berufsgenossenschaft sich erstreckt, gegen Beiträge, welche auf diese Verbände nach Maßgabe der in den einzelnen Jahren für Unfälle bei derartigen Bauarbeiten thatsächlich erforderlich gewordenen Zahlungen jährlich umgelegt werden.

§. 22.

Versicherung auf Kosten der Unternehmer (§. 21 lit. a).

Die im §. 4 Ziffer 4 Absatz 1 aufgeführten Unternehmer, welche Bauarbeiten der im §. 21 lit. a bezeichneten Art ausführen, haben von einem von dem Reichs-Versicherungsamt zu bestimmenden und öffentlich bekannt zu machenden Zeitpunkte ab der von der Landes-Zentralbehörde bestimmten Behörde nach einem von dem Reichs-Versicherungsamt vorzuschreibenden Formular längstens binnen drei Tagen nach Ablauf eines jeden Monats eine Nachweisung der in diesem Monate bei Ausführung der Bauarbeiten verwendeten Arbeitstage und der von den Versicherten dabei verdienten Löhne und Gehälter vorzulegen.

2. Soweit die Verpflichteten die Nachweisung nicht rechtzeitig oder nicht vollständig einreichen, hat die in Gemäßheit des ersten Absatzes von der Landes-Zentralbehörde bestimmte Behörde diese Nachweisungen nach ihrer Kenntniß der Verhältnisse selbst aufzustellen oder zu ergänzen. Sie kann zu diesem Zweck die Verpflichteten zu einer Auskunft innerhalb einer zu bestimmenden Frist durch Geldstrafen bis zu einhundert Mark anhalten.

3. Die Nachweisungen sind binnen zwei Wochen nach Ablauf des Kalendervierteljahres an den Genossenschaftsvorstand oder das von diesem bezeichnete Organ der Genossenschaft einzureichen. Dabei hat die in Gemäßheit des ersten Absatzes von der Landes-Zentralbehörde bestimmte Behörde zu bescheinigen, daß ihr über die Ausführung weiterer Bauarbeiten, für welche nach den vorstehenden Vorschriften in ihrem Bezirke Nachweisungen vorzulegen wären, nichts bekannt geworden sei.

§. 23.

Prämientarif.

Der Prämientarif (§. 21 lit. a) muß die der Berechnung der Prämien zu Grunde zu legenden Einheitssätze nach Verhältniß der bei der Bauausführung von den Versicherten verdienten Löhne oder Gehälter (vergl. §. 25 Absatz 2) beziehungsweise des in Betracht kommenden Jahresarbeitsverdienstes (§. 2) dergestalt ersichtlich machen, daß sich ergiebt, wieviel für jede angefangene halbe Mark des in Betracht kommenden Lohnes an Prämie zu entrichten ist.

Sofern nach dem für die Berufsgenossenschaft bestehenden Gefahrentarif die einzelnen Arten von Bauarbeiten zu verschieden bemessenen Beiträgen herangezogen werden, sind auch die Einheitssätze der an die Versicherungsanstalt zu entrichtenden Prämien nach dem durch den Gefahrentarif der Genossenschaft festgestellten Verhältnisse verschieden zu berechnen. 2.

§. 24.

Der Prämientarif wird alle drei Jahre von dem Reichs-Versicherungsamt für jede Berufsgenossenschaft nach Anhörung des Vorstandes derselben im Voraus festgesetzt. Als Grundlagen dienen der Kapitalwerth derjenigen Leistungen, welche der Versicherungsanstalt aus den bei Bauarbeiten der im §. 21 lit. a bezeichneten Art im Jahre durchschnittlich zu erwartenden Unfällen voraussichtlich erwachsen werden, ferner die zur Bildung des vorgeschriebenen Reservefonds (§. 17) erforderlichen Zuschläge, sowie ein Pauschbetrag für Verwaltungskosten, welcher nach der Höhe der in der vorangegangenen Periode im Jahresdurchschnitt für die Versicherungsanstalt entstandenen Verwaltungskosten (§. 17 Absatz 6) unter Berücksichtigung des auf die Gemeinden nach §. 31 entfallenden Betrages derselben zu berechnen ist. In Abzug zu bringen sind die Zinsen des Reservefonds, soweit dieselben nicht nach den Bestimmungen des Nebenstatuts (§. 18 Ziffer 3) dem Reservefonds selbst zufließen. 1.

Die näheren Bestimmungen über die Berechnung des Zuschlages für Verwaltungskosten hat das Reichs-Versicherungsamt zu erlassen. Für die erstmalige Berechnung wird der Zuschlag für Verwaltungskosten von dem Reichs-Versicherungsamt nach Anhörung des Genossenschaftsvorstandes bestimmt. 2.

Der Prämientarif ist durch den Reichsanzeiger und diejenigen Blätter zu veröffentlichen, welche zu den amtlichen Bekanntmachungen der Landes-Zentralbehörden, oder der höheren Verwaltungsbehörden, in deren Bezirken er Geltung haben soll, bestimmt sind. Die Veröffentlichung erfolgt durch das Reichs-Versicherungsamt. 3.

Die Veröffentlichung muß mindestens zwei Wochen vor demjenigen Zeitpunkte erfolgt sein, mit welchem der Tarif in Kraft 4.

treten soll. Bis zu diesem Zeitpunkte sind die Prämien nach dem bisherigen Tarif zu erheben.

§. 25.

Entrichtung der Prämien.

Nach Ablauf des Kalendervierteljahres wird auf der Grundlage des Prämientarifs und der nach §. 22 Absatz 3 eingereichten Nachweisungen vom Genossenschaftsvorstande die Prämie berechnet, welche auf jeden Unternehmer entfällt, und die Heberolle aufgestellt.

2. Für diejenigen Personen, deren bei der Ausführung der Bauarbeit verdiente Löhne und Gehälter für den Arbeitstag den Betrag des von der höheren Verwaltungsbehörde für den Ort der Beschäftigung festgesetzten ortsüblichen Tagelohnes gewöhnlicher erwachsener Tagearbeiter nicht erreichen, ist dieser letztere Betrag der Berechnung der Prämie zu Grunde zu legen.

3. Den Gemeindebehörden sind bezüglich der dem Gemeindebezirke angehörenden Unternehmer Auszüge aus der Heberolle mit der Aufforderung zuzustellen, die Beiträge einzuziehen und in ganzer Summe binnen vier Wochen an den Genossenschaftsvorstand oder das nach §. 19 zuständige andere Organ der Genossenschaft nach Abzug der Portoauslagen einzusenden.

4. Den Gemeindebehörden ist hierfür von der Berufsgenossenschaft eine Vergütung zu gewähren, deren Höhe von der Landes-Zentralbehörde im Einvernehmen mit dem Reichs-Versicherungsamt festzusetzen ist. Für Bauarbeiten, welche von der Gemeinde selbst für eigene Rechnung ausgeführt werden, wird diese Vergütung nicht gezahlt

5. Die Gemeinde haftet für diejenigen Prämien, bei denen sie den wirklichen Ausfall oder die fruchtlos erfolgte Zwangsvollstreckung nicht nachweisen kann, und muß sie vorschußweise mit einsenden.

§. 26.

1. Der Auszug aus der Heberolle (§. 25) muß diejenigen Angaben enthalten, welche die Zahlungspflichtigen in den Stand setzen, die Richtigkeit der angestellten Prämienberechnung zu prüfen. Die Gemeindebehörde hat den Auszug während zweier Wochen zur Einsicht der Betheiligten auszulegen und den Beginn dieser Frist auf ortsübliche Weise bekannt zu machen. Binnen einer weiteren

Frist von zwei Wochen kann der Zahlungspflichtige, unbeschadet der Verpflichtung zur vorläufigen Zahlung, gegen die Prämienberechnung bei dem Genossenschaftsvorstande oder dem nach §. 19 zuständigen anderen Organe der Genossenschaft Einspruch erheben.

Der Einspruch ist nur zulässig, wenn sich derselbe auf unrichtigen Ansatz der Löhne, auf unrichtige Anwendung des Prämientarifs, auf Rechenfehler oder auf die Behauptung stützt, daß der in Anspruch Genommene zur Entrichtung von Prämien für die von ihm beschäftigten Personen nicht verpflichtet sei. Auf unrichtigen Ansatz der Löhne kann der Einspruch in den Fällen nicht gestützt werden, in welchen die Nachweisung wegen Säumniß des Verpflichteten von der Gemeindebehörde aufgestellt worden war. 2.

Wird dem Einspruch überhaupt nicht oder nicht in dem beantragten Umfange Folge gegeben, so steht dem Zahlungspflichtigen binnen zwei Wochen nach der Zustellung der Entscheidung des zuständigen Genossenschaftsorgans die Beschwerde an die untere Verwaltungsbehörde zu. Gegen die Entscheidung derselben ist binnen zwei Wochen nach der Zustellung Rekurs an das Reichs-Versicherungsamt zulässig. Derselbe darf aber nur auf die Behauptung gestützt werden, daß eine Verpflichtung zur Entrichtung von Prämien nicht vorliege. 3.

§. 27.

Für die Prämien und die sonstigen den unter §. 4 Ziffer 4 Absatz 1 fallenden Unternehmern in diesem Gesetze auferlegten Leistungen haftet im Falle der Zahlungsunfähigkeit des Bauunternehmers der Bauherr während eines Jahres nach der endgültigen Feststellung der betreffenden Verbindlichkeit. 1.

Sind Zwischenunternehmer vorhanden, so haften diese vor dem Bauherrn. 2.

§. 28.

Weitere Zahlungen als die nach diesem Gesetze zu entrichtenden Prämien und die wegen Verletzung bestehender Verpflichtungen einzuziehenden Strafen und Kosten können seitens der Berufsgenossenschaft von den Unternehmern nicht gefordert werden.

§. 29.

Für Kommunalverbände, öffentliche Korporationen und andere Bauherren, welche regelmäßig ohne Uebertragung an andere Unternehmer Bauarbeiten ausführen, kann auf ihren Antrag der Betrag der der Berechnung der Prämien zu Grunde zu legenden Arbeitslöhne und Gehälter nach Maßgabe der Zahl der im Jahresdurchschnitt verwendeten Arbeitstage in Pausch und Bogen festgesetzt werden. Derartige Festsetzungen müssen Bestimmungen über die Termine, zu welchen die Prämien einzuzahlen sind, enthalten. Soweit solche Festsetzungen getroffen sind, finden die Bestimmungen der §§. 22 und 25 keine Anwendung.

§. 30.

Versicherung auf Kosten von Gemeindeverbänden (§. 21 lit. b).

Die Mittel zur Deckung der Entschädigungsbeträge und Verwaltungskosten, welche der Versicherungsanstalt aus Unfällen bei den im §. 21 lit. b bezeichneten Bauarbeiten erwachsen sind, werden durch Beiträge der Gemeinden, über deren Bezirke die Berufsgenossenschaft sich erstreckt, aufgebracht und auf dieselben nach dem Verhältnisse der Bevölkerungsziffer jährlich umgelegt. Als Bevölkerungsziffer gilt diejenige Zahl von Einwohnern, welche aus Anlaß der nächstvorhergegangenen Volkszählung von der zuständigen Behörde amtlich festgesetzt ist, und zwar von dem auf die Feststellung folgenden Rechnungsjahre ab.

2. Durch die Landes-Zentralbehörde kann bestimmt werden, daß an Stelle der Gemeinden weitere Kommunalverbände treten, oder daß innerhalb bestimmter Bezirke einzelne Gemeinden zur gemeinschaftlichen Uebernahme der aus der Unfallversicherung bei der Versicherungsanstalt ihnen erwachsenden Last vereinigt werden. Bestimmungen der letzteren Art müssen Festsetzungen über die Vertretung und Verwaltung dieser Vereinigung, sowie darüber enthalten, nach welchen Grundsätzen die diesen Vereinigungen zur Last fallenden Beträge auf die einzelnen Gemeinden zu vertheilen sind.

3. Die Landes-Zentralbehörde kann ferner bestimmen, daß die Umlegung statt auf Gemeinden oder weitere Kommunalverbände auf Verwaltungsbezirke erfolge, und wie von den letzteren die

auf sie umgelegten Beträge auf die einzelnen Gemeinden zu vertheilen sind.

Soweit derartige Bestimmungen der Landes-Zentralbehörde nicht erlassen sind, können Gemeinden durch übereinstimmende Beschlüsse zur gemeinsamen Uebernahme der gemäß §. 21 lit. b ihnen zufallenden Lasten sich vereinigen. Solche Vereinbarungen müssen Bestimmungen über die Vertretung und Verwaltung dieser Vereinigungen enthalten und bedürfen der Genehmigung der Landes-Zentralbehörde. 4.

Diese Bestimmungen und Vereinbarungen sind den betreffenden Berufsgenossenschaften, sowie dem Reichs-Versicherungsamt mitzutheilen. 5.

§. 31.

Der Betrag der auf die Verbände umzulegenden Verwaltungskosten wird nach Maßgabe der Vorschriften des §. 24 festgesetzt.

§. 32.

Innerhalb der einzelnen Gemeinden oder weiteren Kommunalverbände werden die aus den Bestimmungen des §. 21 lit. b auf dieselben entfallenden Lasten wie Gemeindeabgaben aufgebracht. 1.

Durch die Landesgesetzgebung oder durch statutarische Bestimmung der einzelnen Gemeinden beziehungsweise weiteren Kommunalverbände, welche der Genehmigung der höheren Verwaltungsbehörde bedarf, kann ein anderer Vertheilungsmaaßstab festgestellt, insbesondere bestimmt werden, daß die Lasten von den Grund- oder Gebäudebesitzern zu tragen sind. 2.

§. 33

Auf den besonderen Reservefonds der Versicherungsanstalt haben die Verbände rücksichtlich der aus der Bestimmung des §. 21 lit. b ihnen erwachsenden Lasten keinen Anspruch.

§. 34.

Den Gemeinden im Sinne dieses Gesetzes stehen die selbständigen Gutsbezirke und Gemarkungen gleich. Soweit den Gemeinden aus diesem Gesetze Rechte oder Verbindlichkeiten erwachsen, tritt an die Stelle der Gemeinden der Gutsherr oder der Gemarkungsberechtigte.

## IV. Vertretung der Arbeiter.

§. 35.

Vertretung der Arbeiter. Für den Bezirk der auf Grund dieses Gesetzes errichteten Genossenschaft oder, sofern dieselbe in Sektionen getheilt ist, jeder Sektion werden zum Zweck der Wahl von Beisitzern zum Schiedsgericht, der Begutachtung der zur Verhütung von Unfällen zu erlassenden Vorschriften und der Theilnahme an der Wahl der beiden aus der Zahl der Versicherten zu wählenden Mitglieder des Reichs-Versicherungsamts Vertreter der Arbeiter gewählt.

2. Wahlberechtigt sind unter den im §. 42 des Unfallversicherungsgesetzes angegebenen Voraussetzungen auch die Vorstände der Baukrankenkassen (§§. 69 ff. des Krankenversicherungsgesetzes vom 15. Juni 1883, Reichs-Gesetzbl. S. 73).

3. Wählbar sind nur männliche, großjährige, gegen Unfall versicherte, einer wahlberechtigten Krankenkasse angehörende Deutsche, welche bei Bauarbeiten der Genossenschaftsmitglieder und im Bezirke der Sektion beziehungsweise der Genossenschaft dauernd beschäftigt sind, sich im Besitze der bürgerlichen Ehrenrechte befinden und nicht durch richterliche Anordnung in der Verfügung über ihr Vermögen beschränkt sind.

4. Im Uebrigen finden auf die Vertreter der Arbeiter und die Bevollmächtigten der Krankenkassen zu den Unfalluntersuchungen die §§. 41 bis 45 a. a. O. Anwendung.

## V. Schiedsgerichte.

§. 36.

Schiedsgerichte. Für den Bezirk der auf Grund dieses Gesetzes errichteten Berufsgenossenschaft oder, falls dieselbe in Sektionen getheilt ist, jeder Sektion wird ein Schiedsgericht errichtet. Die Zuständigkeit desselben erstreckt sich auf alle Betriebsunfälle, welche sich in dem Bezirke des Schiedsgerichts bei Bauarbeiten derjenigen Art, für welche die Genossenschaft errichtet ist, ereignen, einschließlich der Unfälle solcher Personen, welche in der Versicherungsanstalt versichert sind.

Die von den Vertretern der Arbeiter (§. 35) zu wählenden 2.
Beisitzer des Schiedsgerichts und deren Stellvertreter müssen den im §. 35 Absatz 3 vorgesehenen Voraussetzungen genügen und dem Arbeiterstande angehören.

Im Uebrigen finden auf die Schiedsgerichte die Bestimmungen 3.
der §§. 46 bis 50 des Unfallversicherungsgesetzes Anwendung.

## VI. Feststellung und Auszahlung der Entschädigungen.

### §. 37.

Unfalluntersuchung. Feststellung der Entschädigungen.

Auf die Anzeige und Untersuchung der Unfälle, sowie auf die Feststellung der Entschädigungen finden die Bestimmungen der §§. 51 bis 58, 59 Absatz 1 bis 3, 60, 61 des Unfallversicherungsgesetzes entsprechende Anwendung.

Die Bestimmung des §. 59 Absatz 4 a. a. O. tritt außer Kraft 2.
für Betriebsunfälle, welche sich bei Bauarbeiten ereignen, nachdem dieses Gesetz seinem ganzen Umfange nach in Kraft getreten ist.

Die Verpflichtung zur Einreichung von Lohn- und Gehalts- 3.
nachweisungen (§. 60 a. a. O.) erstreckt sich auch auf Unternehmer, welche nicht Mitglieder der Berufsgenossenschaft sind.

### §. 38.

Berufung. Rekurs. Auszahlung.

Gegen den Bescheid, durch welchen der Entschädigungsanspruch abgelehnt wird, sowie gegen den Bescheid, durch welchen die Entschädigung festgestellt wird, findet die Berufung auf schiedsrichterliche Entscheidung statt. Der Bescheid muß Namen und Wohnort des Vorsitzenden des für die Berufung zuständigen Schiedsgerichts, sowie die Belehrung über die einzuhaltende Frist enthalten.

Auf die Berufung, auf die Entscheidung des Schiedsgerichts, 2.
sowie auf den Rekurs an das Reichs-Versicherungsamt finden die Bestimmungen der §§. 62 Absatz 3 und 5, 63 a. a. O. entsprechende Anwendung. Dasselbe gilt von den Bestimmungen der §§. 64 bis 66, 68, 69 a. a. O. über den Berechtigungsausweis, die Veränderung der Verhältnisse, die Fälligkeitstermine, die Unpfändbarkeit der Entschädigungen und die Auszahlungen durch die Post.

§. 39.

Ausländische Berechtigte.

Solange der Berechtigte nicht im Inlande wohnt, ist die Genossenschaft befugt, die Zahlung der Entschädigungsrenten einzustellen.

2. Ist der Berechtigte ein Ausländer, so kann ihn die Genossenschaft für seinen Entschädigungsanspruch mit dem dreifachen Betrage der Jahresrente abfinden.

§. 40.

Liquidation der Postverwaltungen.

Binnen acht Wochen nach Ablauf jedes Rechnungsjahres haben die Zentral-Postbehörden dem Genossenschaftsvorstande Nachweisungen der auf Anweisung desselben geleisteten Zahlungen zuzustellen und gleichzeitig die Postkassen zu bezeichnen, an welche die zu erstattenden Beiträge einzuzahlen sind

§. 41.

Erstattung der Vorschüsse.

Der Genossenschaftsvorstand stellt fest, welcher Theil der von den Zentral-Postbehörden liquidirten Beträge den Mitgliedern der Berufsgenossenschaft, und welcher Theil der Versicherungsanstalt zur Last fällt.

2. Der erstere Theil ist aus den verfügbaren Mitteln der Berufsgenossenschaft zu entnehmen. Gleichzeitig ist nach den Bestimmungen des §. 10 der Kapitalwerth der im vergangenen Rechnungsjahre neu entstandenen, der Berufsgenossenschaft erwachsenen Lasten zu berechnen und unter Berücksichtigung der auf Grund des §. 13 dieses Gesetzes, beziehungsweise der §§. 29 und 30 des Unfallversicherungsgesetzes etwa vorliegenden besonderen Verpflichtungen oder Berechtigungen nach dem festgestellten Vertheilungsmaaßstabe und unter Verrechnung der erhobenen Vorschüsse (§. 10) von den Mitgliedern einzuziehen. Im Uebrigen finden die Bestimmungen der §§. 71 Absatz 2 und 3, 72, 73 a. a. O. Anwendung.

3. Der der Versicherungsanstalt zur Last fallende Theil ist, soweit er durch Unfälle verursacht ist, die sich bei Bauarbeiten der im § 21 lit. a bezeichneten Art ereignet haben, aus den verfügbaren Beständen an Prämien zu entnehmen. Soweit der Betrag aber durch Unfälle verursacht ist, die sich bei Bauarbeiten der im §. 21 lit. b bezeichneten Art ereignet haben, ist derselbe nach dem im §. 30 festgesetzten Maaßstabe auf die im Bezirke der Berufsgenossenschaft

belegenen Gemeinden, beziehungsweise weiteren Kommunalverbände oder Vereinigungen von Gemeinden, welche an die Stelle der Gemeinden gesetzt sind, umzulegen und von ihnen einzuziehen. Denselben ist zu diesem Zweck ein Auszug aus der aufzustellenden Heberolle mit der Aufforderung zuzustellen, den festgesetzten Betrag bei Vermeidung der zwangsweisen Beitreibung binnen zwei Wochen einzuzahlen. Der Auszug muß diejenigen Angaben enthalten, welche die Gemeinden 2c. in den Stand setzen, die Richtigkeit der angestellten Beitragsberechnung zu prüfen. Den Gemeinden 2c. stehen gegen die Feststellung ihrer Beiträge, unbeschadet der Verpflichtung zur sofortigen Zahlung, die im §. 73 a. a. O. angegebenen Rechtsmittel zu; die Beschwerde ist jedoch nur zulässig, wenn sich dieselbe entweder auf Rechenfehler oder auf Irrthümer bei Ansatz der Bevölkerungsziffer gründet.

§. 42.

Rückständige Beiträge und Abführung der Beträge an die Postkassen.

Rückständige Beiträge und Prämien, sowie die im Falle einer Betriebseinstellung von Gewerbetreibenden etwa zu leistenden Kautionsbeträge (§. 12 dieses Gesetzes beziehungsweise §. 17 Ziffer 7 des Unfallversicherungsgesetzes) werden in derselben Weise beigetrieben, wie Gemeindeabgaben. Dasselbe gilt von den Strafzuschlägen in dem Falle der Ablehnung von Wahlen (§. 12 dieses Gesetzes beziehungsweise §. 24 Absatz 3 des Unfallversicherungsgesetzes).

Uneinziehbare Beiträge und Prämien fallen der Gesammtheit der Berufsgenossen beziehungsweise der in der Versicherunganstalt versicherten Unternehmer zur Last. Sie sind vorschußweise aus dem Betriebsfonds oder erforderlichenfalls aus dem Reservefonds der Berufsgenossenschaft beziehungsweise der Versicherungsanstalt zu decken und bei den Beiträgen des nächsten Jahres, beziehungsweise bei Feststellung des neuen Prämientarifs zu berücksichtigen. 2.

Die Bestimmungen des §. 75 des Unfallversicherungsgesetzes finden Anwendung. 3.

§. 43.

Rechnungsführung.

Verfügbare Gelder und Werthpapiere sind bei einer zur Aufbewahrung von Geldern oder Werthpapieren befugten öffentlichen Behörde oder Kasse niederzulegen.

2. Das Rechnungsjahr beginnt mit dem 1. Januar und endet mit dem 31. Dezember.

3. Im Uebrigen finden die Bestimmungen der §§. 76 und 77 des Unfallversicherungsgesetzes Anwendung.

## VII. Unfallverhütung. Beaufsichtigung.

### §. 44.

Unfallverhütung. Ueberwachung durch die Genossenschaft.

Die Bestimmungen der §§. 78 bis 86 des Unfallversicherungsgesetzes finden mit folgenden Maßgaben Anwendung:

1. Unfallverhütungsvorschriften können auch für die Bauarbeiten derjenigen Unternehmer erlassen werden, welche nicht Mitglieder der Genossenschaft sind, aber in dem Bezirke derselben Bauarbeiten ausführen.

   In den Unfallverhütungsvorschriften, welche auf derartige Bauarbeiten Anwendung finden sollen, sind für die Zuwiderhandelnden Zuschläge bis zum doppelten Betrage der Prämie oder, sofern es sich um Bauarbeiten der im §. 21 lit. b. bezeichneten Art handelt, Exekutivstrafen bis zu einhundert Mark anzudrohen. Die Vorschriften sind von der höheren Verwaltungsbehörde in geeigneter Weise zu veröffentlichen.

2. Zur Festsetzung der im §. 78 Ziffer 2 a. a. O. vorgesehenen Geldstrafen sind neben den Vorständen der Betriebs- (Fabrik-) Krankenkassen auch die Vorstände der Baukrankenkassen (§§. 69 ff. des Krankenversicherungsgesetzes) befugt, sofern eine solche für die Bauarbeit oder den Betrieb, bei dem der Zuwiderhandelnde beschäftigt war, errichtet ist.

   Die Berechtigung der Genossenschaft zur Ueberwachung der Betriebe und die Verpflichtungen der Unternehmer wegen Gestattung des Zutritts zu den Betriebsstätten und wegen Vorlegung ihrer Bücher und Nachweisungen erstrecken sich auch auf Unternehmer, welche, ohne Mitglied der Genossenschaft zu sein, in dem Bezirke derselben Bauarbeiten ausführen.

§. 45.

Wegen der Organisation und Zuständigkeit des Reichs-Versicherungsamts und der Landes-Versicherungsämter bewendet es bei den Bestimmungen der §§. 87 bis 93 des Unfallversicherungsgesetzes, sowie des §. 101 Absatz 2 bis 5 des Gesetzes, betreffend die Unfall- und Krankenversicherung der in land- und forstwirthschaftlichen Betrieben beschäftigten Personen, vom 5. Mai 1886 (Reichs-Gesetzbl. S. 132). Reichs-Versicherungsamt. Landes-Versicherungsämter.

Soweit hiernach ein Landes-Versicherungsamt zur Beaufsichtigung der Genossenschaft und zur Entscheidung der im Bezirke derselben vorkommenden Streitigkeiten befugt ist, gehen die in den §§. 10, 17, 20, 24, 25, 26, 30, 31, 38, 41 dem Reichs-Versicherungsamt übertragenen Zuständigkeiten auf das Landes-Versicherungsamt über.

## VIII. Bauarbeiten für Rechnung des Reichs, der Bundesstaaten, von Kommunalverbänden und Korporationen.

§. 46.

Für Bauarbeiten des Reichs, eines Bundesstaates, eines nach den Bestimmungen des §. 4 Ziffer 3 für leistungsfähig erklärten Kommunalverbandes oder einer anderen öffentlichen Korporation, bei welchen nach §. 4 Ziffer 2 und 3 bei Anwendung dieses Gesetzes an die Stelle der Berufsgenossenschaft das Reich, der betreffende Bundesstaat, der betreffende Kommunalverband oder die Korporation tritt, werden die Befugnisse und Obliegenheiten der Genossenschaftsversammlung und des Genossenschaftsvorstandes durch Ausführungsbehörden wahrgenommen, welche für die Reichsverwaltungen von dem Reichskanzler, im Uebrigen von der Landes-Zentralbehörde zu bezeichnen sind. Dem Reichs-Versicherungsamt ist mitzutheilen, welche Behörden als Ausführungsbehörden bezeichnet sind. Ausführungsbehörden.

§. 47.

Soweit das Reich oder ein Bundesstaat, ein Kommunalverband oder eine andere öffentliche Korporation an die Stelle der Berufsgenossenschaft tritt (§. 4 Ziffer 2 und 3), finden die §§. 9 bis 34, Versicherung durch das Reich ꝛc.

41, 42 Absatz 1 und 2, 43 Absatz 1, 44 dieses Gesetzes, sowie die §§. 60, 71 bis 74, 75, Absatz 2 und 3, 76, 87 Absatz 1, 88, 89, 90 Absatz 1, lit. a, d, e, 103 bis 108 des Unfallversicherungsgesetzes keine Anwendung. Dagegen sind die Bestimmungen der §§. 3 bis 10 des Gesetzes, betreffend die Ausdehnung der Unfall- und Krankenversicherung, vom 28. Mai 1885 (Reichs-Gesetzbl. S. 159) entsprechend anzuwenden.

## IX. Schluß- und Strafbestimmungen.

§. 48.

Erstreckung auf andere Gesetze über Unfallversicherung.

Die Bestimmungen der §§. 2, 5, 9 Absatz 2, 12 Absatz 2, 35 bis 40, 41 Absatz 1 und 3, 42 bis 45, 49, 50 finden ebenso wie die Vorschriften der §§. 16 bis 34 bei den im Geltungsbereiche des Unfallversicherungsgesetzes errichteten Berufsgenossenschaften für Baugewerbetreibende gleichfalls Anwendung. Die Bestimmungen des §. 10 Absatz 2 und 4 können für diese Berufsgenossenschaften durch das Genossenschaftsstatut eingeführt werden.

2. Die Vorschriften des §. 39 gelten auch für die nach dem Gesetze, betreffend die Ausdehnung der Unfall- und Krankenversicherung, vom 28. Mai 1885 (Reichs-Gesetzbl. S. 159) versicherten, bei Bauarbeiten beschäftigten Personen.

§. 49.

Haftpflicht 2c. Strafbestimmungen.

Für Arbeiter, welche bei Bauarbeiten der im §. 4 Ziffer 4 Absatz 1 bezeichneten Art beschäftigt, aber nicht nach den Bestimmungen des Krankenversicherungsgesetzes gegen Krankheit versichert sind, bleiben die auf landesgesetzlichen Bestimmungen beruhenden Ansprüche auf Ersatz des in Folge eines Unfalls erlittenen Schadens für die Dauer der ersten dreizehn Wochen nach dem Unfalle vorbehalten.

2. Im Uebrigen finden die Vorschriften der §§. 95 bis 109 des Unfallversicherungsgesetzes entsprechende Anwendung, die Strafbestimmungen der §§. 103 bis 108 a. a. O. insbesondere auch bezüglich der Einreichung und Richtigkeit der für die Berechnung der Prämien maßgebenden Nachweisungen (§. 22).

§. 50.

Zustellungen, welche den Lauf von Fristen bedingen, erfolgen durch die Post mittelst eingeschriebenen Briefes. Der Beweis der Zustellung kann auch durch behördliche Beglaubigung geführt werden. Zustellungen.

§. 51.

Die Bestimmungen der §§. 9 bis 24, 30, 32 Absatz 2, 34, 35, 36, 39, 45 bis 48, 50 und die auf diese Paragraphen bezüglichen Strafbestimmungen, sowie diejenigen Vorschriften, welche zur Durchführung der in diesen Paragraphen getroffenen Anordnungen dienen, treten mit dem Tage der Verkündung dieses Gesetzes in Kraft. Gesetzeskraft.

Im Uebrigen wird der Zeitpunkt, mit welchem dieses Gesetz ganz oder theilweise für den Umfang des Reichs oder einzelner Theile desselben in Kraft tritt, mit Zustimmung des Bundesraths durch Kaiserliche Verordnung bestimmt.*) 2.

**Urkundlich** unter Unserer Höchsteigenhändigen Unterschrift und beigedrucktem Kaiserlichen Insiegel.

Gegeben Bad Ems, den 11. Juli 1887.

**(L. S.) Wilhelm.**

von Boetticher.

---

*) Vgl. Kais. Verordnung v. 26. Dezember 1887 (R.G.Bl. S. 537), nach welcher das Bau-Unfallversicherungsgesetz mit dem 1. Januar 1888 seinem vollen Umfange nach in Kraft getreten ist.

# B. Ausführungsbestimmungen.

## I. Anleitung (a) des Reichs-Versicherungsamts, betr. die Anmeldung der nach dem Unfallversicherungsgesetz versicherungspflichtigen Betriebe.

(§. 11 des Unfallversicherungsgesetzes.)*)

Vom 14. Juli 1884 (A. N. 85 S. 374, 346).

1) Die Anmeldungspflicht erstreckt sich auf alle versicherungspflichtigen, d. h. unter den §. 1 des Unfallversicherungsgesetzes fallenden Betriebe. Zu diesem gehören:

a. Bergwerke, Salinen und Aufbereitungsanstalten,
b. Steinbrüche, Gräbereien (Gruben), Werften und Bauhöfe,
c. Fabriken aller Art und Hüttenwerke.

Als Fabriken gelten insbesondere — auch wenn dies nach dem Sprachgebrauch zweifelhaft sein sollte — alle Betriebe, in welchen die Bearbeitung oder Verarbeitung von Gegenständen gewerbsmäßig ausgeführt wird und zu diesem Zwecke mindestens zehn Arbeiter regelmäßig beschäftigt werden.

*) Diese Anleitung, zunächst für die vorläufigen Anmeldungen nach § 11 bestimmt, hat für alle nach dem 1. Sept. 1884 entstandenen Betriebe dauernde Bedeutung.

Hiernach muß z. B. ein Bäcker, welcher in seinem Bäckereibetriebe mindestens zehn Arbeiter regelmäßig beschäftigt, diesen Betrieb anmelden;

d. alle Betriebe, in welchen Dampfkessel oder durch elementare Kraft (Wind, Wasser, Dampf, Gas, heiße Luft 2c.) bewegte Triebwerke zur Verwendung kommen.

Hiernach muß z. B. ein Schneider, welcher mit einem Gasmotor und einem Lehrling arbeitet, seinen Betrieb anmelden;

e. Betriebe, in welchen Explosivstoffe oder explodirende Gegenstände gewerbsmäßig erzeugt werden;

f. jeder Gewerbebetrieb, welcher sich auf eine der nachstehend bezeichneten Arbeiten: Maurer-, Zimmer-, Dachdecker-, Steinhauer-, Brunnen- oder Schornsteinfegerarbeiten erstreckt †).

2) Nicht versicherungspflichtig und daher auch nicht anzumelden sind Betriebe aller Art, in welchen der Unternehmer allein und ohne Gehülfen, Lehrlinge oder sonstige Arbeiter thätig ist.

Sodann fallen nicht unter das Gesetz:

a. die Land- und Forstwirthschaft ††) einschließlich der Gärtnerei, des Obst- und Weinbaues, die Viehzucht und Fischerei.

Die Benutzung einer feststehenden oder transportablen Kraftmaschine (Lokomobile 2c.) zu landwirthschaftlichen Arbeiten, z. B. zum Pflügen, Mähen, Dreschen,

†) Vgl. die Anm. † sowie Anm. 6 zu § 1 U.V.G.

††) Vgl. die Anm. †† zu § 1 U.V.G.

zur Bedienung einer Entwässerungsanlage macht den landwirthschaftlichen Betrieb nicht versicherungspflichtig.

Land- und forstwirthschaftliche Nebenbetriebe, d. h. gewerbliche Anlagen zur Verarbeitung der in der Land- und Forstwirthschaft gewonnenen rohen Naturprodukte, wie Brennereien, Ziegeleien, Stärkefabriken rc. sind nur dann anzumelden, wenn sie unter den §. 1 Abs. 1 oder 4 des Gesetzes fallen, insbesondere also, wenn sie nach der Art und dem Umfang des Betriebes als Fabriken anzusehen sind. Hiernach sind die Brennereien auf großen Gütern als Fabriken zur Anmeldung zu bringen, nicht dagegen die als landwirthschaftliche Nebengewerbe vorkommenden kleinen Haus-Brennereien und -Brauereien, welche den sogenannten Haustrunk bereiten oder nur in ganz geringem Umfange betrieben werden.

Getreide-, Oel- und Walkmühlen, welche, zu einem Gute gehörig, in der Hauptsache gegen Entgelt für Dritte arbeiten und daneben den Bedarf des Gutsbesitzers und seiner Leute mitdecken, sind anzumelden.

Nichtversicherungspflichtig ist ferner:

b. das Handwerk, soweit nicht die unter 1 c bis f bezeichneten Merkmale für den Betrieb zutreffen. Außerdem ist zu beachten, daß handwerksmäßige Betriebsanlagen, welche wesentliche Bestandtheile eines der unter 1 bezeichneten Betriebe sind, z. B. eine Schlosserei in einer Baumwollspinnerei, mit dem Hauptbetriebe versicherungspflichtig sind.

Endlich:

c. sind nicht versicherungspflichtig das Handels- und Transportgewerbe†), sowie die Gast- und Schankwirthschaft. Eisenbahn- und Schiffahrtsbetriebe jedoch, welche wesentliche Bestandtheile eines der unter 1 bezeichneten Betriebe sind, z. B. ein Eisenbahnbetrieb auf einem Hüttenwerke, fallen mit dem Hauptbetrieb unter das Unfallversicherungsgesetz.

3) Nach Ziffer 1 d werden Betriebe, in welchen Dampfkessel oder durch elementare Kraft bewegte Motoren zur Verwendung kommen, als versicherungspflichtig angesehen. Gleichwohl bleiben solche Betriebe von der Versicherungspflicht befreit, wenn die Motoren nur vorübergehend und ohne daß sie zur Betriebsanlage gehören, benutzt werden, — vorausgesetzt, daß solche Betriebe nicht ohnehin nach den übrigen Bestimmungen der Ziffer 1 versicherungspflichtig sind.

Die vorübergehende Benutzung eines zur Betriebsanlage gehörenden, durch elementare Kraft betriebenen Motors, z. B. die vorübergehende Benutzung einer zur Betriebsanlage gehörenden Turbine zur Winterszeit, macht den Betrieb versicherungspflichtig. Ebenso begründet die dauernde Benutzung eines nicht zur Betriebsanlage gehörenden Motors, z. B. einer Lokomobile oder einer gemietheten, aus einem Nachbarhause herrührenden stationären Kraft die Versicherungspflicht des Betriebes.

---

†) Vgl. Ausdehnungsgesetz.

4) Als „Aufbereitungsanstalten" sind anzumelden: gewerbliche Anlagen zur mechanischen Reinigung bergmännisch gewonnener Erze,

als „Steinbrüche": solche Anlagen, in denen die Gewinnung von Steinen gewerbsmäßig und nach technischen Regeln über oder unter der Erde erfolgt,

als „Gräbereien (Gruben)": die auf die Gewinnung der in den sogenannten oberflächlichen Lagerstätten vorkommenden Mineralien (Mergel, Kies, Sand, Thon, Lehm ꝛc.) gerichteten Anlagen, in denen ein gewerbsmäßiger und nach technischen Regeln ausgeführter Betrieb stattfindet. Die Ausbeutung eines eigenen Mergel- oder Torflagers zum Gebrauch auf dem eigenen Acker oder in der eigenen Haushaltung, sowie der nicht nach technischen Regeln erfolgende übliche Torfstich bäuerlicher Besitzer, auch wenn der Torf verkauft wird, fällt nicht unter das Gesetz. — Nach technischen Regeln gewerbsmäßig betriebene Bernstein-, Torf-, Kies- ꝛc. Baggereien sind als Gräbereien (Gruben) anzumelden.

Als „Bauhöfe" sind anzumelden: die auf eine gewisse Dauer berechneten Anlagen für Bauarbeiten (z. B. für Vorrichtung von Zimmerungen ꝛc.).

5) Wer die Kraft seines stationären Motors an verschiedene Gewerbetreibende vermiethet, muß, auch wenn er selbst die Kraft nicht benutzt, diesen Gewerbebetrieb mit Beziehung auf seinen Maschinenwärter, Heizer ꝛc. anmelden. Desgleichen sind die einzelnen Unternehmer

der von diesem Motor bewegten Betriebe für ihre Unternehmungen anmeldungspflichtig. (Vgl. Ziffer 3 Schlußsatz.)

6) Die gewerbsmäßigen Betriebe der Maurer, Zimmerer, Dachdecker, Steinhauer, Brunnenmacher und Schornsteinfeger sind anzumelden, wenn in denselben auch nur ein Lehrling beschäftigt wird, einerlei, ob es sich um Neubauten ꝛc. oder Reparaturen ꝛc. handelt.

Personen, welche nicht gewerbsmäßig Maurer- ꝛc. Arbeiten ausführen, unterliegen der Anmeldungspflicht nicht, wenn sie einen Bau durch direkt angenommene Arbeiter im Regiebetriebe †) ausführen lassen.

Andererseits brauchen die Unternehmer das Bauhandwerk nicht persönlich erlernt zu haben oder selbst auszuüben, um wegen ihrer Maurer-, Zimmer-, Dachdeckergesellen anmeldungspflichtig zu sein. Zur Begründung der Anmeldungspflicht genügt es, daß der betreffende Arbeitgeber gewerbsmäßig Maurer- ꝛc. Arbeiten ausführen läßt.

Nur die Zahl der im Maurer-, Zimmer-, Dachdecker-, Steinhauer-, Brunnenmacher-, Schornsteinfeger-Gewerbe durchschnittlich beschäftigten Arbeiter ist anzumelden. Die Zahl der von dem Bauunternehmer etwa mitbeschäftigten Tischler, Glaser, Anstreicher ††) ꝛc. ist nicht mit anzumelden, es sei denn, die Tischlerei ꝛc. von

---

†) Vgl. Anm. 6 zu § 1 U.V.G.
††) Vgl. Anm. † zu § 1 U.V.G.

ihm fabrikmäßig (oben Ziffer 1 c, d) betrieben wird und deshalb für sich versicherungspflichtig ist.

Erdarbeiter†) für Wege-, Kanal-, Eisenbahn- rc. Bauten sind nicht anzumelden.

7) Bei der Anmeldung ist der Gegenstand des Betriebes genau zu bezeichnen. Es genügt z. B. nicht, den Betrieb als Spinnerei, Weberei, Mühle anzumelden, sondern es muß aus der Angabe hervorgehen, was gesponnen, gewebt oder auf der Mühle verarbeitet wird.

Umfaßt ein Betrieb wesentliche Bestandtheile verschiedenartiger Industriezweige, z. B. Baumwoll-Spinnerei, -Weberei und -Färberei, so sind diese Bestandtheile bei der Anmeldung sämmtlich anzugeben, und gleichzeitig ist derjenige Bestandtheil hervorzuheben, welcher als der Hauptbetrieb anzusehen ist.

8) In der Anmeldung ist ferner die Art des Betriebes genau zu bezeichnen, insbesondere ob derselbe lediglich ein Handbetrieb ist oder unter Benutzung elementarer Kräfte (Wind, Wasser, Dampf, Gas, heiße Luft rc.) erfolgt.

9) Zur Anmeldung verpflichtet ist der Unternehmer des Betriebes oder sein gesetzlicher Vertreter. Als Unternehmer gilt derjenige, für dessen Rechnung der Betrieb erfolgt, demnach bei verpachteten Betrieben der Pächter, bei Betrieben, welche im Nießbrauch besessen werden, der Nießbraucher.

---

†) Vgl. Anm. 6 zu § 1 U.V.G.

Für die Anmeldungspflicht ist es einflußlos, ob der Betrieb im Besitze von physischen oder juristischen Personen, des Reichs, eines Bundesstaats, eines Kommunalverbandes oder einer Privatperson ist.

10) Die Zahl aller in dem Betriebe durchschnittlich beschäftigten versicherungspflichtigen Personen muß in der Anmeldung angegeben sein, einerlei, ob dieselben Inländer oder Ausländer, männlichen oder weiblichen Geschlechts, ob sie erwachsene Arbeiter, junge Leute oder Kinder, Lehrlinge mit oder ohne Lohn sind, ob sie dauernd oder vorübergehend beschäftigt werden. Beamte mit mehr als 2000 Mark Jahresverdienst sind nicht mitzuzählen.

11) Bei Betrieben, welche regelmäßig nur eine bestimmte Zeit des Jahres arbeiten (Zuckerfabriken, Brauereien, Baubetriebe ꝛc.), ist die anzumeldende („durchschnittliche") Arbeiterzahl diejenige, welche sich für die Zeit des regelmäßigen vollen Betriebes, also bei Maurern während des Sommers, ergiebt.

12) Als „in dem Betriebe beschäftigt" sind Diejenigen anzumelden, welche in dem Betriebsdienste stehen und Arbeiten, die zu dem Betriebe der Fabrik ꝛc. gehören, zu verrichten haben, ohne Rücksicht darauf, ob die Verrichtung innerhalb oder außerhalb der Betriebsanlage (der Fabrikhöfe ꝛc.) erfolgt.

13) Selbständige Gewerbetreibende, welche in eigener Betriebsstätte im Auftrage oder für Rechnung anderer Gewerbtreibenden mit der Herstellung oder

Bearbeitung gewerblicher Erzeugnisse (d. h. in der Hausindustrie) beschäftigt werden, sind bei der Anmeldung nicht mitzuzählen. Ein Kaufmann (Fabrikant), welcher 100 Hausweber beschäftigt, hat deshalb allein noch keinen versicherungspflichtigen Betrieb.

Sollte dagegen ein Hausweber an seinem mittelst elementarer Kraft betriebenen Webstuhl einen Arbeiter beschäftigen, so müßte der Hausweber (nicht der Fabrikant, für den er arbeitet) diesen Betrieb gemäß Ziffer 1 d anmelden.

14) Für die Anmeldung wird die Benutzung des nachstehenden Formulars empfohlen.

15) Ist ein Unternehmer zweifelhaft, ob er seinen Betrieb anzumelden habe oder nicht, so wird derselbe gut thun, die Anmeldungsfrist nicht unbenutzt verstreichen zu lassen, wenn er sicher sein will, den aus der Nichtanmeldung eines versicherungspflichtigen Betriebes sich ergebenden Nachtheilen zu entgehen. Hierbei bleibt ihm unbenommen, in dem Formulare, Spalte „Bemerkungen", die Gründe anzugeben, aus denen er die Anmeldungspflicht bezweifelt.

16) Schließlich werden die betheiligten Betriebsunternehmer noch besonders darauf aufmerksam gemacht, daß, wenn sie die vorgeschriebene Anmeldung nicht bis zum 1. September 1884 erstatten, sie hierzu durch Geldstrafen im Betrage bis zu einhundert Mark angehalten werden können.

## Anmeldung zur Unfallversicherung*)
(§. 35 des Unfallversicherungsgesetzes).

Staat: Höhere Verwaltungsbehörde: Untere Verwaltungsbehörde:

| Name des Unternehmers (Firma). | Gegenstand des Betriebes. (Der Hauptbetrieb ist zu unterstreichen.) | Art des Betriebes. (Ob Hand-, Gas- oder Dampfbetrieb 2c.) | Zahl der versicherten Personen. | Berufsgenossenschaft, welcher der Betrieb angehört. | Tag der Eröffnung d. Betriebes bezw. des Beginns der Versicherungspflicht. | Bemerkungen. |
|---|---|---|---|---|---|---|
| | | | | | | |

.........................., den ten .......................... 189

Unterschrift des Anmeldepflichtigen.

*) A. N. 85 S. 346.

Die Anmeldung ist in zwei Exemplaren bei der unteren Verwaltungsbehörde, in deren Bezirk der Betrieb belegen ist, gegen Empfangsbestätigung einzureichen. Das Unterlassen der Anzeige kann mit Ordnungsstrafe bis zu Dreihundert Mark (§. 104 Absatz 1 a. a. O.) belegt, außerdem können gegen den säumigen Unternehmer Exekutivstrafen im Betrage bis zu Einhundert Mark verhängt werden (§§. 11, 35 a. a. O.).

Urschriftlich an den Vorstand der ..................

.................................................. Berufsgenossenschaft

zu

.................., den ten .................. 189 .

(Unterschrift der unteren Verwaltungsbehörde:)

..................................................

## II. Anleitung (b) des Reichs-Versicherungsamts, betreffend die Anmeldung der nach dem Ausdehnungsgesetz versicherungspflichtigen Betriebe.

(§. 1 des Gesetzes vom 28. Mai 1885 und §. 11 des Unfallversicherungsgesetzes vom 6. Juli 1884.)*)

Vom 5. Juni 1885 (R.A. Nr. 130).

1. Die Anmeldungspflicht erstreckt sich auf

a) den gewerbsmäßigen Fuhrwerksbetrieb,

b) den gewerbsmäßigen Speditions-, Speicher- und Kellereibetrieb,

*) Vgl. Anm. *) auf S. 232.

c) den Gewerbebetrieb der Güterpacker, Güterlader, Schaffer, Bracker, Wäger, Messer, Schauer und Stauer,

d) den Gewerbebetrieb des Schiffsziehens (Treidelei), endlich

e) auf die folgenden Betriebe, sofern deren Verwaltung nicht vom Reich oder von einem Bundesstaat für Reichs- beziehungsweise Staatsrechnung geführt wird:

α) den Betrieb der Eisenbahnverwaltungen einschließlich der Bauten, welche von diesen Verwaltungen für eigene Rechnung ausgeführt werden,

β) den Baggereibetrieb,

γ) den Binnenschiffahrts-, Flößerei-, Prahm- und Fährbetrieb.

2. Gewerbsmäßig ist ein Fuhrwerksbetrieb, wenn aus dem Betriebe des Fuhrwerks ein Gewerbe gemacht wird, das Fuhrwerk also zu Zwecken des Erwerbs, als unmittelbare Einnahmequelle, für einige Dauer betrieben wird. Hierher gehören insbesondere die Betriebe der Droschken- und Omnibusinhaber, der Posthalter und Frachtfuhrleute, auch die sogenannten Hotelwagen, welche gegen Entgelt die Reisenden von den Gasthöfen nach den Bahnhöfen bringen und von dort abholen.

Ein Fuhrwerk dagegen, welches von einem Gewerbetreibenden (Kaufmann, Arzt, Metzger, Bäcker) zu Zwecken seines sonstigen Gewerbebetriebes verwandt wird und nicht als unmittelbare Einnahmequelle dient, ist nicht als gewerbsmäßig betrieben im Sinne des Gesetzes aufzufassen. Ebensowenig gehören hierher die zum gewöhnlichen Gebrauche dienenden Kutschfuhrwerke von Privatpersonen, sowie das Fuhrwerk eines Landmanns, welcher gelegentlich gegen Entgelt Personen befördert oder etwa zur Winterszeit seine für die Landwirthschaft entbehrlichen Gespanne vorübergehend zu Steinfuhren für einen Chausseebau oder dergleichen gegen Entgelt darbietet, es sei denn, daß er für einen solchen Erwerb besondere Einrichtungen trifft, aus denen sich die Kriterien eines gewerbsmäßigen Fuhrwerksbetriebes ergeben.

3. Der Speicher- und Kellereibetrieb muß gleich dem Speditionsbetrieb, mit welchem derselbe im unmittelbaren Zusammenhang im Gesetz genannt wird, ebenfalls ein gewerbsmäßiger sein, wenn der Unternehmer zu dessen Anmeldung verpflichtet sein soll. Auch hier kommt es also darauf an, daß der Betrieb zu Zwecken des Erwerbs für einige Dauer erfolgt, sei es, indem aus der Speicherei oder Kellerei ein selbständiges Gewerbe gemacht wird, wie beim Dock- oder Packhofsbetriebe in großen Städten, bei Aktien-Speichern 2c., sei es, indem der übrige Gewerbebetrieb des Speicherei- oder Kellereibesitzers so wesentlich mit dem Betriebe der Speicherei oder Kellerei zusammenhängt oder von diesem so sehr abhängt, daß der Speicherei- und Kellereibetrieb einen hervorstechenden Bestandtheil, wenn nicht den Haupt-

bestandtheil des Gesammtunternehmens bildet, wie bei den Kornspeichern der Getreidegroßhändler und den Kellereien der Weingroßhandlungen.

Trifft keine dieser Voraussetzungen zu, so kann es sich wohl um einen im Besitze eines Gewerbetreibenden befindlichen „Speicher" oder „Keller", nicht aber um einen gewerbsmäßigen „Speicher"- oder „Kellereibetrieb" handeln.

Insbesondere fallen die gewöhnlichen Keller der Krämer und Höker, der Gast- und Bierwirthe nicht unter den Begriff der gewerbsmäßigen Kellerei, und die Lagerräume, wie sie die Manufakturwaaren- oder Kolonialwaarenhändler zu besitzen pflegen, nicht unter den Begriff des gewerbsmäßigen Speicherbetriebes.

4. Der Begriff „Eisenbahn" ist im weitesten Sinne zu verstehen. Derselbe umfaßt alle zur Beförderung von Personen oder Sachen auf Schienen mittelst elementarer oder thierischer Kraft bestimmten Transportmittel, also nicht nur die Lokomotivbahnen, sondern auch die Pferde- und elektrischen Bahnen. Es ist nicht nothwendig, daß die Eisenbahn dem öffentlichen Verkehr dient.

Eisenbahnbetriebe, welche wesentliche Bestandtheile eines nach dem Unfallversicherungsgesetz vom 6. Juli 1884 versicherungspflichtigen Betriebes sind (vgl. §. 1 Abs. 6 jenes Gesetzes), fallen nicht unter das neue Gesetz und sind daher nicht anzumelden.

5. Zur Binnenschiffahrt gehört auch die gewerbsmäßige Kleinschifferei mittelst Kähnen und Gondeln.

Das vorstehend zu Ziffer 4 Absatz 2 Gesagte gilt auch von den Schiffahrtsbetrieben.

6. Nicht versicherungspflichtig und daher nicht anzumelden sind Betriebe aller Art, in welchen der Unternehmer allein und ohne Gehülfen, Lehrlinge oder sonstige Arbeiter thätig ist. So ist ein Fuhrwerksbesitzer, welcher gewerbsmäßig Personen oder Sachen befördert, nicht zur Anmeldung seines Betriebes verpflichtet, wenn er den letzteren allein versieht und keinen Kutscher, Postillon, Knecht in demselben beschäftigt.

Dagegen ist die Versicherungspflicht begründet, wenn ein Familienangehöriger des Unternehmers als Gehülfe, Lehrling oder sonstiger Arbeiter in dem Betriebe beschäftigt wird: mit Ausnahme der Beschäftigung der Ehefrau, welche niemals als eine von ihrem Ehemanne beschäftigte Arbeiterin gilt.

Im Uebrigen ist die Anmeldungspflicht weder von der Zahl der in dem Betriebe beschäftigten Arbeiter, noch von der Art desselben (Handbetrieb, Motorenbetrieb ꝛc.) abhängig.

7. Zur Anmeldung verpflichtet ist der Unternehmer des Betriebes oder sein gesetzlicher Vertreter. Als Unternehmer gilt derjenige, für dessen Rechnung der Betrieb erfolgt, demnach bei verpachteten Betrieben der Pächter, bei Betrieben, welche im Nießbrauch besessen werden, der Nießbraucher.

Für die Anmeldungspflicht ist es einflußlos, ob der Betrieb im Besitze von physischen oder juristischen Personen, des Reichs, eines Bundesstaats, eines Kommunalverbandes oder einer Privatperson ist (vorbehaltlich der zu Ziffer 1e hinsichtlich der vom Reiche oder von einem Bundesstaate verwalteten Eisenbahnen ꝛc. gemachten Ausnahme).

8. Die unter das neue Gesetz fallenden Betriebe sind auch dann anzumelden, wenn sie in Gemäßheit des Unfallversicherungsgesetzes vom 6. Juli 1884 schon früher angemeldet worden waren, z. B. Eisenbahn-Reparaturwerkstätten, mit Motoren betriebene Aufzüge in Speichereien und Kellereien, Dampfkrahnbetriebe auf Packhöfen. In solchen Fällen ist in der neuen Anmeldung auf die frühere Anmeldung Bezug zu nehmen.

9. Bei der Anmeldung ist der Gegenstand des Betriebes genau zu bezeichnen.

Umfaßt ein Betrieb wesentliche Bestandtheile verschiedenartiger Gewerbszweige, z. B. Speditions- und Fuhrwerksbetrieb, so sind die sämmtlichen Bestandtheile anzugeben, dabei der Hauptbetrieb besonders hervorzuheben.

10. Die Zahl aller in dem Betriebe durchschnittlich beschäftigten versicherungspflichtigen Personen muß in der Anmeldung angegeben werden, einerlei, ob dieselben Inländer oder Ausländer, männlichen oder weiblichen Geschlechts, ob sie erwachsene Arbeiter, junge Leute oder Lehrlinge mit oder ohne Lohn sind, ob sie dauernd oder vorübergehend beschäftigt werden. Beamte mit mehr als 2000 Mark Jahresverdienst sind nicht mitzuzählen. Tantièmen und Naturalbezüge, letztere nach Ortsdurchschnittspreisen berechnet, bilden einen Theil des Jahresverdienstes.

11. Bei Betrieben, welche regelmäßig nur eine bestimmte Zeit des Jahres arbeiten, ist die anzumeldende „durchschnittliche" Arbeiterzahl diejenige, welche sich für die Zeit des regelmäßigen vollen Betriebes ergiebt.

12. Als in dem Betriebe beschäftigt sind diejenigen anzumelden, welche in dem Betriebsdienste stehen und Arbeiten, welche zu dem Betriebe der Speicherei 2c. gehören, zu verrichten haben, ohne Rücksicht darauf, ob die Verrichtung innerhalb oder außerhalb der etwa vorhandenen Betriebsanlage (der Packhöfe 2c.) erfolgt.

13. Für die Anmeldung wird die Benutzung des nachstehenden Formulars*) empfohlen.

14. Ist ein Unternehmer zweifelhaft, ob er seinen Betrieb anzumelden habe oder nicht, so wird derselbe gut thun, die Anmeldungsfrist nicht unbenutzt verstreichen zu lassen, wenn er sicher sein will, den aus der Nichtanmeldung eines versicherungspflichtigen Betriebes sich ergebenden Nachtheilen zu entgehen. Hierbei bleibt ihm unbenommen, in dem Formulare, Spalte „Bemerkungen", die Gründe anzugeben, aus denen er die Anmeldungspflicht bezweifelt.

15. Schließlich werden die betheiligten Betriebsunternehmer noch besonders darauf aufmerksam gemacht, daß, wenn sie die vorgeschriebene Anmeldung nicht bis zum 20. Juli 1885 bewirken, sie hierzu durch Geldstrafen im Betrage bis zu einhundert Mark angehalten werden können.

---

*) Vgl. S. 241.

## III. Bekanntmachung,

**betreffend den von der Krankenkasse in der Zeit von der fünften bis zur dreizehnten Woche nach dem Unfall zu leistenden, Seitens des Betriebsunternehmers zu erstattenden Mehrbetrag an Krankengeld (§ 5 Absatz 9 des Unfallversicherungsgesetzes).**

Vom 30. September 1885. (A. N. 85 S. 283.)

Auf Grund des §. 5 Absatz 9 des Unfallversicherungsgesetzes erläßt das Reichs-Versicherungsamt die nachstehenden Ausführungsvorschriften.

§ 1.

Als Krankenkassen im Sinne des §. 5 Absatz 9 des Unfallversicherungsgesetzes gelten: Die Gemeindekrankenversicherung, die Orts-, Betriebs- (Fabrik-), Innungs-, Baukrankenkassen, die Knappschaftskassen, sowie die auf Grund des Gesetzes vom 7. April 1876 (Reichs-Gesetzblatt S. 125) errichteten eingeschriebenen Hülfskassen und die auf Grund landesrechtlicher Vorschriften errichteten Hülfskassen, sofern die Mitglieder dieser Hülfskassen gemäß §. 75 des Krankenversicherungsgesetzes von der Verpflichtung, einer der vorgenannten Kassen beizutreten, befreit sind.

§. 2.

Der im §. 5 Absatz 9 cit. vorgesehene Mehrbetrag an Krankengeld ist vom Beginn der fünften Woche (dem 29. Tage) nach Eintritt des Unfalls an bis zum Ablauf der dreizehnten Woche für jeden Tag zu gewähren, für welchen ein Anspruch auf Krankengeld gesetzlich oder statutengemäß besteht. Der Tag des Unfalls ist bei der Berechnung des Zeitablaufs nicht mit zu zählen.

Der Mehrbetrag ist nur dann zu gewähren, wenn der Verletzte gesetzlich oder statutengemäß gegen Unfall versichert und der Unfall beim Betriebe eingetreten ist. (§§. 1 und 2 des Unfallversicherungsgesetzes.)

§. 3.

Ist der Verletzte in einem Krankenhause untergebracht, und hat derselbe Angehörige, deren Unterhalt er bisher aus seinem Arbeitsverdienst bestritten hat (vgl. §. 7 Absatz 2 des Krankenversicherungsgesetzes), so ist demselben ein Mehrbetrag auf Grund des §. 5 Absatz 9 des Unfallversicherungsgesetzes insoweit zu leisten, als das neben der freien Kur und Verpflegung gewährte Krankengeld ein Drittel des bei der Berechnung desselben zu Grunde gelegten Arbeitslohnes nicht erreicht†).

Hat dagegen der in einem Krankenhause untergebrachte Verletzte solche Angehörige nicht, so ist demselben ein Mehrbetrag auf Grund des §. 5 Absatz 9 a. a. O. nur insoweit zu leisten, als ihm nach §. 21 Ziffer 3 des Krankenversicherungsgesetzes statutengemäß

†) Nach § 7 Absatz 2 des Krankenversicherungsgesetzes ist neben der freien Kur und Verpflegung die Hälfte des in § 6 daselbst festgesetzten Krankengeldes zu leisten. Wird das nach § 6 cit. zu gewährende Krankengeld gemäß § 5 Abs. 9 cit. auf zwei Drittel des Arbeitslohns erhöht, so erhöht sich entsprechend das nach § 7 Abs. 2 zu gewährende Krankengeld auf die Hälfte von zwei Dritteln, d. i. auf ein Drittel des Arbeitslohns.

ein Anspruch auf Krankengeld zusteht, und dieses den Betrag von einem Sechstel des bei der Berechnung desselben zu Grunde gelegten Arbeitslohnes nicht erreicht†).

§. 4.

Hülfskassen, welche an Stelle freier ärztlicher Behandlung und freier Arznei ein erhöhtes Krankengeld gewähren (§. 75 letzter Satz des Krankenversicherungsgesetzes)*) haben dem verletzten Kassenmitgliede für die im §. 2 angegebene Zeit als Mehrbetrag auf Grund des §. 5 Abs. 9 cit. so viel zu gewähren, als zur Erreichung von elf Zwölfteln des bei der Berechnung des Krankengeldes zu Grunde gelegten Arbeitslohnes erforderlich ist††).

†) Nach § 21 Ziffer 3 des Krankenversicherungsgesetzes kann neben freier Kur und Verpflegung in einem Krankenhause ein Krankengeld bis zu einem Achtel des durchschnittlichen Tagelohns auch Solchen bewilligt werden, welche nicht den Unterhalt von Angehörigen aus ihrem Lohne bestritten haben. Hiernach verhält sich das dem alleinstehenden Verletzten höchstens zu gewährende Krankengeld zu dem Krankengeld, welches beim Vorhandensein von Angehörigen gemäß § 7 Absatz 2 des Krankenversicherungsgesetzes zu gewähren ist, wie 1 zu 2. Wird nun das letztere Krankengeld gemäß der vorstehenden Anmerkung von $1/4$ auf $1/3$ des Arbeitslohns erhöht, so erhöht sich im gleichen Verhältniß das dem alleinstehenden Verletzten zu gewährende Krankengeld von $1/8$ auf $1/6$ des Arbeitslohns.

††) Da nach § 5 Absatz 9 cit. das Krankengeld von $1/2$ auf $2/3$, also um $1/6$ zu erhöhen ist, so erhöht sich der im § 75 letzter Satz des Krankenversicherungsgesetzes bestimmte Mindestbetrag von $3/4$, wovon $1/4$ die Stelle freier Kur vertritt, um $1/6$, mithin auf $11/12$.

*) Durch die neue Fassung des § 75 K.V.G. in der Novelle vom 10. 4. 92 ist der letzte Satz des § 75 K.V.G. in der bisherigen Fassung beseitigt worden.

§. 5.

Beträgt, abgesehen von dem Falle des §. 4, das gesetzliche oder statutenmäßige Krankengeld, welches der Verletzte aus einer Krankenkasse allein oder aus mehreren Krankenkassen zusammen zu beanspruchen hat, bereits zwei Drittel des bei der Berechnung desselben zu Grunde gelegten Arbeitslohnes oder mehr, so steht dem Verletzten aus §. 5 Absatz 9 cit. ein Anspruch auf einen Mehrbetrag nicht zu. Ebensowenig hat in diesem Falle die Krankenkasse auf Grund dieser Bestimmung einen Anspruch auf Erstattung gegen den Betriebsunternehmer.

§. 6.

Bestehen Bedenken gegen den Anspruch des Verletzten auf den in §. 5 Absatz 9 cit. vorgesehenen Mehrbetrag, so hat die Verwaltung der Krankenkasse dem Unternehmer desjenigen Betriebes, in welchem sich der Unfall ereignet hat, von dem Anspruche Mittheilung zu machen und dessen Erklärung hierüber einzuholen. Können hierdurch die Bedenken nicht beseitigt werden, so hat die Verwaltung auch die Orts-Polizeibehörde sowie die Organe der betheiligten Berufsgenossenschaft um eine Aeußerung zu ersuchen und nach dem Ergebnisse, vorbehaltlich der Entscheidung der für Streitigkeiten dieser Art zuständigen Behörde (§. 5 Absatz 11 a. a. O.), über den Anspruch nach bestem Ermessen zu beschließen.

§. 7.

Die Auszahlung des Mehrbetrages Seitens der Krankenkasse hat in der gleicher Weise und an denselben

Zahlterminen zu erfolgen, welche für das gesetzlich oder statutengemäß zu gewährende Krankengeld bei der Kasse eingeführt sind.

§. 8.

Die der Krankenkasse in Befolgung des §. 5 Absatz 9 cit. erwachsene Mehrausgabe an Krankengeld ist ungesäumt nach der Wiederherstellung des verletzten Kassenmitgliedes, nach dem etwa erfolgten Ableben desselben, beziehungsweise nach Ablauf der dreizehnten Woche nach Eintritt des Unfalls bei dem Unternehmer desjenigen Betriebes, in welchem der Unfall sich ereignet hat, zur Erstattung zu liquidiren.

§. 9.

Der Liquidation ist das nachstehende Formular zu Grunde zu legen.

§. 10.

Bei Betriebs- (Fabrik-) Krankenkassen und bei Knappschaftskassen kann abweichend von den Bestimmungen in §§. 8 und 9 die Liquidation nach freier Vereinbarung zwischen den Betriebsunternehmern und den Kassenverwaltungen auch in bestimmten Zwischenräumen und für mehrere Kassenmitglieder gemeinschaftlich erfolgen.

Berlin, den 30. September 1885.

Das Reichs-Versicherungsamt.

**Bödiker.**

# Liquidation

auf Grund

des §. 5 Absatz 9 des Unfallversicherungsgesetzes vom 6. Juli 1884.

Krankenkasse (Name, Art, Sitz): ..........................................

..........................................................................

Aufsichtsbehörde (Name, Sitz): ..........................................

| | |
|---|---|
| 1) Betrieb, in welchem sich der Unfall ereignet hat; Name des Unternehmers (Firma); genaue Ortsangabe (eventuell Straße und Hausnummer): | |
| 2) Vor- u. Zuname des verletzten Kassenmitgliedes; Wohnort, Wohnung: | |
| 3) Datum des Unfalls: | |
| 4) Datum { a. der Wiederaufnahme der Arbeit, oder | zu a: |
| b. des erfolgten Ablebens, oder | zu b: |
| c. des Ablaufs der dreizehnten Woche nach Eintritt des Unfalls: | zu c: |

5) Anzahl der Tage, für welche dem Verletzten vom Beginn der fünften Woche nach Eintritt des Unfalles bis zur Wiederherstellung (bis zum etwa erfolgten Ableben, beziehungsweise bis zum Ablauf der dreizehnten Woche) Krankengeld gezahlt worden ist:

6) Betrag des
- a. der Berechnung des Krankengeldes zu Grunde gelegten täglichen Arbeitslohnes . . . . . . ..M..₰
- b. (gesetzlichen)(statutenmäßigen) Krankengeldes für den Tag ..M..₰
- c. auf Grund des §. 5 Abs. 9 des Unfallversicherungsgesetzes für den Tag gewährten Krankengeldes . . . . . . . ..M..₰

7) Berechnung. — Das verletzte Kassenmitglied hat vom Beginn der fünften Woche seit Eintritt des Unfalls an Krankengeld insgesammt empfangen:
und zwar für . . . Tage (vergl. Ziffer 5) à ..M..₰ (vergl. Ziffer 6c), zusammen ..M..₰
Dem Kassenmitgliede stand für die gleiche Zeit (gesetzlich) (statutenmäßig) zu und zwar für . . . Tage (vergl. Ziffer 5) à ..M ..₰ (vergl. Ziffer 6b), zusammen ..M..₰

Mehrauslage, welche der Kasse vom Betriebsunternehmer zu erstatten ist . . ....M..₰

8) Bemerkungen:

Auf Grund des §. 5 Absatz 9 des Unfallversicherungsgesetzes werden Ew. / wird die ..................... zufolge Beschlusses des Kassenvorstandes vom ..................... ergebenst ersucht, der unterzeichneten Kasse zu Händen des Herrn ..................... die vorstehend begründete Mehrauslage zum Betrage von (in Buchstaben) ..................... ..ℳ ..₰ bis zum ..................... gefälligst erstatten zu wollen.

Ort und Datum ..................... Unterschrift:

An

Den vorstehend liquidirten Betrag von ...ℳ ..₰ erhalten.

Ort und Datum: Unterschrift:

# IV. Verordnung

## über das Verfahren vor den auf Grund des Unfallversicherungsgesetzes errichteten Schiedsgerichten.*)

Vom 2. November 1885.

(Reichs-Gesetzbl. S. 279.)

Wir Wilhelm, von Gottes Gnaden Deutscher Kaiser, König von Preußen 2c.

verordnen auf Grund des §. 50 Absatz 4 des Unfallversicherungsgesetzes vom 6. Juli 1884 (Reichs-Gesetzbl. S. 69) im Namen des Reichs, nach erfolgter Zustimmung des Bundesraths, was folgt:

### I. Allgemeine Bestimmungen.

#### Beeidigung der Mitglieder des Schiedsgerichts.

§. 1.

Der Vorsitzende des Schiedsgerichts und dessen 1.
Stellvertreter werden von einem Beauftragten der Landes-Zentralbehörde (§. 47 Abs. 2 des Unfallversicherungsgesetzes), die Beisitzer und deren Stellvertreter dagegen von dem Vorsitzenden des Schiedsgerichts für die Erfüllung der Obliegenheiten ihres Amts beeidigt.

Die Beeidigung der Beisitzer und deren Stellver- 2.
treter erfolgt bei ihrer ersten Dienstleistung in öffentlicher Sitzung; sie gilt für die Dauer der Wahlperiode.

Im Uebrigen finden auf die Beeidigung die Vor- 3.
schriften des §. 51 des Gerichtsverfassungsgesetzes entsprechende Anwendung.

*) Vgl. Handbuch der Unfallversicherung 2. Aufl. S. 802 fg.

**Befugnisse des Vorsitzenden.**

§. 2.

Die Leitung und Beaufsichtigung des Geschäftsganges bei dem Schiedsgericht liegt dem Vorsitzenden ob. Er eröffnet die eingehenden Sendungen, vertheilt die Geschäfte, bestimmt die Sitzungen, zeichnet die Verfügungen, vollzieht die Reinschriften und trifft in Bezug auf die Führung der Geschäftskontrolen die erforderlichen Anordnungen.

**Ablehnung der Mitglieder des Schiedsgerichts.**

§. 3.

1. Die Bestimmungen in den §§. 41 ff. der Civilprozeßordnung über die Ausschließung und Ablehnung der Richter finden auf die Mitglieder der Schiedsgerichte entsprechende Anwendung. Jedoch beschließt über ein Ablehnungsgesuch in Betreff des Vorsitzenden das Schiedsgericht, in Betreff der Beisitzer der Vorsitzende.

2. Bei dem Beschluß über ein Ablehnungsgesuch in Betreff des Vorsitzenden hat dieser nicht mitzuwirken. An seiner Stelle führt dabei der dem Dienstalter oder bei gleichem Dienstalter dem Lebensalter nach älteste Beisitzer den Vorsitz. Ergiebt sich bei der Abstimmung über das Gesuch Stimmengleichheit, so gilt dasselbe für abgelehnt.

3. Der Beschluß kann, wenn das Ablehnungsgesuch für unbegründet erklärt wird, nicht für sich allein,

sondern nur mit der Entscheidung in der Hauptsache angefochten werden.

## II. Vorschriften über das Verfahren.

### Erhebung der Berufung.

§. 4.

Die Berufung auf schiedsrichterliche Entscheidung 1.
muß nach Maßgabe des §. 62 Absatz 3 des Unfallversicherungsgesetzes schriftlich erhoben werden.

In dem Schriftsatze ist der Gegenstand des An- 2.
spruchs zu bezeichnen, desgleichen sind die für die Entscheidung maßgebenden Thatsachen unter Angabe der Beweismittel für dieselben anzuführen.

Für den Gegner ist eine Abschrift des Schriftsatzes 3.
beizufügen.

### Zuständigkeit der Schiedsgerichte.

§. 5.

Ist die Berufung irrthümlich bei einer nicht zu- 1.
ständigen Stelle eingelegt, so ist der Schriftsatz unter Benachrichtigung des Berufenden unverzüglich an den Vorsitzenden des zuständigen Schiedsgerichts abzugeben.

Entsteht unter mehreren Schiedsgerichten Streit 2.
über ihre Zuständigkeit, so entscheidet hierüber das Reichs- oder Landes-Versicherungsamt.

### Abweisung durch Bescheid.

§. 6.

Ist die Berufung nicht in der gesetzlichen Frist 1.
eingelegt, oder ist das Schiedsgericht gesetzlich zur Ent-

scheidung über die Berufung nicht zuständig, weil keiner der im §. 62 Absatz 2 des Unfallversicherungsgesetzes bezeichneten Fälle vorliegt, so kann der Vorsitzende die Berufung durch einen mit Gründen zu versehenden Bescheid zurückweisen.

2. In dem Bescheide ist dem Berufenden zu eröffnen, daß er befugt sei, innerhalb zwei Wochen vom Tage der Zustellung ab die Anberaumung der mündlichen Verhandlung zu beantragen.

**Einsendung der Vorverhandlungen.**

§. 7.

Die Genossenschafts- und Sektionsvorstände, die Ausschüsse und Vertrauensmänner (§. 57 des Unfallversicherungsgesetzes) haben dem Vorsitzenden des Schiedsgerichts auf dessen Erfordern die auf den streitigen Entschädigungsanspruch bezüglichen Vorverhandlungen einzusenden.

**Beantwortung der Berufung.**

§. 8.

1. Sofern der Fall des §. 6 nicht vorliegt, hat der Vorsitzende die Abschrift der Berufung dem Gegner mit der Aufforderung mitzutheilen, binnen einer bestimmten, von einer Woche bis zu vier Wochen zu bemessenden Frist eine Gegenschrift einzureichen. In der Aufforderung ist zugleich die Verwarnung auszusprechen, daß, wenn die Gegenschrift innerhalb der Frist nicht eingeht, die Entscheidung nach Lage der Akten erfolgen

werde. Die Frist kann auf Antrag aus wichtigen Gründen verlängert werden.

Der Gegenschrift ist eine Abschrift beizufügen, 2. welche dem Berufenden seitens des Vorsitzenden des Schiedsgerichts zuzustellen ist.

**Unterzeichnung der Schriftsätze. Bevollmächtigte.**

§. 9.

Berufungen und Gegenschriften müssen entweder 1. von den Betheiligten selbst oder von ihren gesetzlichen Vertretern oder von ihren Bevollmächtigten unterzeichnet sein. Die Vollmacht muß schriftlich ertheilt werden.

Das Schiedsgericht kann Vertreter, welche, ohne 2. Rechtsanwälte zu sein, die Vertretung geschäftsmäßig betreiben, zurückweisen.

**Mündliche Verhandlung.**

§. 10.

Die Entscheidung erfolgt auf Grund mündlicher 1. Verhandlung vor dem Schiedsgericht. Der Termin hierzu wird von dem Vorsitzenden anberaumt.

Die Betheiligten werden mittelst eingeschriebenen 2. Briefes von dem Termin mit dem Bemerken in Kenntniß gesetzt, daß im Falle ihres Ausbleibens nach Lage der Akten werde entschieden werden.

Hält das Schiedsgericht das persönliche Erscheinen 3. eines Betheiligten für angemessen, so hat dasselbe die nach Lage des Falles an das Nichterscheinen sich knüpfenden Nachtheile in der Vorladung besonders zu bezeichnen.

### Ort der Verhandlung.

§. 11.

Die mündliche Verhandlung findet in der Regel am Sitze des Schiedsgerichts statt. Der Vorsitzende ist jedoch befugt, das Schiedsgericht zu einer Sitzung an einen anderen Ort seines Bezirks zu berufen, wenn ein Fall vorliegt, welcher eine Beweisaufnahme an diesem Orte oder in dessen Nähe erforderlich macht.

### Oeffentlichkeit des Verfahrens.

§. 12.

1. Die mündliche Verhandlung erfolgt in öffentlicher Sitzung. Die Oeffentlichkeit kann durch einen öffentlich zu verkündenden Beschluß ausgeschlossen werden, wenn das Schiedsgericht dies aus Gründen des öffentlichen Wohles oder der Sittlichkeit für angemessen erachtet.

2. Parteien, Zeugen, Sachverständige oder bei der Verhandlung nicht betheiligte Personen, welche den zur Aufrechterhaltung der Ordnung erlassenen Befehlen des Vorsitzenden nicht gehorchen, können auf Beschluß des Schiedsgerichts aus dem Sitzungszimmer entfernt werden. Gegen die Parteien wird sodann verfahren, wie wenn sie sich freiwillig entfernt hätten.

§. 13.

1. Die mündliche Verhandlung beginnt mit der Darstellung des Sachverhalts durch den Vorsitzenden oder

durch einen von diesem ernannten Berichterstatter. Demnächst sind die erschienenen Betheiligten zu hören.

Der Vorsitzende hat jedem Beisitzer auf Verlangen 2.
zu gestatten, Fragen zu stellen.

**Sitzungsprotokoll.**

§. 14.

Die mündliche Verhandlung erfolgt unter Zu- 1.
ziehung eines vereidigten Protokollführers.

Von demselben ist ein Protokoll aufzunehmen, 2.
welches die Namen des Vorsitzenden und der mitwirkenden Beisitzer, sowie deren Eigenschaft als Vorsitzender, Arbeitgeber oder Arbeitnehmer enthält, und den Gang der Verhandlung im Allgemeinen angiebt.

Anerkenntnisse, Verzichtleistungen, Vergleiche und 3.
solche Anträge und Erklärungen der Betheiligten, welche von den Schriftsätzen abweichen, Beschlüsse des Schiedsgerichts sowie die Formel der Entscheidung sind in das Protokoll aufzunehmen.

Das Protokoll ist von dem Vorsitzenden und dem 4.
Protokollführer, in Fällen der Entscheidung außerdem von den Beisitzern zu unterzeichnen.

**Berathung und Beschlußfassung.**

§. 15.

Die Berathung und Beschlußfassung des Schieds- 1.
gerichts erfolgt in nichtöffentlicher Sitzung.

Wenn nur drei Beisitzer erschienen sind, so wirkt 2.
einer der Beisitzer aus der doppelt besetzten Kategorie

nicht mit, und zwar scheidet der dem Dienstalter oder bei gleichem Dienstalter dem Lebensalter nach jüngere aus, sofern derselbe nicht zum Berichterstatter ernannt ist.

### Beweisaufnahme.

### §. 16.

1. Der Vorsitzende ist befugt, zur mündlichen Verhandlung Zeugen und Sachverständige, welche von den Parteien benannt worden sind, vorzuladen.

2. Die Beweiserhebung erfolgt in der Regel in der mündlichen Verhandlung. Das Schiedsgericht ist jedoch befugt, den Beweis durch ein Mitglied oder in Gemäßheit des §. 101 des Unfallversicherungsgesetzes durch eine öffentliche Behörde erheben zu lassen. In dringenden Fällen steht dieselbe Befugniß auch dem Vorsitzenden des Schiedsgerichts zu.

3. Die Beweisverhandlungen sind unter Zuziehung eines vereidigten oder durch Handschlag zu verpflichtenden Protokollführers aufzunehmen; die Parteien sind zu denselben zu laden.

### §. 17.

1. Hinsichtlich der Verpflichtung, sich als Zeuge oder Sachverständiger vernehmen zu lassen, finden die Vorschriften der Civilprozeßordnung entsprechende Anwendung. Gegen die von dem Schiedsgericht über die Rechtmäßigkeit der Weigerung getroffene Entscheidung findet binnen einer Frist von zwei Wochen nach Zustellung derselben Beschwerde an das Reichs- beziehungs-

weise Landes-Versicherungsamt statt; dieselbe ist schriftlich bei dem Schiedsgericht einzulegen.

Die Verhängung von Zwangsmaßregeln, sowie die Festsetzung von Strafen gegen Zeugen und Sachverständige, welche ausbleiben oder ihre Aussage oder deren Beeidigung verweigern, erfolgt auf Ersuchen durch das Amtsgericht, in dessen Bezirk dieselben ihren Wohnsitz oder in Ermangelung eines solchen ihren Aufenthalt haben. Auf Militärpersonen, welche dem aktiven Heere oder der aktiven Marine angehören, finden die Bestimmungen der §§. 345 Absatz 4 und 355 Absatz 4 der Civilprozeßordnung Anwendung. 2.

Die Zeugen und Sachverständigen erhalten Gebühren nach Maßgabe der Gebührenordnung vom 30. Juni 1878 (Reichs-Gesetzbl. S. 173). 3.

### Entscheidung.

### §. 18.

Das Schiedsgericht entscheidet innerhalb der erhobenen Ansprüche nach freiem Ermessen. Bilden sich in Beziehung auf Summen, über welche zu entscheiden ist, mehr als zwei Meinungen, deren keine die Mehrheit für sich hat, so werden die für die größte Summe abgegebenen Stimmen den für die zunächst geringere abgegebenen so lange hinzugerechnet, bis sich eine Mehrheit ergiebt. 1.

Das Schiedsgericht entscheidet auch darüber, ob und in welchem Betrage die unterliegende Partei dem 2.

Gegner die ihm in dem Verfahren vor dem Schiedsgericht erwachsenen Kosten zu erstatten hat.

3. Bei den Entscheidungen dürfen nur Mitglieder mitwirken, vor welchen die mündliche Verhandlung stattgefunden hat.

§. 19.

Die Entscheidung kann ohne vorgängige Anberaumung einer mündlichen Verhandlung ergehen, wenn beide Theile auf eine solche ausdrücklich verzichten.

**Abstimmung.**

§. 20.

Bei der Abstimmung stimmt der Berichterstatter zuerst. Im Uebrigen richtet sich bei der Abstimmung der Beisitzer die Reihenfolge nach dem Dienstalter und bei gleichem Dienstalter nach dem Lebensalter dergestalt, daß der Jüngste zuerst stimmt. Der Vorsitzende stimmt zuletzt.

**Verkündung.**

§. 21.

1. Der Vorsitzende verkündet den Beschluß oder die Entscheidung in öffentlicher Sitzung durch Verlesung des Beschlusses oder der Entscheidungsformel.

2. Wird die Verkündung der Gründe für angemessen gehalten, so erfolgt sie durch Verlesung derselben oder durch mündliche Mittheilung des wesentlichen Inhalts.

Die Verkündung kann auch auf eine spätere Sitzung vertagt werden, welche in der Regel binnen einer Woche stattfinden soll. 3.

**Ausfertigung.**

§. 22.

Entscheidungen sind mit Gründen zu versehen, in der Urschrift von dem Vorsitzenden und den Beisitzern, welche bei denselben mitgewirkt haben, zu unterschreiben und den Parteien in je einer Ausfertigung zuzustellen.

§. 23.

Im Eingange der Ausfertigung sind die Mitglieder 1.
des Schiedsgerichts, welche an der Entscheidung theilgenommen haben, nach Maßgabe des §. 14 namentlich aufzuführen und der Sitzungstag, an welchem die Entscheidung erfolgt ist, zu bezeichnen.

Die Ausfertigungen enthalten neben dem Siegel 2.
des Schiedsgerichts (§. 24) die Schlußformel:

„Urkundlich unter Siegel und Unterschrift."

„Das Schiedsgericht für . . . . . . . ."

Die Vollziehung erfolgt durch den Vorsitzenden. 3.

§. 24.

Das Schiedsgericht führt ein Siegel, welches in der Mitte den Reichsadler und in der Umschrift die Bezeichnung des Schiedsgerichts enthält.

**Beschwerden.**

§. 25.

Auf Beschwerden über den Geschäftsbetrieb bei den Schiedsgerichten entscheidet das Reichs- beziehungsweise Landes-Versicherungsamt.

**Geschäftssprache.**

§. 26.

In Betreff der Geschäftssprache vor dem Schiedsgericht finden die Bestimmungen in den §§. 186 ff. des Gerichtsverfassungsgesetzes vom 27. Januar 1877 entsprechende Anwendung. Eingaben, welche nicht in deutscher Sprache abgefaßt sind, werden nicht berücksichtigt.

**Geschäftsbericht.**

§. 27.

Am Schlusse eines jeden Jahres hat der Vorsitzende des Schiedsgerichts dem Reichs- beziehungsweise Landes-Versicherungsamt zu dem von demselben zu bestimmenden Zeitpunkt und nach einem von demselben vorzuschreibenden Formular einen Geschäftsbericht einzureichen.

Urkundlich unter Unserer Höchsteigenhändigen Unterschrift und beigedrucktem Kaiserlichen Insiegel.

Gegeben Berlin, den 2. November 1885.

(L. S.) **Wilhelm.**

von Boetticher.

## V. Formular zu Unfallanzeigen*). (§ 51 U.V.G.)

Bek. des R.V.A. v. 1. Februar 1894 (A. N. S. 123).

**Berufsgenossenschaft:** ..............................

**Sektion:** .................... **Vertrauensmann:** ....................

**Betriebsunternehmer:** (Name, Stand, Firma, Betriebssitz [Ort, Straße, Hausnummer]) ..............................

.............................. **Genossenschaftskataster Nr.** ......

(vergl. Mitgliedsschein)

## Unfall-Anzeige

an die Ortspolizeibehörde zu ..............................

Kreis (Amt 2c.) ..............................

### Zur Beachtung.

1. Bei Vermeidung der gesetzlichen Strafe ist von jedem in einem versicherten Betriebe vorkommenden Unfall, durch welchen eine in demselben beschäftigte Person getödtet wird oder eine Körperverletzung erleidet, welche eine Arbeitsunfähigkeit (Beschränkung der Erwerbsfähigkeit) von mehr als drei Tagen oder den Tod zur Folge hat, von dem Betriebsunternehmer bei derjenigen Ortspolizeibehörde Anzeige zu erstatten, in deren Bezirke sich der Unfall ereignet hat.

   Die Anzeige muß binnen zwei Tagen nach dem Tage erfolgen, an welchem der Betriebsunternehmer von dem Unfall Kenntniß erlangt hat.

   Für den Betriebsunternehmer kann Derjenige, welcher zur Zeit des Unfalls den Betrieb oder den Betriebstheil, in welchem sich der Unfall ereignete, zu leiten hatte, die Anzeige erstatten; im Falle der Abwesenheit oder Behinderung des Betriebsunternehmers ist er dazu verpflichtet.
2. Wegen der Mittheilung von Abschriften dieser Anzeige an die Organe der Berufsgenossenschaft (Vertrauensmann, Sektionsvorstand, Genossenschaftsvorstand) sind die Bestimmungen des Genossenschaftsstatuts maßgebend.

---

*) Diese Formulare sind in dem vorgeschriebenen Format in den Buchhandlungen und an anderen, bei den Ortspolizeibehörden zu erfragenden Stellen zu haben. Das Formular ist bindend.

Für jede verletzte oder getödtete Person ist ein besonderes Anzeige-Formular auszufüllen.

| | |
|---|---|
| 1. Wochentag, Datum, Tageszeit und -Stunde des Unfalls. | ................................ |
| 2. a. Bezeichnung (Gegenstand) des Betriebes und | a. ................................ |
| b. Betriebstheil (Betriebszweig), in welchem der Verletzte den Unfall erlitt — möglichst nach der Bezeichnung (Ziffer) des Gefahrentarifs, wo ein solcher vorhanden ist —. | b. ................................ |
| c. Unfallstelle (Ort, Straße, Hausnummer 2c.) | c. ................................ |
| 3. a. Vor- und Zuname, Wohnort, Wohnung der getödteten oder verletzten Person (bei minderjährigen Personen auch: des Vaters oder Vormundes). | a. ................................<br>................................<br>................................ |
| b. Im Betriebe beschäftigt als (Art der Beschäftigung, Arbeitsposten)? | b. ................................ |
| c. Tag, Monat, Jahr der Geburt (wenn unbekannt, ungefähre Angabe des Lebensalters)? | c. |
| d. Ledig, verheirathet, verwittwet? | d. ................................ |

| | | |
|---|---|---|
| Wenn möglich, nach den Angaben des Arztes. | 4. a. Genaue Bezeichnung der Art der Verletzung und der verletzten Körpertheile (rechts und links zu unterscheiden).<br>b. Ist der Verletzte durch den Unfall getödtet?<br>c. Wird die Verletzung voraussichtlich den Tod, oder<br>d. eine (irgendwelche) Beeinträchtigung der Erwerbs- (Arbeits-)fähigkeit von mehr als 13 Wochen zur Folge haben? | a. ......<br>......<br>......<br>b. ......<br>c. ......<br>d. ......<br>...... |
| | 5. a. Ist für die Heilung gesorgt durch Aufnahme in ein Krankenhaus (genaue Bezeichnung desselben)? oder durch anderweitige ärztliche Behandlung (zu Hause ꝛc.)?<br>Name, Wohnort, Wohnung { I. des behandelnden, II. des zuerst zugezogenen Arztes.<br>b. Arbeitet der Verletzte trotz der Verletzung weiter? | a. ......<br>......<br>......<br>I. ......<br>II. ......<br>b. ...... |
| | 6. a. Gehört der Verletzte einer Krankenkasse an? (Genaue Bezeichnung und Sitz der Kasse.) | a. ...... |

| | |
|---|---|
| b. Bezieht der Verletzte schon Unfall-, Invaliden- oder Altersrente? | b. ................................ |
| 7. Veranlassung und Hergang des Unfalls.<br>Hier ist eine möglichst eingehende Schilderung des Unfalls zu geben. Insbesondere ist die Arbeitsstelle (zum Beispiel: Werkstätte, Wald, Feld, Stall u. s. w.), wo, sowie die Arbeit (Maschine 2c.), bei welcher sich der Unfall ereignet hat, genau zu bezeichnen, geeigneten Falls unter Beifügung einer erläuternden Zeichnung. | |
| 8. a. Augenzeugen des Unfalls<br>b. Anderweitige Personen, die zuerst von dem Unfall Kenntniß erhalten haben<br>} Vor- und Zuname, Stand, Wohnort, Wohnung. | a. ................................<br>................................<br>b. ................................ |
| 9. Etwaige Bemerkungen (z. B. Angabe von Vorkehrungen zur Verhütung ähnlicher Unfälle. War der Verletzte schon vor dem Unfalle ganz oder theilweise erwerbsunfähig? und anderes mehr). | ................................<br>................................<br>................................ |

Name des die Anzeige erstattenden Unternehmers oder Betriebsleiters.

(Ort)......................., den ....ten ............... 18...

................................................

# VI. Vorschriften*)

## für die preußischen Ortspolizeibehörden und das Eisenbahn-Kommissariat in Berlin über die Führung des Unfallverzeichnisses.

§. 52 des Unfallversicherungsgesetzes.

Berlin, den 7. November 1885.

Nach §. 52 des Unfallversicherungsgesetzes haben die Ortspolizeibehörden ein Unfallverzeichniß zu führen und in dasselbe diejenigen Unfälle einzutragen, welche aus den der Unfallversicherung unterliegenden Betrieben, soweit diese nicht unter Reichs- oder Staatsverwaltung stehen, nach §. 51 a. a. O. angemeldet werden.

Zur Ausführung dieser Vorschrift wird das Folgende bestimmt:

I.

Die Ortspolizeibehörden haben das Unfallverzeichniß nach dem anliegenden Formular zu führen und die Eintragungen in dasselbe nach Anleitung der probeweisen Ausfüllung zu bewirken.

II.

Dabei sind insbesondere folgende Vorschriften zu beachten:

1) In das Unfallverzeichniß sind alle Unfälle einzutragen, welche auf Grund des §. 51 des Unfallversicherungsgesetzes zur Anzeige gelangen.

*) Im Wesentlichen gleichartige Vorschriften sind in anderen Bundesstaaten und für die meisten fiskalischen Betriebe erlassen.

2) Die Eintragung ist in der Reihenfolge zu bewirken, in welcher die Anzeigen eingehen. Die letzteren sind mit fortlaufender Nummer zu versehen und in einem Beilageheft zum Unfallverzeichniß zu sammeln.

3) In Spalte 2 ist der Betrieb, in welchem sich der Unfall ereignet hat, genau zu bezeichnen. Soweit zur Feststellung der Identität eine Ortsangabe (Gemeindebezirk, Straße, Hausnummer) erforderlich erscheint, ist dieselbe beizufügen.

4) Sind mehrere Personen durch einen Unfall verletzt oder getödtet, so bedarf es einer Ausfüllung aller Spalten für jede Person nicht. Es genügt, in Spalte 5 die Namen der Personen, in Spalte 6—7 die Verletzungen, welche dieselben erlitten haben, aufzuführen, im Uebrigen aber nur eine einmalige Angabe hinsichtlich des Betriebes u. s. w. zu machen.

5) Unfälle, welche nach der darüber eingegangenen Anzeige eine Untersuchung (§. 53 a. a. O.) zwar nicht erfordern, indeß auch nicht als ganz unerheblich anzusehen sind, müssen von der Ortspolizeibehörde in ihren weiteren Folgen beobachtet werden, damit bei etwa eintretender Verschlimmerung der letzteren die Untersuchung rechtzeitig eingeleitet werden kann. In Fällen dieser Art ist in Spalte 10 anzugeben, warum die nachträglich erforderlich gewordene Untersuchung erst nach einiger Zeit vorgenommen worden ist.

6) Mit Rücksicht auf §. 5 Absatz 9 a. a. O. empfiehlt sich eine kurze Mittheilung über das Ergebniß der Un-

fallunterſuchung an die in der Unfallanzeige bezeichnete Krankenkaſſe, welcher der Verletzte angehört, und iſt hierüber in Spalte 10 ein entſprechender Vermerk einzutragen.

7) Es iſt zuläſſig, getrennte Unfallverzeichniſſe für örtlich abgegrenzte Theile des Bezirks der Ortspolizeibehörde (Polizei-Revier u. A.) oder für eine oder mehrere Berufsgenoſſenſchaften (vergl. den Kopf der Unfallanzeigen) oder für einzelne Gewerbezweige oder einzelne größere Etabliſſements zu führen.

## III.

Die unter II 1 bis 7 gegebenen Vorſchriften müſſen dem Unfallverzeichniß vorgeheftet oder vorgedruckt ſein.

## IV.

Die vorgeſetzten Dienſtbehörden haben ſich gelegentlich von der vorſchriftsmäßigen Führung des Unfallverzeichniſſes zu überzeugen.

Für den Miniſter für Handel und Gewerbe.
(gez.) v. Boetticher.

Der Miniſter der öffentlichen Arbeiten.
Im Auftrage
(gez.) Schultz.

**Unfallver-**

(§. 52 des Unfallversicherungs=

| Laufende Nr. | Betrieb, in welchem sich der Unfall ereignet hat. Name (Firma) d. Betriebsunternehmers. | Datum des Unfalls. | Nr. der Unfallanzeige. | Vor= und Zuname der Verletzten. (Getödteten.) | Art der Verletzung. |
|---|---|---|---|---|---|
| 1. | 2. | 3. | 4. | 5. | 6. |
| 1. (Beispielsweise ausgefüllt.) | Maschinenfabrik von Erh. Keller Teichstraße 11. | 2. Octbr. 1885 | 1 | Robert Müller | Leichte Fingerquetschung |
| 2. (Beispielsweise ausgefüllt.) | Wollspinnerei von Christoph, Reuter & Co. | 5. Octbr. 1885 | 2 bis 5 | 1. Peter Wirtz 2. Maria Nickel 3. Joseph Werner 4. Carl Weise | 1. Leichte Kopfverletzung 2. Armbruch und Verbrühung 3. Schwere Verbrühung 4. Brustquetschung† |
| 3. (Beispielsweise ausgefüllt.) | Kalksteinbruch der Wintersberger Steinbruchs=Aktiengesellschaft, Gemeindebezirk Rehmhausen, im „Hölzchen". | 10. Octbr. 1885 | 6 | Friedrich Schönberg | Fußquetschung |
| 4. | | | | | |
| 5. | | | | | |

**zeichniß.**
gesetzes vom 6. Juli 1884.)

| Wird d. Verletzung voraussichtlich den Tod oder eine Erwerbsunfähigkeit von mehr als 13 Wochen zur Folge haben? | Veranlassung des Unfalls. | Ist der Unfall untersucht? (Wenn ja, an welch. Tage?) Vgl. §§ 53 fg. des Unfallversicherungsges. | Bemerkungen. |
|---|---|---|---|
| 7. | 8. | 9. | 10. |
| Nein (ca. 1 Woche Erwerbsunfähigkeit) | Gerieth in das Zahnradgetriebe einer Handbohrmaschine | Nein | — |
| 1. Nein (2 Wochen Erwerbsunfähigkeit) 2. Ja 3. Ja 4. Ist bereits gestorben | Dampfkessel-Explosion | Ja am 7. Octbr. 1885 | In Betreff der Verletzten 2 und 3 Mittheilung an die zuständige Krankenkasse am 10. October 1885. |
| Nein (ca. 3 Wochen Erwerbsunfähigkeit) | Fall von überhängendem Gestein | Ja am 15. November 1885. | Untersuch. nachträglich vorgenommen, da nach angestellter Ermittelung die Herstellung d. Verletzten sich hinzieht. Der zuständigen Krankenkasse am 15. Nov. Mittheilung gemacht. |
| | | | |
| | | | |

## VII. Geschäftsanweisung
### für die Vorstände der Berufsgenossenschaften, betreffend die Auszahlungen durch die Post, vom 7. Dez. 1889.*)

Zur Ausführung der in den Unfallversicherungsgesetzen enthaltenen Vorschriften über die Auszahlung der Entschädigungen durch die Postverwaltungen (zu vergleichen §. 69 des Unfallversicherungsgesetzes vom 6. Juli 1884, §. 1 des Ausdehnungsgesetzes vom 28. Mai 1885, §. 74 des landwirthschaftlichen Unfallversicherungsgesetzes vom 5. Mai 1886, §. 38 Absatz 2 des Bauunfallversicherungsgesetzes vom 11. Juli 1887 und §. 77 des Seeunfallversicherungsgesetzes vom 13. Juli 1887) bestimmt das Reichs-Versicherungsamt, im Einvernehmen mit den Zentral-Postbehörden, was folgt.

§. 1.

Die Zahlungsanweisungen sind unter Benutzung von Formularen**) nach den anliegenden Mustern A und B zu erlassen. Das Formular A ist bei der Anweisung fortlaufender, das Formular B bei der Anweisung einmaliger Zahlungen anzuwenden. Für jeden Zahlungsempfänger ist eine besondere Anweisung auszufertigen.

Sind mehrere fortlaufende oder mehrere einmalige Zahlungen zu Händen desselben Empfängers zu be-

*) A. N. S. 399. — Diese neue Geschäftsanweisung ist seit 1. Januar 1890 an die Stelle der bisherigen Anweisungen getreten.

**) Die Formulare sind hier nicht mit abgedruckt.

wirken, so ist nur eine Anweisung auszustellen, auch wenn der Empfänger die Zahlung für mehrere Entschädigungsberechtigte zu erhalten hat.

Der Vordruck in den Zahlungsanweisungen zur Bezeichnung der Postanstalt, welche die Zahlung zu leisten hat, ist von der Berufsgenossenschaft nicht auszufüllen.

§. 2.

Die Zahlungsanweisungen sind in einer Ausfertigung unter Briefumschlag (ohne Anschreiben) an die Obere Postbehörde, in deren Bezirk die Berufsgenossenschaft ihren Sitz hat, und zwar im Reichs-Postgebiet an die Ober-Postdirektion, in Bayern an das Ober-Postamt, in Württemberg an die Generaldirektion der Posten und Telegraphen zu Stuttgart einzusenden. Diese Behörden werden ihrerseits die Weiterbeförderung der Zahlungsanweisung an die mit der Zahlung beauftragte Postanstalt, erforderlichenfalls durch Vermittelung der anderweit zuständigen Oberen Postbehörde, veranlassen.

§. 3.

Der Vorstand einer jeden Berufsgenossenschaft hat die Unterschriften seiner Mitglieder, soweit dieselben bei der Vollziehung von Zahlungsanweisungen mitzuwirken befugt sind, bei derjenigen Oberen Postbehörde zu hinterlegen, in deren Bezirk die Berufsgenossenschaft ihren Sitz hat.

§. 4.

Die Urschrift jeder Zahlungsanweisung ist bei den Akten des Genossenschaftsvorstandes zurückzubehalten, damit auf Grund derselben die nach Ablauf des Rechnungsjahres dem Genossenschaftsvorstande zugehenden Nachweisungen der Postverwaltungen über die geleisteten Zahlungen einer Prüfung unterzogen werden können.

§. 5.

Der Berechtigungsausweis (zu vergleichen §. 64 des Unfallversicherungsgesetzes vom 6. Juli 1884 und Amtliche Nachrichten des R. V. A. 1885 Seite 354 Ziffer 78) darf nicht ohne gleichzeitige oder vorgängige Absendung der Zahlungsanweisung abgeschickt werden. In demselben erfolgt die Angabe der mit der Zahlung beauftragten Postanstalt durch den Hinweis, daß die Zahlung durch diejenige Postanstalt werde geleistet werden, in deren Bezirk der Wohnort (die Wohnung) des Empfangsberechtigten (der Heimathshafen des Schiffes, zu dessen Besatzung der Verunglückte oder Vermißte gehört) liegt. Von der Nennung des Namens dieser Postanstalt ist abzusehen.

§. 6.

Quittungen über einmalige Zahlungen (Formular B) werden auf der Anweisung selbst vollzogen. Soll von der Beglaubigung der Unterschrift des Zahlungsempfängers abgesehen werden, so ist dies durch Streichung des Vordrucks für die Beglaubigung oder durch einen besonderen Vermerk („ohne Beglaubigung", „Beglaubigung erlassen" u. s. w.) zum Ausdruck zu bringen. Doch sind in solchem Falle die Postverwaltungen für

Irrungen, welche sich aus dem Fortfall der Beglaubigung ergeben, nicht verantwortlich.

Ueber fortlaufende Zahlungen sind besondere Quittungen, je eine zu jeder Zahlungsanweisung, unter Verwendung von Formularen nach anliegendem Muster C auszufertigen. Die Genossenschaftsvorstände werden die Zahlungsempfänger rechtzeitig in den Besitz der erforderlichen Quittungsformulare setzen (zu vergleichen Amtliche Nachrichten des R. V. A. 1888 Seite 4 Nr. 2).

§. 7.

Ist aus irgend einem Grunde die Zahlung der durch eine Zahlungsanweisung angewiesenen Beträge ganz oder theilweise einzustellen, so hat der Genossenschaftsvorstand unter Beobachtung der Bestimmungen des §. 2 eine Anweisung zur Einstellung der Zahlung (Wegfallanweisung) der Oberen Postbehörde einzusenden. Zu den Wegfallanweisungen sind Formulare nach dem anliegenden Muster D zu verwenden.

§. 8.

Beantragt der Empfänger einer fortlaufenden Zahlung aus Anlaß der Verlegung seines Wohnsitzes in den Bezirk einer anderen Postanstalt bei der Berufsgenossenschaft die Ueberweisung der Auszahlung an die Postanstalt seines neuen Wohnsitzes, so hat der Genossenschaftsvorstand eine Wegfallanweisung für die bisher beauftragte Postanstalt nach §. 7 und eine Zahlungsanweisung für die Postanstalt des neuen Wohnorts nach §§. 1 und 2 der Oberen Postbehörde einzusenden.

Ein gleiches Verfahren ist einzuhalten, wenn der Empfänger einer auf Grund des Seeunfallversicherungsgesetzes zur Zahlung im Heimathshafen angewiesenen Rente bei der Berufsgenossenschaft die Ueberweisung der Auszahlung an die Postanstalt seines Wohnsitzes beantragt.

Anträge auf künftige Auszahlung einer fortlaufenden Rente durch eine Postanstalt im Bezirk derselben Oberen Postbehörde können auch bei der Postanstalt, an welche die Anweisung ergangen ist, angebracht werden. Dieselbe legt in solchem Falle die Anweisung mit dem schriftlichen Antrage beziehungsweise einen Vermerk über den mündlichen Antrag der Oberen Postbehörde vor, welche ihrerseits — unter Benachrichtigung der Berufsgenossenschaft von der Aenderung — die Anweisung an die neue Postanstalt abgiebt.

§. 9.

Treten bei fortlaufenden Zahlungen, abgesehen von den Fällen der §§. 7 und 8, Umstände ein, welche eine Aenderung der Zahlungsanweisung, wenn auch nur hinsichtlich der Bezeichnung der entschädigungsberechtigten Personen, nöthig machen, z. B. Ausscheiden eines von mehreren entschädigungsberechtigten Kindern durch Tod oder Vollendung des fünfzehnten Lebensjahres, Erhöhung oder Herabsetzung der Rente im schieds=

gerichtlichen Verfahren rc., so hat der Genossenschaftsvorstand eine Wegfallanweisung bezüglich der bisherigen Zahlungen und gleichzeitig eine neue Zahlungsanweisung der Oberen Postbehörde einzusenden. In der neuen Zahlungsanweisung sind die fortan zu leistenden Zahlungen vollständig anzugeben; eine Bezugnahme auf den Inhalt der früheren Anweisung ist ausgeschlossen.

Ist auf Grund der früheren Anweisung zu viel gezahlt worden, so findet eine Vermittelung der Post bei der Wiedereinziehung des überhobenen Betrages nur im Wege der Kürzung der für die Folge zahlbaren Rente statt. In der neuen Zahlungsanweisung sind zu diesem Zwecke die Monate, für welche eine Kürzung einzutreten hat, die einzubehaltenden und die zahlbar bleibenden Beträge anzugeben. (Zu vergleichen Amtliche Nachrichten des R. V. A. 1889 Seite 167 Ziffer 690.)

§. 10.

Hat der Rentenempfänger in Folge der Wegfallanweisung nichts mehr oder doch weniger, als bisher, zu erheben, so wird die Berufsgenossenschaft (außer der an die Post zu erlassenden Wegfallanweisung und beziehungsweise neuen Zahlungsanweisung) ihm sofort eine Benachrichtigung von der geschehenen Aenderung in der Anweisung an die Post zusenden. Daneben ist eine unmittelbare (erforderlichenfalls telegraphische) Benachrichtigung der Postanstalt, welche bisher die Zahlung geleistet hat, zulässig und in den Fällen, in welchen sonst eine Wiedereinziehung überhobener Beträge stattfinden würde, auch den Interessen der Arbeiter entsprechend.

§. 11.

Die vom Genossenschaftsvorstande vollzogenen Anweisungen über Zahlungen, welche von den Sektionen festgesetzt sind, und die Wegfallanweisungen zu solchen Zahlungen können unmittelbar an diejenige Obere Postbehörde gesandt werden, zu deren Bezirk der Sitz des Sektionsvorstandes gehört. Doch hat der Genossenschaftsvorstand, welcher von der gedachten Befugniß Gebrauch machen will, auch bei dieser Oberen Postbehörde die erforderliche Hinterlegung der Unterschriften gemäß §. 3 zu bewirken.

§. 12.

Die Formulare zu Zahlungsanweisungen, Wegfallanweisungen und Rentenquittungen sind in der Größe eines halben Bogens in dem für die Reichsbehörden festgesetzten Aktenpapier-Format mittelst Buchdrucks herzustellen. Sie müssen hinsichtlich des Druckes den Probeformularen entsprechen, welche das Reichs-Versicherungsamt vertheilen wird.

Zu den Wegfallanweisungen ist rothes, zu den Anweisungen über fortlaufende Zahlungen starkes weißes und zu den übrigen Formularen gewöhnliches weißes Papier zu verwenden.

Die Formulare der See-Berufsgenossenschaft erfahren folgende Abänderungen:

In den Formularen A und B wird in der rechten oberen Ecke der Vordruck beigefügt:

**Zahlbar im Heimathshafen:** ..........................................

Im Formular B muß es heißen:

zu 4: statt „Wittwen“:

"$\frac{\text{Wittwen}}{\text{Ehefrauen}}$",

zu 4, 6 und 7: statt „Getödteter“:

"$\frac{\text{Getödteter}}{\text{Vermißter}}$",

zu 8, 9 und 10: statt „im Krankenhause“:

"$\frac{\text{im Krankenhause}}{\text{an Bord eines Schiffes}}$",

zu 11: statt „ein Krankenhaus“:

"$\frac{\text{ein Krankenhaus}}{\text{den Führer eines Seefahrzeuges}}$",

in den beiden ersten Anmerkungen auf dem Formular C statt „des Verunglückten“:

„des $\frac{\text{Verunglückten}}{\text{Vermißten}}$“.

## §. 13.

Die Ausfüllung der Formulare hat in leserlicher Schrift zu erfolgen. Die Monatsnamen sind auszuschreiben. Im Einzelnen ist folgendes zu beachten.

## Zu Formular A.

In eine Anweisung über fortlaufende Zahlungen können Kosten des Heilverfahrens, Beerdigungskosten und Abfindungen, welche den Wittwen Getödteter im Falle der Wiederverheirathung zustehen, mit aufgenommen werden. In diesem Fall ist hinter den Worten „einmalige sofort“ handschriftlich hinzuzufügen „einschließlich ............... Mark Kosten des Heilverfahrens“ 2c. Die Kosten des Heilverfahrens, Beerdigungskosten und Abfindungen für Wittwen im Falle der Wiederverheirathung sind in diesem Falle zusammen mit den sofort zahlbaren Rentenbeträgen in einer ungetheilten Summe anzusetzen.

Unterhalb des Vordrucks „für folgende Personen zusammen“ in der Abtheilung II sind die Entschädigungsberechtigten zu bezeichnen, und zwar so genau, als es erforderlich ist, um dem Beamten, welcher die Lebensbescheinigung unter den Rentenquittungen ausstellt, die sichere Unterscheidung von anderen Personen zu ermöglichen.

In Fällen, in welchen ausnahmsweise bereits zur Zeit der Ausfertigung der Anweisung der Zeitpunkt feststeht, in welchem die Anweisung spätestens außer Kraft treten muß, kann dieser Zeitpunkt unter II b rechts hinter dem Vordruck „monatlich“ angegeben werden. Ein solcher Zeitpunkt ist bei Renten für Kinder der Tag, an welchem das Kind, beziehungsweise von mehreren Kindern das älteste, das 15. Lebensjahr vollendet. Zu diesem Zeitpunkt muß eine Wegfallanweisung und letzterenfalls zugleich eine neue, die Namen der nunmehr rentenberechtigt bleibenden Kinder enthaltende Anweisung erlassen werden, und zwar — wegen der erforderlichen Beglaubigungen (Lebensbescheinigungen) — auch dann, wenn die angewiesene monatliche Gesammtsumme sich nicht verändert.

## Zu Formular A. und B.

Die Person des Zahlungsempfängers ist in der ersten Abtheilung so genau zu bezeichnen, daß jeder Ungewißheit vorgebeugt wird: insbesondere empfiehlt es sich, bei der Angabe des Wohnortes den Verwaltungsbezirk (Kreis, Amt, Regierungsbezirk) und den Staat, in welchem der Wohnort belegen ist, zu bezeichnen.

Die zu zahlenden Beträge müssen aus der Anweisung zu ersehen sein, ohne daß es hierzu einer Berechnung bedarf.

## Zu Formular A, B und D.

Den Berufsgenossenschaften ist überlassen, auf der im Kopf unter der Bezeichnung der Berufsgenossenschaft vorgesehenen Linie zur Kennzeichnung der Unfälle, durch welche die Anweisungen veranlaßt worden sind, ihr Aktenzeichen oder ihre laufende Geschäftsnummer anzugeben. Diese Angabe wird von den Postverwaltungen in die Nachweisungen der gezahlten Unfallentschädigungen mit aufgenommen werden.

Diese Geschäftsanweisung tritt am 1. Januar 1890 in Kraft. Gleichzeitig verlieren die Geschäftsanweisung vom 27. September 1885 (Amtliche Nachrichten des R. V. A. 1885 Seite 224) und die dieselbe abändernden oder ergänzenden Bekanntmachungen vom 24. Dezember 1887, 26. Januar 1888, 29. März 1888 und 23. Januar 1889 (Amtliche Nachrichten 1888 Seite 5, 165 und 210, 1889 Seite 84) ihre Gültigkeit.

Die noch vorhandenen, nach den bisherigen Mustern hergestellten Formulare können aufgebraucht werden, jedoch nicht über das Jahr 1890 hinaus.

Das Reichs-Versicherungsamt.
Dr. Bödiker.

# VIII. Verordnung,

## betreffend die Formen des Verfahrens und den Geschäftsgang des Reichs-Versicherungsamts.*)

Vom 5. August 1885.

(Reichs-Gesetzbl. S. 255.)

[Mit den aus Artikel I der Verordnung, betreffend die Formen des Verfahrens und den Geschäftsgang des Reichs-Versicherungsamts rc., vom 13. November 1887 (Reichs-Gesetzbl. S. 523) sich ergebenden Abänderungen. Diese sind durch gesperrten Druck hervorgehoben.]

Wir Wilhelm, von Gottes Gnaden Deutscher Kaiser, König von Preußen rc.

verordnen auf Grund des §. 90 des Unfallversicherungsgesetzes vom 6. Juli 1884 (Reichs-Gesetzbl. S. 69) im Namen des Reichs, nach erfolgter Zustimmung des Bundesraths, was folgt:

### I. Verfahren und Geschäftsgang im Allgemeinen.

§. 1.

Die nichtständigen Mitglieder des Reichs-Versiche- 1.
rungsamts und deren Stellvertreter werden für die Erfüllung der Obliegenheiten ihres Amts von dem Staatssekretär des Innern mittelst Handschlags an Eidesstatt verpflichtet.

Die von dem Bundesrath aus seiner Mitte gewählten 2.
Mitglieder nehmen ihre Stelle nach dem Vorsitzenden

*) Vgl. Handbuch der Unfallversicherung 2. Aufl. S. 848 fg.

oder dessen Vertreter, also vor den übrigen Mitgliedern, in derjenigen Reihenfolge ein, welche für sie im Bundesrath besteht.

§. 2.

1. Das Reichs-Versicherungsamt hält an bestimmten Tagen und zu bestimmten Stunden Sitzungen. Die Verfügung darüber steht dem Vorsitzenden zu. Der Vorsitzende ist befugt, nach Bedarf außerordentliche Sitzungen anzuberaumen.

2. Zu den Sitzungen sind die in Berlin anwesenden Mitglieder unter Mittheilung der Berathungsgegenstände einzuladen.

3. Der Berathung und Beschlußfassung in den Sitzungen unterliegen:
   1. die im §. 90 des Unfallversicherungsgesetzes aufgeführten Angelegenheiten;
   2. diejenigen Angelegenheiten, deren kollegialische Berathung der Vorsitzende oder das mit der Bearbeitung der Sache beauftragte Mitglied wünscht.

4. Die Entscheidung ist, sofern nicht gesetzlich etwas Anderes bestimmt ist, durch die Anwesenheit von mindestens drei Mitgliedern (einschließlich des Vorsitzenden) bedingt.

§. 3.

1. Im Uebrigen erfolgt die Erledigung der Geschäfte durch den Vorsitzenden oder unter

dessen Mitzeichnung durch diejenigen Beamten des Reichs-Versicherungsamts, welchen die Bearbeitung der Sache von dem Vorsitzenden übertragen worden ist.

Im Falle einer Meinungsverschiedenheit zwischen 2. dem Vorsitzenden und den mit der Bearbeitung der Sache beauftragten Mitgliedern entscheidet das Kollegium.

§. 4.

Die Sitzungen sind, vorbehaltlich der Vor- 1. schriften des §. 15 dieser Verordnung, nicht öffentlich. Stimmberechtigt sind die anwesenden Mitglieder des Reichs-Versicherungsamts sowie die zugezogenen richterlichen Beamten. Die Beschlüsse werden nach Stimmenmehrheit gefaßt; bei Stimmengleichheit giebt der Vorsitzende den Ausschlag.

Bilden sich in Beziehung auf Summen, über welche 2. zu entscheiden ist, mehr als zwei Meinungen, deren keine die Mehrheit für sich hat, so werden die für die größte Summe abgegebenen Stimmen den für die zunächst geringere abgegebenen so lange hinzugerechnet, bis sich eine Mehrheit ergiebt.

Die Stimmen werden in nachstehender Reihenfolge 3. abgegeben:

1. von den Berichterstattern;
2. von den Mitgliedern, welche durch die Vertreter der versicherten Arbeiter gewählt sind;

3. von den Mitgliedern, welche von den Genossenschaftsvorständen gewählt sind;
4. von den beiden richterlichen Beamten;
5. von den ständigen Mitgliedern;
6. von den vom Bundesrath aus seiner Mitte gewählten Mitgliedern;
7. von dem Vorsitzenden.

4. Die Mitglieder des Bundesraths stimmen in der im §. 1 gedachten Reihenfolge.

5. Die Reihenfolge der Abstimmung der Mitglieder innerhalb der übrigen Klassen richtet sich nach dem Dienstalter dergestalt, daß das jüngste Mitglied zuerst stimmt; bei gleichem Dienstalter hat das dem Lebensalter nach jüngere Mitglied zuerst zu stimmen.

## §. 5.

1. Für den mündlichen Vortrag in den Sitzungen ernennt der Vorsitzende einen oder, falls er dies aus besonderen Gründen für erforderlich erachtet, zwei Berichterstatter.

2. Die Verfügungen und Entscheidungen ergehen unter der Bezeichnung: „Das Reichs-Versicherungsamt" und werden in der Ausfertigung vom Vorsitzenden vollzogen.

## §. 6.

1. Der Vorsitzende leitet die Verhandlungen und Berathungen in den Sitzungen, er stellt die Fragen und sammelt die Stimmen.

Meinungsverschiedenheiten über den Gegenstand, 2.
die Fassung und die Reihenfolge der Fragen oder über das Ergebniß der Abstimmung werden in Gemäßheit des §. 4 entschieden.

## II. Verfahren und Geschäftsgang in den Fällen des §. 90 zu b und c des Unfallversicherungsgesetzes.

### §. 7.

Das Reichs-Versicherungsamt entscheidet in den 1.
Fällen des §. 90 zu b und c des Unfallversicherungsgesetzes in der Besetzung von fünf Mitgliedern mit Einschluß des Vorsitzenden, sowie von zwei richterlichen Beamten. Unter den fünf Mitgliedern muß sich je ein Vertreter der Genossenschaftsvorstände und der Arbeiter befinden.

Die zu den Entscheidungen des Reichs- 2.
Versicherungsamts zuzuziehenden richterlichen Beamten werden in der erforderlichen Anzahl für die Dauer der zur Zeit ihrer Ernennung von ihnen bekleideten Reichs- oder Staatsämter auf Vorschlag des Bundesraths vom Kaiser ernannt. In gleicher Weise kann die Ernennung von Stellvertretern erfolgen. Sofern eine vorübergehende Vermehrung der richterlichen Beisitzer erforderlich wird, können durch den Reichskanzler für die Dauer dieses Bedarfs weitere richterliche Beamte bestimmt werden, welche

aushülfsweise zu den Entscheidungen des Reichs-Versicherungsamts nach näherer Bestimmung des Vorsitzenden zuzuziehen sind.

§. 8.

1. Der Vorsitzende setzt bei Beginn des Jahres — zum ersten Mal mit dem Inkrafttreten der im §. 111 Absatz 2 des Unfallversicherungsgesetzes erwähnten Kaiserlichen Verordnung — die Reihenfolge fest, in welcher die nichtständigen Mitglieder des Reichs-Versicherungsamts zu den Sitzungen einberufen werden. Gleichzeitig sind die Stellvertreter zu bezeichnen.

2. Die Einberufung zu den einzelnen Sitzungen muß in der Regel mindestens zwei Wochen vor denselben erfolgen.

§. 9.

1. Die Bestimmungen in den §§. 41 ff. der Civilprozeßordnung über die Ausschließung und Ablehnung der Richter finden auf die Mitglieder des Reichs-Versicherungsamts entsprechende Anwendung.

2. Ueber das Ablehnungsgesetz entscheidet das Reichs-Versicherungsamt mittelst Beschlusses (§§. 2 ff.).

§. 10.

1. Der Antrag auf Entscheidung des Reichs-Versicherungsamts (§. 32 des Unfallversicherungsgesetzes) sowie der Rekurs an dasselbe (§. 63 a. a. O.) muß an das Reichs-Versicherungsamt schriftlich gerichtet werden.

In dem Schriftsatze ist der Gegenstand des An- 2.
spruchs zu bezeichnen, desgleichen sind die für die Entscheidung maßgebenden Thatsachen mit Angabe der Beweismittel für dieselben anzuführen.

Für jeden Gegner ist eine Abschrift des Schrift- 3.
satzes beizufügen.

§. 11.

Das Reichs-Versicherungsamt hat die Abschrift des 1.
Antrages dem Gegner zur Einreichung einer Gegenschrift binnen einer bestimmten, von einer Woche bis zu vier Wochen zu bemessenden Frist mitzutheilen. In der Aufforderung ist zugleich die Verwarnung auszusprechen, daß, wenn die Gegenschrift innerhalb der Frist nicht eingeht, die Entscheidung nach Lage der Akten erfolgen werde. Die Frist kann auf Antrag aus wichtigen Gründen verlängert werden.

Der Gegenschrift ist eine Abschrift beizufügen, welche 2.
dem Gegner von dem Reichs-Versicherungsamt zuzustellen ist.

§. 12.

Anträge und Gegenschriften (§§. 10, 11) müssen 1.
entweder von den Betheiligten selbst oder von ihren gesetzlichen Vertretern oder von ihren Bevollmächtigten unterzeichnet sein. Die Vollmacht muß schriftlich ertheilt werden.

Das Reichs-Versicherungsamt kann Vertreter, 2.
welche, ohne Rechtsanwälte zu sein, die Vertretung geschäftsmäßig betreiben, zurückweisen.

§. 13.

Die Entscheidung erfolgt auf Grund mündlicher Verhandlung vor dem Reichs-Versicherungsamt. Der Termin hierzu wird von dem Vorsitzenden anberaumt. Die Betheiligten werden mittelst eingeschriebenen Briefes von dem Termin mit dem Bemerken in Kenntniß gesetzt, daß im Falle ihres Ausbleibens nach Lage der Akten werde entschieden werden. Hält das Reichs-Versicherungsamt das persönliche Erscheinen eines Betheiligten für angemessen, so hat dasselbe die nach Lage des Falles an das Nichterscheinen sich knüpfenden Nachtheile in der Vorladung besonders zu bezeichnen.

§. 14.

Die Berichterstatter (§. 5) haben, sofern dies von dem Vorsitzenden angeordnet wird, vor dem Termin eine schriftliche Sachdarstellung vorzulegen.

§. 15.

1. Die mündliche Verhandlung erfolgt in öffentlicher Sitzung. Die Oeffentlichkeit kann durch einen öffentlich zu verkündigenden Beschluß ausgeschlossen werden, wenn das Reichs-Versicherungsamt dies aus Gründen des öffentlichen Wohls oder der Sittlichkeit für angemessen erachtet.

2. Die zur Verhandlung gelangenden Sachen werden der Regel nach in der durch den Vorsitzenden bestimmten durch Aushang vor dem Sitzungszimmer bekannt zu machenden Reihenfolge erledigt.

## §. 16.

Die mündliche Verhandlung beginnt mit der Darstellung des Sachverhältnisses durch den ersten Berichterstatter; demnächst sind die erschienenen Betheiligten zu hören. 1.

Der Vorsitzende hat jedem beisitzenden Mitgliede des Reichs-Versicherungsamts auf Verlangen zu gestatten, Fragen zu stellen. 2.

## §. 17.

Die mündliche Verhandlung erfolgt unter Zuziehung eines vereidigten Protokollführers. Von demselben ist ein Protokoll aufzunehmen, welches den Gang der Verhandlung im Allgemeinen angiebt. Anerkenntnisse, Verzichtleistungen, Vergleiche und solche Anträge und Erklärungen der Betheiligten, welche von den Schriftsätzen abweichen, sowie der Tenor des Urtheils sind in das Protokoll aufzunehmen. 1.

Die Protokolle sind von dem Vorsitzenden und dem Protokollführer, in Fällen der Urtheilssprechung außerdem von den Berichterstattern und mindestens einem anderen Mitgliede, welches an der Urtheilssprechung theilgenommen hat, zu vollziehen. 2.

## §. 18.

Die Berathung und Entscheidung des Reichs-Versicherungsamts erfolgt in nichtöffentlicher Sitzung.

§. 19.

1. Das Reichs-Versicherungsamt entscheidet innerhalb der erhobenen Ansprüche nach freiem Ermessen.

2. Die Entscheidung erstreckt sich auch auf die in dem Verfahren vor dem Reichs-Versicherungsamt den Parteien erwachsenen Kosten, und auf die Frage, welcher Kostenbetrag zur zweckentsprechenden Wahrung der Ansprüche und Rechte nothwendig gewesen ist.

3. Bei den Entscheidungen, welche auf Grund der mündlichen Verhandlung ergehen, dürfen nur Mitglieder mitwirken, vor welchen diese Verhandlung stattgefunden hat.

§. 20.

Das Verfahren vor dem Reichs-Versicherungsamt ist kostenfrei; ein Ersatz der durch dieses Verfahren dem Reichs-Versicherungsamt verursachten baaren Auslagen durch die Parteien findet nicht statt.

§. 21.

Die Entscheidung kann ohne vorgängige Anberaumung einer mündlichen Verhandlung ergehen, wenn beide Theile auf eine solche ausdrücklich verzichten.

§. 22.

1. Der Vorsitzende verkündet die ergangene Entscheidung in öffentlicher Sitzung durch Verlesung des Beschlusses oder der Urtheilsformel.

2. Wird die Verkündung der Gründe für angemessen gehalten, so erfolgt sie durch Verlesung derselben oder durch mündliche Mittheilung des wesentlichen Inhalts.

Die Verkündung der Entscheidung kann auf eine 3.
spätere Sitzung vertagt werden, welche in der Regel
binnen einer Woche stattfinden soll.

In dem Falle des §. 90 zu c des Unfallversiche- 4.
rungsgesetzes ist dem Schiedsgericht, gegen dessen Entscheidung Rekurs eingelegt worden ist, Abschrift des Urtheils zu ertheilen.

§. 23.

Die Urtheile werden nebst Gründen von den Berichterstattern entworfen und in der Urschrift von dem Vorsitzenden, den Berichterstattern und mindestens einem anderen Mitgliede, welches an der Urtheilssprechung theilgenommen hat, unterzeichnet.

§. 24.

Im Eingange des Urtheils sind die Mitglieder, 1.
welche an der Entscheidung theilgenommen haben, namentlich aufzuführen; auch ist der Sitzungstag zu bezeichnen, an welchem die Entscheidung erfolgt ist.

Die Ausfertigungen der Urtheile werden mit der 2.
Ueberschrift versehen:

„Im Namen des Reichs".

Sie enthalten neben dem Siegel des Reichs-Ver- 3.
sicherungsamts die Schlußformel:

„Urkundlich unter Siegel und Unterschrift"

„Das Reichs-Versicherungsamt".

Die Vollziehung erfolgt durch den Vorsitzenden. 4.

## III. Besondere Befugnisse des Vorsitzenden.

§. 25.

Dem Vorsitzenden steht die Leitung und Beaufsichtigung des gesammten Dienstes zu; er trifft die nähere Bestimmung über die Vertheilung der Geschäfte und ernennt insbesondere in den Fällen der §§. 14, 16, 27 und 88 des Unfall-Versicherungsgesetzes die Vertreter und Beauftragten des Reichs-Versicherungsamts.

§. 26.

Der Vorsitzende ordnet die Einrichtung der Büreaus, der Akten und Geschäftsregister; ihm steht die Verfügung in allen Verwaltungsangelegenheiten des Amts, insbesondere in denjenigen zu, welche das Etats- und Kassenwesen, das Dienstgebäude und dessen Einrichtung, die Vervollständigung der Bibliothek und sonstige Anschaffungen betreffen.

§. 27.

Mit Genehmigung des Reichskanzlers kann der Vorsitzende einen Theil seiner Befugnisse einem ständigen Mitgliede des Reichs-Versicherungsamts übertragen. Der Vorsitzende wird im Behinderungsfalle von dem nächstältesten ständigen Mitgliede vertreten.

## IV. Innerer Geschäftsgang.

§. 28.

1. Vorladungen und Zustellungsschreiben werden durch die Unterschrift des von dem Vorsitzenden dazu be-

stimmten Beamten und unter Beifügung des Siegels des Reichs-Versicherungsamts beglaubigt.

In gleicher Weise erfolgen die in den §§. 14 und 2.
16 des Unfallversicherungsgesetzes vorgeschriebenen Einladungen zu den General- und Genossenschaftsversammlungen. Dieselben können mittelst einfachen Briefes durch die Post bewirkt werden.

### §. 29.

Das Reichs-Versicherungsamt führt zwei Siegel:

1. ein großes Siegel, welches dem von dem Reichsgericht geführten entspricht und nur bei förmlichen Ausfertigungen, insbesondere der Urtheile, gebraucht wird;
2. ein kleineres Siegel, welches den bei den Gesandtschaften des Deutschen Reichs eingeführten Siegeln entspricht mit der Umschrift: „Reichs-Versicherungsamt".

## V. Geschäftssprache.

### §. 30.

In Betreff der Geschäftssprache vor dem Reichs-Versicherungsamt finden die Bestimmungen in den §§. 186 ff. des Gerichtsverfassungsgesetzes vom 27. Januar 1877 entsprechende Anwendung. Eingaben, welche nicht in deutscher Sprache abgefaßt sind, werden nicht berücksichtigt.

## VI. Geschäftsbericht.

§. 31.

Am Schlusse eines jeden Jahres hat das Reichs-Versicherungsamt dem Reichskanzler einen Geschäftsbericht einzureichen.

Urkundlich unter Unserer Höchsteigenhändigen Unterschrift und beigedrucktem Kaiserlichen Insiegel.

Gegeben Bad Gastein, den 5. August 1885.

(L. S.) **Wilhelm.**

von Boetticher.

# Sachregister.

## A.

## B.

## C.

## D.



## E.

## F.

## G.

## H.

## J.



## K.

## L.

## M.

## N.



## O.

## P.



## R.

## S.

## T.

## U.

## W.

## Z.

Druck von C. H. Schulze & Co. in Gräfenhainichen.

FSC
www.fsc.org
MIX
Papier | Fördert
gute Waldnutzung
FSC® C083411

Kolibri 360 GmbH
Ferdinand-Jühlke-Straße 7
99095 Erfurt, Deutschland
produktsicherheit@kolibri360.de